本书为2022年度平顶山学院第二批博士科研启动基金项目：乡村振兴视域下河南省乡村体旅融合发展路径研究（项目编号：PXY-QSQD-2022047）和河南省社科联2022年度调研课题：乡村振兴战略背景下河南省农村公共体育服务的治理路径研究（项目编号：SKL-2022-2191）的阶段性研究成果。

田径教学与训练

马国杰　主编

北京工业大学出版社

图书在版编目（CIP）数据

田径教学与训练 / 马国杰主编. — 北京 ： 北京工业大学出版社， 2022.9
ISBN 978-7-5639-8485-5

Ⅰ. ①田… Ⅱ. ①马… Ⅲ. ①田径运动—体育教学②田径运动—运动训练 Ⅳ. ① G820.2

中国版本图书馆 CIP 数据核字（2022）第 182252 号

田径教学与训练

TIANJING JIAOXUE YU XUNLIAN

主　　编：马国杰
责任编辑：张　贤
封面设计：知更壹点
出版发行：北京工业大学出版社
（北京市朝阳区平乐园 100 号　邮编：100124）
010-67391722（传真）　bgdcbs@sina.com
经销单位：全国各地新华书店
承印单位：唐山市铭诚印刷有限公司
开　　本：787 毫米 ×1092 毫米　1/16
印　　张：14.75
字　　数：295 千字
版　　次：2023 年 4 月第 1 版
印　　次：2023 年 4 月第 1 次印刷
标准书号：ISBN 978-7-5639-8485-5
定　　价：78.00 元

作者简介

马国杰，男，汉族，1985 年出生，河南省驻马店人，2012 年毕业于华南师范大学，获得体育硕士专业学位，2020 年毕业于韩国圆光大学，获得体育学博士学位。目前就职于平顶山学院体育学院，担任理论教研室主任，职称讲师。长期在一线从事体育专业理论教学与实践工作，先后担任《体育心理学》、《体育经济学》、《田径》、《定向越野》、《体育课程与教学》等课程的专业教师，并参与编写《新编现代大学生体育与健康课程》一书和发表学术著作《高校体育训练与教学技能实践》。分别在中国体育期刊和 SSCI 等期刊发表论文数篇。现阶段研究方向为：体育教学实践与训练。

前　言

田径运动是古老的运动项目之一，自诞生之日起就深受人们的喜爱，并逐步成长为现代竞技体育中重要的项目之一。现代奥林匹克运动在世界范围被普及并得到发展，与田径运动的普及密不可分。随着体育科技的发展，许多国内外的体育工作者在田径领域有了许多研究，也取得了一定的成果，许多田径运动技术的新理论、新方法、新技术不断地出现，田径运动项目的种类也越来越多。因此，如何充分地提高运动员训练的能力、合理地运用运动技术、发展田径运动已成为我国关注的问题。

本书共分为三个部分：理论篇、教学与训练篇、拓展篇。本书共包含十二章内容，第一章为田径运动概述，介绍了田径运动的起源与发展、田径运动的分类与作用。第二章为田径运动教学的理论和方法，从田径运动教学的基本理论、田径运动教学的基本原则、田径运动教学方法三个方面进行了阐述。第三章为田径运动训练的理论和方法，主要介绍了田径运动训练的基本理论、田径运动训练的基本原则、田径运动训练的手段与方法。第四章为田径运动的编排和裁判法，对田径运动的编排和田径运动的裁判法两个方面进行了分析。第五章为田径运动场地基本知识，从标准田径场地设计与布局、径赛场地、田赛场地、半圆式田径场地的计算与丈量、田径场地的管理与保养五个方面进行了介绍。第六章为走跑类项目的教学与训练，分别介绍了竞走、短跑、接力跑、跨栏跑、中长跑、障碍跑、马拉松跑七个运动项目。第七章为定向越野的教学与训练，内容包括定向越野概述、定向越野的基本技能、定向越野的地形知识与地图制作、定向越野的教学训练与安全、定向运动竞赛与活动的组织五个方面。第八章为跳跃类项目的教学与训练，分别介绍了跳高、撑竿跳高、跳远、三级跳远四个运动项目。第九章为投掷类项目的教学与训练，分别介绍了铅球、铁饼、标枪、链球四个运动项目。第十章为趣味田径运动，从趣味田径运动的发展、功能与特点，以及趣味田径运动的分类与创编原则、趣味田径运动的教学组织与方法三个方面进行了分析。第十一章为体能训练与评价，主要介绍了体能训练的原则与内容、体能训练的方法两个方面的内容。第十二章为田径运动的营养膳食与康复，主要从田径运动的膳食营养特点、田径运动的能量代谢、田径运动的康复与理疗三个方面进行了阐述。

在撰写本书的过程中，作者得到了许多专家、学者的帮助和指导，参考了大量的学术文献，在此表达真诚的感谢。本书内容系统全面，论述条理清晰，深入浅出，但由于作者水平有限，书中难免会有不足之处，希望广大同行及时批评指正。

目　　录

理论篇

教学与训练篇

拓展篇

理论篇

第一章　田径运动概述

田径运动是人类最自然的运动方式，走、跑、跳跃、投掷是人类最基本的生活技能，并且是其他各类运动项目的基础。它与全民健身、各级学校的体育教育、各种运动训练息息相关，对人类的生活实践、健身延寿具有很高的实用价值，应予以发扬。本章分别介绍田径运动的起源与发展、分类与作用。

第一节　田径运动的起源与发展

一、田径运动的起源

田径运动是由走、跑、跳跃、投掷等运动技能组成的，是以个人为主的运动项目。田径运动在不同的国家有不同的名称，美、英等国根据场地特点称之为“track and field”，中国据此将之译为“田径运动”；也有一些国家是根据该项运动鲜明的竞技性而命名的，沿用了“竞技”这一古希腊时期的概念，称之为“轻竞技”。

我国和一些国家将田径运动分为径赛和田赛两大类。“径”是就跑道而言的，在跑道上进行的竞走及各种形式的赛跑都属于径赛；“田”指广阔的空地，在跑道所围绕的中央或附近的场地举行的跳跃比赛和投掷比赛都是田赛。径赛以计时器计成绩，或在一定时间内跑（或走）完多少距离的项目；田赛是用尺子丈量出所跳的高度、远度和所投掷器械远度的项目。此外，田径运动还包括由若干个跑、跳、投项目组合而成的“全能运动”。

古代的中国没有“田径”这个名称，也没有“跑”“跳”这两个字。这两个字的出现是唐朝以后的事情，尽管如此，却早已有了与之相近的词。与跑相近的有趋、奔、走、利趾等；与“跳”相近的有踊、跃、距跃、超距等。跑、跳跃、投掷本是古人为了生存、延续后代而必须具备的基本身体素质，其方式也是原始人类劳动的基本方式，算不得体育运动。原始时期，由于生产力较低，人们无法理解和征服大自然，但是这种渴望始终没有停止。

田径运动的起源是以人类的出现为前提条件的。有学者认为，血缘家族是第一个社会组织形式，尽管第一个“社会”还不像后来氏族社会那样是具有相对稳定性的社会组织，结构十分简单，但确实已是当今社会的雏形了。这个社会欲继续存在并不断发展，就必须在生产物质的同时对社会生产力的主要因素——人进行再生产，这使一个全新因素——教育得以产生。由于条件的限制，最初的教育无论是在内容上还是在形式上都十分简单，其内容仅局限于劳动动作和生活活动过程中的跑、跳跃、投掷等方面的技能练习。

在物质生产过程中，经验的积累使原始人类认识到，人的生存取决于自己同被追击的猎物之间的速度、耐力、灵巧度、力量等方面竞争的最终结果。于是，原始人在继续进行必不可少的劳动教育的同时，也开始有意识地对自己的上述身体素质进行锻炼。一些学者根据对现代人的观察，推测这一时期的原始人在跑步活动中增添了不以速度为目的的长距离跑，在跳跃活动中增添了不需助跑的立定跳远，投掷活动中也演化出不求准确性而以距离为目标的力量性投掷。在投掷武器的过程中，原始人除了合理选择各种武器，如石块、棍棒、叉、矛外，还增强了对肌肉的控制，由此能根据目标的远近，考虑用力的大小，调节自己的动作。

由于对自然现象的不理解和恐惧，原始人曾认为万物都是有灵气的。他们最初崇拜图腾，继而崇拜祖先，到了奴隶社会产生了巫教，这就是原始宗教。有了宗教就必然有宗教活动；在巫术活动中发展起来的抽象思维、记事符号已经开始发挥越来越大的作用。正是出于这样的目的，人们才画出了一些被枪矛、弓箭射杀的野兽图形。原始人类越来越经常、仔细地观察和运用生产生活中的客观规律，最终使得传授经验的过程同直接的生产劳动分开实施的条件产生了，追捕或逃避野兽时运用的奔跑、跳跃技术在巫术活动的范围内开始独立发展。于是，跑、跳跃和投掷运动的综合形式出现了。从体育的角度来看，巫术的迷信寓意在于如果在巫术活动中表现为“战胜了”被追逐的动物，就意味着这一定是事实。这就表明，如果人们围绕动物的图画跳模拟狩猎动作的舞蹈、投掷标枪，那就是战胜了心目中的敌人，便达到了他们的真正目的。当然，这里的活动不是象征性的替代功能，而是实实在在的、有明确目的的行为。

当人类社会从原始社会过渡到阶级社会后，为掠夺财富和奴隶而频繁发生事故，跑、跳跃、投掷的运动形式很自然地同战争或军事训练结合起来，尤其是在以步战为主的时期和地区。关于这一点，中外均无例外，在当今各国军事训练中，还能够清楚地看到这一点。

随着社会发展，以步卒为主体的野战替代了车阵战。战争的胜负不仅取决于武器是否精良、兵员的数量、战术的应用等因素，而且取决于进攻手段的运动性。正因为如此，记载着以跑、跳跃、投掷为军事训练主要内容的文献和实物在世界各地都可以找到。

我国是最早设立邮递制度的国家。古代的通信联系主要采用烽火台和邮驿两种方式，邮驿又分成马递和步递。步递主要靠驿卒的双腿，这就要求驿卒具备较好的身体条件，尤其是战争时期，这种要求就更高，也只有具备很强长跑能力的人，才能担当信使的重任。元代招募急递铺兵，要求应招者“日行四百里”。《撒母耳记》中记载了古希腊英雄菲迪皮茨从马拉松跑回雅典的故事：一个本吉明部落的战士为向同胞通报以色列车队被腓力斯西人打败的消息，他像鸟飞般从阿费克跑到希罗赫。这次长跑不仅比古希腊的马拉松跑早几百年，而且跑的路途更加艰巨：从海边出发，跑完全程，目的地海拔高度为 700 m。

生产劳动、教育、宗教、战争，以及通信诸因素中的跑、跳跃、投掷都与田径运动的产生和发展有着密不可分的联系。不过，严格地说，诸因素所包含的仅仅是田径运动的雏形而已，还算不上今天所指的田径运动，尽管在公元前 778 年甚至更早些时候已经有了和田径运动类似的田径竞技。

随着人类社会的进步，跑、跳跃、投掷等作为融娱乐、健身、维护和平与友谊、抒发情感为一体的综合性运动项目而得以迅速发展，自发的比赛日益增多。譬如，工匠投掷铁锤，士兵投掷武器，牧羊人跑越羊圈、栅栏，等等。虽然尚无成文规则，器材也不统一，但预示着这项运动的萌发。钟表的发明、使用和推广，为径赛提供了计时的工具，为使田径竞技公正、公平、准确，逐渐确定了投掷器械的形状、重量，对走、跑的距离也做出了较合理的规定。竞赛规则的初步制定，使得带有竞赛特点的近代田径运动的广泛开展成为可能。

近代田径运动于19世纪初起源于英国。在19世纪20年代，伊顿公学举行了田径比赛。1864年，牛津大学和剑桥大学举行了校际比赛。1894年，在伦敦举行了牛津、耶鲁两所大学间的国际比赛。1896年，首届现代奥运会将男子田径比赛列为正式比赛项目。1928年，在荷兰阿姆斯特丹举行的第9届奥运会上，将女子田径列为正式比赛项目。1867年，英国业余田径俱乐部在伦敦成立。1912年，国际业余田径联合会成立。从此，田径运动开始发展成为有组织、有目的的国际社会活动。

与其他国家相比，田径运动在我国开展得较晚，至今也不过100年左右的历史。洋务运动、基督教青年会和教会学校在很大程度上对此项运动在我国的传播和开展从客观上起到了不可忽视的作用。1899年，北京、天津等地的一些教会学校举行了田径比赛。1910—1948年，旧中国一共举行过7届全运会，每届均设有田径项目，但当时的社会性质决定了旧中国田径运动的必然落后。新中国成立以后，田径运动取得了为世人瞩目的成就。田径是国家颁布的《国家体育锻炼标准》中的重要项目，有着广泛的群众基础。目前，这项运动正在全国城乡各地蓬勃开展，并促进了竞技水平的提高，部分项目已达到或接近世界先进水平。我国的田径运动将以崭新的面貌，跻身于世界田坛诸强之列。这项古老而又年轻的运动，将在华夏大地为增进全民族的健康、丰富文化生活、促进精神文明建设发挥积极的作用。

二、田径运动的发展

（一）田径运动项目和比赛的发展

1896年，第1届奥林匹克运动会的田径运动比赛是现代世界田径运动的开始。奥运会田径比赛能较集中地反映出世界田径运动的发展、变化和运动水平等情况。世界田径运动发展100多年来，经受过战争和重大政治事件的影响与考验。例如，受第一次世界大战的影响，第6届奥运会未能举行。这使得1920年第7届奥运会田径比赛成绩显著下降，成绩低于8年前的第5届奥运会。受第二次世界大战的影响，1948年第14届奥运会田径运动比赛成绩比1936年第11届奥运会田径比赛成绩还低。

20世纪80年代以来，国际田联为组织更多的世界田径比赛，采取了一系列改革举措：1983年，设立四年一届的世界田径锦标赛。从1985年开始，每年设立15场田径系列大奖赛（甲级）。从20世纪90年代起，将世界田径锦标赛改为每两年一届。世界田径比赛规模逐步扩大，参赛的国家、地区和运动员越来越多，竞赛裁判组织工作也越来越规范和严格，比赛竞争更加激烈。

为了适应日益频繁而又激烈的比赛需要，优秀运动员年周期训练中负荷的量和强度不断提高，特别是强度不断提高，专项化训练更加突出。这就要求运动员在全年都保持较高的竞技状态，赛后经调整也要能很快地恢复。由于比赛期延长、比赛次数增多，对运动员的比赛能力要求越来越高，是现代田径运动发展的特点。

（二）田坛实力格局的变化

20 世纪 90 年代初，世界田径运动格局发生了较大的变化。奥运会和世锦赛田径比赛来看，美国仍然是当今世界田径强国，在短跑、跨栏跑、跳跃和男子投掷等项目上人才济济，有很强的竞争实力。俄罗斯的优势项目分布极广，男子主要集中在投掷、竞走及跳跃的高度项目上，女子则几乎覆盖了大部分项目，由此可见俄罗斯雄厚的田径基础。凭借着其全面开花的项目优势，俄罗斯在世界性田径大赛中的综合成绩稳步提高。肯尼亚、埃塞俄比亚、摩洛哥凭借着在中长跑项目上高水平选手的数量和人才储备，保持着世界田径第二集团地位。

在世界田径运动第二集团中，除了非洲三国长期占有一席之地以外，一些国家因为某些项目成绩的上升而进入了世界田坛“新贵”的行列，如白俄罗斯、瑞典、南非等国。应该说这些国家原来成绩就不错，通过不断努力，在一些项目上形成了一定的优势，如白俄罗斯的投掷项目、南非的跳高项目等。一些老牌田径强国优势项目或原来赖以支撑的几名优秀选手水平下降，导致整体田径运动水平下降，如德国、古巴、罗马尼亚等。

当今世界田坛呈现出明显的优势项目的地域分布特征，这是因为经过多年实践，许多国家已经认识到，根据本国的特点和优势来发展对应的项目是在国际田径赛场上取得一席之地的捷径。因此，现在已经有越来越多的国家进入争金夺银的竞争行列。

（三）田径运动整体水平的发展

20 世纪 50 年代至今，世界田径运动成绩不断提高，并达到很高的水平。世界田径运动总体竞技水平经过了迅速发展、提高和稳定的过程。世界田径运动发展表现出以下几个特点：第一，从世界田径运动发展轨迹来看，世界田径运动的成绩呈现出持续发展态势。第二，世界田径运动在 20 世纪 80 年代期间整体水平高速发展后，在进入 20 世纪 90 年代后总体成绩发展势头趋向平稳，田径成绩越来越接近身体极限水平。第三，在过去的几十年里，世界田径运动成绩的发展呈现出一种锯齿状波浪形走势。在奥运会年、世锦赛年，成绩总体水平基本上都处于高峰。

近几年，世界男子田径总体竞技水平呈现持续发展的态势。在奥运会年及世锦赛年尤其明显，表现为男子田径竞技成绩基本上围绕奥运会和世锦赛波动的规律。世界女子田径总体竞技水平也呈递增趋势。但是，女子田径运动水平发展速度高于男子。同时，女子田径运动总体成绩振幅也明显高于男子。

（四）田径运动的发展趋势

1. 田径运动员职业化

20 世纪 80 年代以来，田径运动日益商业化，田径运动员的职业化程度也日益加深。

比赛市场化增强了田径运动员之间的竞争，推动了田径比赛活动的开展，增强了比赛的观赏性，同时让更多人感受田径运动的魅力。

2. 世界田径运动多极化

从近年来世界田径运动的发展来看，美国田径强国的地位受到各国的挑战。欧洲运动员重新崛起，亚洲运动员在男子跨栏、马拉松等项目上实现反超，非洲运动员在长跑项目上彰显领军实力，世界田径运动不再是一枝独秀的格局，而逐渐向多极化发展。

3. 田径运动普及化

随着世界各国经济水平的提高和人们物质文化生活的丰富，越来越多的人追求健康、娱乐性的生活方式。作为各项运动中较为基础、普遍的田径运动成为很多人的健身选择。田径运动已成为各个学校必不可少的课程，也一直吸引着更多不同阶层的人参与其中。

4. 女子田径运动迎来新时期

20 世纪后期，女子田径运动项目的种类日益增多，事实证明，各类男子田径项目，女子也都能参加，并取得了优异的成绩和一系列的突破。因此，女子田径运动今后势必会进入新阶段。

5. 继续加大反兴奋剂的力度

在讲究公平公正、秉承强身健体的竞技体育比赛中，坚决反对使用既有违公平又危害健康的兴奋剂。随着科学技术的日益发展，兴奋剂的检测手段也日益科学化、多样化，国际田联及奥委会也加大力度打击使用兴奋剂的行为。不过，随着田径运动比赛规模的不断扩大，参赛人数不断增加，兴奋剂种类也会不断增多，使用方法也会更隐蔽，兴奋剂的检测工作仍会十分艰巨。

6. 田径项目竞赛体系更加完善

伴随着越来越多的运动员挑战极限，各项目的纪录不断被打破。这时，需要更加精确的成绩，这要求在规则上给予更大的发展空间。譬如，短跑可按 1/1 000 秒计取成绩，田赛项目可按小于厘米的计量单位计取。

三、古代体育的跑、跳、投掷

跑、跳、投掷是人类最基本的运动技能。当今的田径运动由短跑、中跑、长跑、跨栏、障碍跑、竞走、跳跃、投掷等单项及由这些单项组合而成的全能运动构成。然而，这些单项竞技的形成与发展经历了漫长的演进过程，有着十分明显的继承性。

（一）我国古代跑、跳、投掷活动的考证

1. 我国古代民间体育中的跑、跳、投掷活动

相传在原始洪荒时期，大地的孙子夸父向往太阳的光明，憎恶寒夜的黑暗，立志追赶太阳。这段神话描绘了以渔猎为生的原始人类，在极其险恶的自然环境中，由于捕杀猎物而渴望具备较长时间奔跑的能力。在“北京猿人”居住过的洞穴里曾发掘出数以千计的鹿、马及其他兽类的骨骸。可以想象，追捕这些善于奔跑的动物需要怎样的速度、跳跃沟坎障

碍的能力，以及投掷石块、木棒的本领。在山西省阳高县，曾经出土旧石器时期的石球。这些石球曾是原始人类用以投猎获取食物的工具，也是现代体育投掷项目器械的原始形态。形成于几千年前的云南阿佤山沧源壁画上，刻有先民狩猎时投掷的情景。

2. 我国古代军事体育中的跑、跳、投掷活动

在原始社会的末期，生产力的发展及剩余产品的出现，导致了所有制形式的变化，阶级便产生了。社会制度的更替，使得远古时期以来服务于生产生活的基本运动技能也发生了根本性的变化，其功能的表现呈多样化趋势，浓厚的军事色彩最为突出。

跑的能力的强弱，在很大程度上决定着战争的胜负，尤其是春秋以后步战的兴起，车战居次。故而古代的军事家很重视提高部队的机动能力，《孙子兵法·始计篇》中载入过“出其不意，攻其不备”的战略思想，就强调“兵贵神速”。在缺乏机动车辆的古代，每个兵士都必须具备奔跑的能力。所以，历代选将练兵的条例都把跑的能力作为重要的考核条件和衡量士卒身体强弱的依据，并作为军事训练的重要内容之一。

在我国古代文献中，“日行三百”“日行五百”的利趾者，历代都不乏记载。《隋书》中记载的麦铁杖，能日行五百里，随主将杨素策马飞奔从未被落下过。南北朝时的杨大眼以惊人的速度而谋得南伐军主将之职。然而，中国最著名的跑当属元代的“贵由赤”。“贵由赤”是蒙古语“赛跑”的意思。元朝统治者将善跑的军士组成禁军，负责大都和上都的警卫，取名“贵由赤”。为了检阅这支军队的身体素质和长跑技能，朝廷每年都要举行一次长跑比赛。据元代陶宗仪《辍耕录》记载，赛跑的路线有两条，一条以河西务（今天津市武清区东北）出发至大都（今北京）皇宫；另一条以泥河（今河北省张家口市宣化区东）为起点，终点设在上都（今内蒙古自治区锡林郭勒盟正蓝旗境内），两条路线的距离均约180华里（90 km）。赛前在起点处“约之以绳”，参赛者横列绳后。比赛开始时，将绳去掉，齐向终点奔跑，约6 h跑完全程。

我国古代没有“跳跃”一词，但有与之相近似的运动，如“拔距”“距跃”“曲踊”等。“拔距”也称“距跃”或“超距”，是春秋战国时期车、骑兵主要练习的跳跃项目，要求在较短的距离内追上奔驰的战车并跃上去；“曲踊”则是步卒练习的跳跃项目，要求兵士由跪坐姿势迅速变为站立姿势。《左传》记载：鲁哀公八年（公元前487年）三月，吴国攻打鲁国时，鲁国大夫微虎准备对吴军进行一次夜袭反击。他精选了一批勇敢善战而又擅长跳跃的兵士，在帐前设置了一个跨越的标志，凡能三次跃过者就可以入选。结果选出了三百壮士，其中包括孔子的学生冉有。《后汉书》记载的名将甘延寿，能“超逾羽林亭楼”并能将沉重的石块投到200步之外。宋代杰出的诗人辛弃疾为参加抗金斗争，常进行负重跳跃、跑步等锻炼。

（二）其他国家古代跑、跳、投掷活动的考证

1. 其他国家古代民间体育中的跑、跳、投掷活动

古代和民间体育的跑、跳、投掷最初是人类赖以生存的运动技能。随着人类社会的发展，这些能力逐渐脱离了共同的文化圈而显露出其独特的社会职能，最终形成了田径运动的各种竞技项目。

沿墨西哥北部边界马德雷山脉的坡地上，有一支印第安人——塔拉胡马尔人，他们能够连续跑几百千米。这种能力显然是捕猎生涯和与险恶自然条件斗争的产物。

古罗马的王政时期，即公元前6世纪末，罗马建立了共和国，并受到四邻的夹攻。所以，这时的军营训练显得尤为重要，连上层社会也保持着跑步、跳跃等健身的习惯。到了罗马帝国时期，内战停息，政局稳定，体育从派别之争的工具转变成开始发挥其独特的职能，其中就有跑步。这一时期的统治者还曾试图推行古希腊式的竞技，并举行过赛跑等比赛。到了15世纪，欧洲流行跳上桌子和跳上墙壁的比赛，据慕尼黑王宫走廊上的题字记载，取得这些项目成绩最好的是巴伐利亚公爵克里斯托芬，他曾拔出了一枚钉在3.4 m高处的钉子。

在17—18世纪，英国非常盛行打赌。贵族通常把赌注下到自己的步行信差、信件使者和马夫的速度上。有一个马尔波罗公爵曾打赌说，他的四套马车从伦敦到文佐尔这段路上（约40 km）能超过跑得最快的人。公爵亲自御车，但仍输给了跑步者。18世纪末，一部分跑得快的人不再依附自己的主人，开始自己下赌。这样，“徒步者协会”——职业赛跑者的联盟便产生了。此名称的产生是由于协会的每个成员要在一定时间内跑完通常预定为几百千米的路程。参赛者可以选择跑，也可以选择步行。1809年，协会中著名的贝克莱用1 000 h走完了1000英里（约1 609.34 km）。

在各地的民间体育中，有很多跑、跳、投掷的内容，流传也相当广泛，如爱尔兰和苏格兰的链球，瑞士和巴尔干农村的投石游戏。17—18世纪，英国的畜牧业发展迅速，牧羊的青少年经常从羊圈的栅栏上跳出跳进，追逐、嬉戏。后来，牧羊人又在平地上设置了一些木栏进行比赛，比试快跑中跨越障碍的本领，于是这项运动便在英国开始流传。此外，还有一种叫“猎人捉狐狸”的障碍跑游戏：先由几个小孩在前面充当“狐狸”，沿途做一些类似足迹的标记；后面的孩子扮成“猎人”，跟踪追逐，谁先捉住“狐狸”就算优胜。后来，成年人模仿了这种游戏，并在野外选择一条设有许多障碍的崎岖小路，沿途插上许多标记，比赛者沿标记跑进。英格兰的农民在集市上常用秤舵掷远进行游戏，许多大力士都想借此机会大显身手，集市成了出风头的理想之地。东非的瓦胡姆人能够从低矮的白蚁堆上纵身跳超过2 m。在新赫布里底群岛的一个岛上，有一种形式特别的“陆上跳台”飞跃比赛，已形成每年传统比赛的高潮。参赛者从30 m高处头朝下跳，利用一条用藤蔓编成的长绳，一端系在跳跃者的脚上，另一端固定在跳台上。当跳跃者的头快落地时，事先精确量好长度的藤蔓富有弹性地收缩，将人往上一提，下落者便可从容着地。

2. 其他国家古代军事体育中的跑、跳、投掷活动

与古代军事相关的跑、跳、投掷几乎在世界各地都有。公元前8世纪，古希腊盛行的五项运动包括跑（192～196 m）、跳远（手持重物）、掷标枪、掷铁饼。当时的铁饼是石制的，后来改用金属；规格也不一样，直径为16.5～34 cm，重量是1.25～5.7 kg，现代铁饼是古代11个铁饼的平均数。标枪的重量比打仗用的轻，是木制的，与人等长，比人的食指粗。标枪手握部位缠有皮条，投掷时食指和小指插入其中，以利投远。德国中世纪著名史诗《尼伯龙根之歌》里有日耳曼人推石块情景的记录。美洲的印第安人也曾盛行

过投石比赛。14 世纪，欧洲出现了炮兵。当时的炮弹是用生铁铸成的圆球，重 16 磅（约 7.3 kg）炮兵为迅速装填炮弹，平时就经常进行推炮弹或推铁球的比赛以锻炼臂力。此时的跳远与提高军人克服地形障碍的技能有关，所以手中持有象征武器的哑铃之类的重物。当时雅典的一位执政官曾说过："如果他们（指士兵）不久就得跨越沟壕和其他障碍，那我们就培养他们，使之能做到这一点，所以他们训练时手中持有重物。"投掷标枪原产生于狩猎时的掷梭镖。在别尔麦尔泥沿的崖画上，野马的图形中有矛头反复投刺留下的印记，证明史前人类有为生产准备的劳动技能练习活动。在古罗马的军事训练中，有跑步、跳高、跳远、克服障碍等练习，起初是裸体进行，后来又配上武器装备。古希腊人根据军事训练的要求，规定标枪只有投在特意划定的区域内，其投掷距离方为有效。

出生在现今秘鲁国土上的印加人，出于战争的需要，把所有的年轻人都当作士兵加以训练，每年都要检查他们的训练情况，其中包括 4 km 赛跑。凡满 16 岁的上层子弟，都得接受专门考试，内容包括 8 km 跑、投掷石块和标枪、跳高、跳远。由于显赫的战绩，印加人被称为"新大陆"的罗马人。

马拉松跑也是用长跑传递信息的著名例子。公元前 490 年，古希腊军队在马拉松平原击退了波斯国王大流士一世军队的入侵。为把胜利的喜讯尽快告知 42.195 km 以外的雅典人民，善跑的菲力比斯从马拉松一直跑到雅典，这便引出了现代田径运动项目之一——马拉松跑的源头。

（三）古代宗教与跑、跳、投掷的联系

在古代，跑与宗教发生着千丝万缕的联系。古埃及的一件公元前 2778—前 2723 年的浮雕上，描绘了约塞尔在一次宗教性赛跑中取胜的情景，这种赛跑是为了选出古埃及的神王。

奥林匹亚作为古代奥运会的举办地，宗教因素起了很重要的作用，因为这里的神庙被认为是举行祈望丰年仪式最古老的地点之一。仪式中有在芦笛伴奏下的赛跑，人们通过赛跑选定体现丰收的"年姑娘"。欧洲中世纪的农民在"三一节""大斋前的礼拜二气""谢肉节""圣诞节"等宗教节日里，都要举行投石、跑步等活动。

对于跑、跳、投掷保健和娱乐的社会作用人们早已认识到了。中国在尧时就有了一种称为"击壤"的投掷游戏。据《艺经》《帝王世纪》等书记载，这是一种投掷木块的游戏。木制的"壤"形状类似鞋子，大小不一，大者长一尺多，小者仅长三四寸。几个人在一起比赛，先将一壤放在地上，然后定至二四十步外，用另一壤击之，击准者为胜。这种游戏后来发展为以砖瓦代替木壤。

第二节　田径运动的分类与作用

一、田径运动的分类

现阶段田径运动教材大多将田径运动分为五大类，即走、跑、跳、投和全能运动。其中，全能运动又由跑、跳、投的部分项目组成。当然，各国的分类方法不尽相同，有的国

家根据其规模、训练需要及方便程度进行分类。例如，苏联将田径运动分为九大类，分别是竞走、平跑、自然条件跑、跨障碍跑、接力跑、跳、投、推及全能运动。在这九大类下又详细划分项目类别，例如，把接力跑分为短距离接力、中距离接力、混合距离接力。按项目的类别和运动员的性别、年龄又可分出多种比赛项目。

田径运动项目作为受众广泛、基本的运动，是正规体育比赛中项目非常多、参赛运动员非常多的项目。“田径运动是一切体育运动项目的基础。”这句话充分肯定了田径运动在竞技体育运动中的地位，也表明了其增强体质、强身健体的作用。田径运动所包含的走、跑、跳、投是人类生活和劳动的基本技能，是人类重要的生存技能，同样也是人类基本、普遍、自然的四种活动形式。

二、田径运动的作用

（一）健身功能

经常参加田径运动，不仅能提高人的基本活动能力，而且能促进人体正常生长发育和各器官、系统机能的发展，还能全面提高人的运动体能和健康体能。田径运动的项目较多，内容丰富，运动方式和特点各不相同，对人体的影响也各有区别，主要表现如下。

第一，短跑和跨栏跑可以有效地提高快速运动能力，提高人体在极限运动条件下机体器官系统的机能水平，增强人体动作的灵活性和柔韧性，明显改善中枢神经系统控制和支配肌肉活动的能力，增强人体运动的节奏感。

第二，参加长距离走和跑的锻炼，能明显提高人体有氧工作的能力，增强耐力，改善心肺功能，同时能锻炼与培养顽强拼搏的精神。

（二）健心功能

1. 增进情感体验

人们的生活、工作和学习都会受到情绪的影响。随着时代的进步和科技的发展，人们面对的竞争及压力逐渐增加，也经常面临各种挫折、困难。如果不能很好地面对和处理这些困难，情绪一直处于低落的状态，会影响到自己的生活、工作、学习及身体。一个人要学会保持良好的情绪，控制情绪，不要被情绪控制。相关调查发现，体育运动可以帮助人们改善情绪，提高人们控制情绪的能力。由此可知，田径运动也具有改善、调节人们情绪的作用。

2. 培养意志品质

田径中的长跑不仅对身体的机能有积极的锻炼意义，在与“极限”抗衡的跑步中，也是对意志品质的锻炼，对培养人的刻苦耐劳的精神和坚毅顽强的意志具有重要作用。障碍跑是人在跑步中采用跨越、绕过、钻过等方式通过障碍物的一种运动方式。采用障碍跑的方法进行练习，不仅可以提高快速通过障碍的能力，还可以锻炼不怕困难、果敢顽强的意志品质。田径比赛中的跨栏项目就是障碍跑的一种。

（三）竞技功能

在大型综合性运动会中，田径运动项目多、奖牌数多、参加人数多、影响最大，是衡量一个国家竞技体育整体实力的重要项目。田径运动不仅能增强人们的体质，还对竞技运动的发展起到巨大的推动作用。田径运动主要通过走、跑、跳、投的角逐或竞争，来比速度、力量和反应能力。作为一种运动文化，田径运动可为人们所观赏、消遣和娱乐。此外，田径运动对训练条件要求相对不高，参加人数多，而且大多是个人项目，项目投资和奖牌比小，所以一直被列为发展竞技体育重点选择的项目之一。

（四）教育功能

田径运动有着严格的规则和要求，个人比赛和团队比赛的成绩、名次紧密联系在一起。因此，田径运动不仅能培养人们的合作精神、责任感和集体主义思想，也有利于帮人们形成正确的世界观、人生观和价值观。田径运动是各级学校体育课程的必修内容和重要教学内容。田径类课程作为全国普通高等学校体育教育专业的 9 门主干课程之一，在体育教育专业课程中占有重要地位。

第二章　田径运动教学的理论和方法

田径运动教学是有计划、有组织、有目的地传授知识和技术的教育过程。理论是实践的方向标，没有理论指导的教学实践，就如在大海航行中迷失了方向的船，因此应在教学中贯彻执行教育学理论中所倡导的各项教学原则，选择合适的运动教学方法。本章主要从田径运动教学的基本理论、基本原则以及教学方法三个方面进行了阐述。

第一节　田径运动教学的基本理论

一、田径运动教学理论

（一）田径运动教学课程设计理论

虽然中西方学者对课程设计这一概念有多种理解，但课程设计作为一个探讨如何形成或确定课程的领域，已成为课程研究的主体部分，并得到了国内外学者广泛而深入的研究。从课程设计研究的范围来看，课程设计理论主要包括课程目标设计、课程内容设计和对课程设计的评价等内容。

1. 田径课程目标设计

学科、社会和学生是进行课程设计要考虑的基本要素，但体育教育专业田径课程的目标设计，还受到体育教育专业培养目标的限制，因此下面从专业、社会、学生和学科四个方面进行分析。

（1）体育教育专业培养目标对田径课程目标的影响

改革开放以来，田径课程一直是体育教育专业的主干课程之一。但随着社会的进步，越来越多的体育项目被纳入培养方案中，越来越多的学科理论也被纳入培养方案中。在这种背景下，田径课程的教学课时数急剧减少，学生所能学习的田径内容也逐渐减少，但培养目标对未来体育教师素质的要求并没有降低，反而有所提升。这就催生了体育教师的高素质要求与庞大的田径课程体系的精简化选择之间的矛盾。因此，田径课程目标设计必须与体育教育专业培养目标的大方向保持一致。

（2）社会需要

学生在学校以求知为主要任务，这一任务似乎与社会需求的关系不大。但人是社会的人，人们所学的知识和技能要么直接与社会相联系，要么与社会有间接的依存关系。对于体育教育专业而言，其培养目标明确规定了该专业毕业学生应该具备的多种能力，也规定了学生从业后的服务对象。这就要求田径课程目标要与社会的需要保持一致。这种一致有两层含义，一是所学田径知识和技能可以直接为社会提供服务，但这种服务是有条件的，它必须既是大众化又是国际化的；二是所学田径知识和技能领先当下社会的需要，保持一定的前瞻性。因此，田径课程目标的确定离不开社会的需求。

（3）学生的需要

教育的最终目的是促进人的全面发展，而课程是促进人全面发展的一个载体。体育教育专业的学生，是以体育教学为职业倾向，以运动技能的习得和传承为主要特点的成人群体。这些学生的全面发展即指在有所专长（体育）的前提下的全面发展。田径作为体育的重要组成部分，理应是体育教育专业学生学习的对象。但不同地域的学生，其生长环境有较大差距，而且其个性和兴趣等情感因素也存在较大差异。因此，田径课程目标的确定，必须要对学生进行深入认识，制定出既适合学生特点又是学生能够努力达到的切实目标。

（4）学科本身发展的需要

田径课程作为体育学的一门基础学科而存在，承载着传承田径文化的历史使命，所以体育教育专业田径课程目标的确定受制于田径学科的发展。一般而言，田径学科专家对田径的基本概念、基本原理、逻辑结构、项目特征、研究方法、田径与其他学科的关系等问题有较清晰的认识，学科专家的建议是确定田径课程目标的重要来源。

因此，体育教育专业培养目标、社会需要、学生需要、学科本身发展的需要是田径课程目标设计要考虑的基本要素。

2. 田径课程内容设计

课程内容可以分为两类，一类是系统地组织起来的学科知识，尤其是学科中的基本知识和技能，它们是获得其他知识的必要条件；另一类是实际知识，与学科知识的区别在于它们没有经过学者系统地组织和处理。由此可见，课程内容主要指各门学科中特定的事实、观点、原理和问题等信息实体。

对于田径课程而言，它既有田径学科多年来形成的如田径名称、田径历史、田径概念、田径运动技术原理、练习步骤、动作规格、有关田径教学与训练的观点等间接知识，也有田径运动中所包含的练习手段、技术动作等需要练习与操作才能获得的实践性知识。因此，田径课程内容的涵盖面非常广泛。为了使人们有效地选择田径课程内容，本章结合田径课程内容选择的原则和田径课程内容本身的特点，提出了田径课程内容选择的三种方法，即分类选择法、流程图选择法和目标导向选择法。

（1）分类选择法

分类选择法是在进行田径课程内容选择时，先将所有内容按照一定分类标准进行分类，然后按类别选择课程内容的方法。具体操作时，一般先要根据较为宏观的分类依据对课程内容进行分类，形成初步框架，然后选择相对具体的分类依据再次分类。如此多次分类，就形成了田径课程内容体系。通过分类获得的田径课程内容可以用图示或提纲等多种形式表现出来。该方法的优点是可以从宏观上把握田径课程的整体内容，抓住内容的主体，对单元教学内容和课时教学内容的选择提供指导。其缺点是不能深入分析内容的细微结构，容易使有机联系的内容产生割裂现象。在进行分类选择时，需要尽可能选择相对科学的分类依据，若分类依据不科学，就可能遗漏部分内容或使部分内容重复。目前，各高校所使用的田径教科书多通过分类选择法选择内容，即先将田径课程内容分为理论与技术两大类，然后各自逐渐落实，最终形成田径课程内容。

（2）流程图选择法

流程图选择法是从田径课程的终极目标出发对需要掌握的内容进行过程分析，逐级确定田径课程内容的方法。该方法源于流程图分析法，是企业用以识别风险的常用方法之一。企业的组织规模越大，生产工艺越复杂，流程图分析法就越能体现其优越性。由于田径课程内容是由若干运动项目及其相关知识组成的复合体，课程内容多由程序性知识或技能组成。因此，在进行田径课程内容选择时，可以使用流程图选择法。该方法的优点是能用直观的形式揭示田径课程内容之间的相互关系。相对于田径课程的庞大内容体系而言，这种方法比单纯文本（或教材）更便于教师及学生了解课程内容；用该方法获得的田径课程内容充实、主次分明、逻辑性强。其缺点是流程图的编制过程太复杂、费时较多。

（3）目标导向选择法

目标导向选择法主要指以田径课程的总目标及各级目标系统为导向选择实现各级各类目标所需要的田径内容的方法。这是一种逆向分析课程内容的方法。在使用目标导向选择法选择内容时，首先，要注意目标维度的全面性。以往我们的目标设计较为单一，重视了动作技能类目标，而对言语信息、智慧技能、认知策略等目标有所忽视，这会对学生能力的培养产生消极影响。其次，要注意目标与目标之间的关系。各类目标虽然有着本质的区别，但是在具体实施环节往往又有着必然的联系。因此，选择内容时要考虑内容之间的互补性，避免同类内容重复出现。从田径课程目标体系可知，田径课程目标分为言语信息、智慧技能、认知策略、动作技能及态度五类一级目标，各类一级目标又分为若干二级目标，各级目标最终要靠课程内容来实现，课程内容有效完成后就形成相应的能力。因此，目标导向选择法具有全面性和系统性的优点，但应注意避免教条化、割裂化选择。

3. 对田径课程设计的评价

（1）对田径课程目标设计的评价

由于目前体育教育专业田径课程目标存在的问题主要表现为目标定位不准确、目标单一、目标不具体等方面，即说明目前体育教育专业田径课程目标缺乏一致性、全面性和可行性。因此，下面将主要从这三个方面对所设计的课程目标进行评价。在其他研究领域，对课程目标的评价一般也从这三个方面展开。邓泽民和李庆合从主体尺度和客体尺度两个方面对职业教育课程目标的评价进行了研究，认为从主体尺度来看，课程目标要符合社会需要、职业需要和学生需要；从客体尺度来看，课程目标要有先进的指导思想、科学的理论基础、方法可行、结构合理、内容全面、明确具体。韩延伦认为，对高校文化素质教育课程目标的评价要从课程目标与教育目标的一致性、课程目标实现的可能性两个方面展开。以上研究结果虽然形式不同，但其实质都是对目标一致性、全面性与可行性的规范。

①一致性。这里的一致性，主要包括两层含义：其一，要判断基于学习结果的体育教育专业田径课程目标与各级目标之间纵向的一致性；其二，要判断基于学习结果的体育教育专业田径课程目标之间横向的一致性。纵向一致性主要体现在不同层级目标之间的承接性方面。从纵向来看，田径课程目标处于教育目标体系中的三级目标位置，其上位目标为

体育教育专业的培养目标，下位目标为田径教学目标。从培养目标到课程目标再到教学目标，越到底层，目标越具体，且下层目标是对上层目标的具体反映，这就保证了田径课程目标与教育目标、培养目标、教学目标的一致性。从横向来看，不同层级的课程目标设计，都围绕言语信息、智慧技能、认知策略、动作技能和态度五个方面展开，这就保证了横向目标的一致性。因此，本研究设计的田径课程目标保证了一致性。

②全面性。所谓全面性就是指田径课程目标涉及的领域要体现教育目标涉及的各个领域。这种全面性应从两个方面进行理解：第一，所有田径课程目标的整合要涉及教育目标的各个领域；第二，所有田径课程目标的整合不能超越教育目标的各个领域，如果超越，说明有拔高田径课程目标的可能性，可能会造成学生的学业负担过重、偏离或扭曲教育目标等后果。基于学习结果的田径课程目标涉及的领域主要包括言语信息、智慧技能、认知策略、动作技能和态度五个方面。其中，言语信息主要指陈述性知识和技能；智慧技能主要指程序性知识和技能；认知策略主要指策略性知识和技能；动作技能特指以动作操作为特征的运动技能；态度主要指兴趣、情感、行为、价值观、世界观等非认知方面。这五类目标共同组成一个整体，对体育教育专业田径课程目标进行规范。查阅文献发现，目前我国教育目标涉及的领域可概括为“德智体等全面发展”。“德育”主要指思想、政治、道德、品质、法制等方面教育的总和，“智育”主要指向学生传授系统的科学知识和技能，“体育”主要指向学生传授身体运动技能及保健知识。通过比较田径课程目标涉及领域与我国教育目标涉及领域可以看出，两者都是从情感、认知和动作技能三个领域展开的。因此，基于学习结果的田径课程目标涉及了教育目标的各个领域。通过比较还可以看出，基于学习结果的田径课程目标系统仅是对田径课程这门具体学科目标进行规范。因此，学生所学的知识和技能与田径课程密切相关，它不可能超越整个教育目标。从以上分析可以看出，本研究设计的田径课程目标是较为全面的。

③可行性。从哲学视角来看，可行性主要指可能性向现实性转化的主客观条件的辩证统一。在工程学中，可行性指对过程、设计、程序或计划在所要求的时间范围内成功完成的可能性。本书所说的可行性主要是对田径课程目标设计体系是不是行得通的判断，这种可行性主要体现在设计思路是否严谨及各环节能否顺利操作等方面，而且有对课程目标一致性与全面性的整合。

从课程目标设计思路来看，田径课程目标设计经历了三个步骤：第一步，确立田径课程目标设计的依据，调查学生、社会和专家对五类学习结果的认识差距，分析学生特征，这一步为田径课程目标设计提供了可靠依据，属于目标设计前的准备工作。第二步，探究田径课程目标与各级各类目标的关系，确定田径课程目标的定位和分类，这一步的实质是根据调查结果和目标相关理论确定田径课程目标的层次和维度。第三步，设计出基于学习结果的田径课程目标体系，是目标设计的结果。这三个步骤的紧密结合，形成了较为严谨的课程目标体系，同时为了在实践中便于操作，本书还提供了目标陈述中的注意事项和操作方法，做到了理论与实践的结合。因此，本书设计的田径课程目标体系是可行的。

（2）对田径课程内容设计的评价

对田径课程内容设计的评价主要包括对内容选择和内容组织两个方面的评价。对内容选择的评价主要从所选择的内容是否能满足课程内容选择原则的要求方面进行定性评价，对内容组织的评价主要从范围和顺序能否适合学生学习的需要方面进行评价。分别评价之后，再对两者的关系进行分析。只有两者同时满足需要时，课程内容设计才较为合理。学者陈瑞生从一般课程论的视角对课程内容的评价问题进行了研究，认为课程内容评价主要包括课程内容选择的评价、课程内容组织的评价、课程内容类型的评价和课程内容结构的评价四个方面。

（二）田径运动教学中动作技能形成的理论

田径技术教学过程中，动作技能形成的理论也就是统称的田径技术理论知识。根据教育学和人体生理学原理得知，学生在开始学习技术阶段（粗糙的掌握技术阶段），对初学的技术动作的理解不到位，脑子里比较模糊，做起技术动作来不到位、不规范，这是可以理解的。教师在这个阶段急躁不得，要沉住气，要不断地鼓励学生练习，即使做得不准确也没关系，只能在肯定的同时指出问题之所在。

学习的第二个阶段也可称为提高阶段。学生所掌握的技术尚处于不稳定的状态，时好时差。这时，教师同样急躁不得，要继续鼓励学生努力练习，不断纠正不规范的技术动作，达到对所学习的技术动作逐步改进提高的目的。

第三个学习阶段可称为熟练巩固阶段。学生掌握的技术动作大多处于较为规范的状态。这个阶段，教师可以用评分的办法给予鼓励，即技评，鼓励学生进一步巩固已学会的技术动作，并指出他们的努力方向，达到进一步提高的效果。

对田径运动技术理论知识的教育是与技术教学同步进行的，学生掌握技术的过程也是学习技术理论知识的过程。综上所述，教师要按教育学和人体生理学原理上课，避免产生冒进的情绪，而且要在不同的学习阶段采取不同的教学方法，这是非常重要的。

（三）田径运动教学的存在条件理论

只有满足田径运动教学的存在条件理论，田径教学过程的进行才是可能的和有意义的，这是每位教师必须遵守的。

运动技术动作、要领、要求与理论知识对教师来说是已知的，而对学生来说是未知的或不确定的。若运动技术动作、要领、要求与理论知识对于教师来说是未知的，教学过程的进行则是不可能的；若对学生来说是已知的，这样的教学过程是没有实质意义的。

若运动技术动作、要领、要求与理论知识对于教师来说是可输出的，即可示范、可讲解、会教法、会表述；这种表述对学生来说是可输入的，即听得懂、可接受。如果运动技术动作、要领、要求与理论知识对教师来说是可输出的，或虽可输出但是这种输出对于学生来说是不可输入的，那么这样的教学也是没有效果的。

（四）田径运动教学状态理论

田径运动技术、技能与理论知识有不同的表现形式，而每种形式的运动技术、技能与理论知识的存在，又有其不同的形态，如储存形态、传输形态和实用形态等。具体而言，田径运动教学过程中的教学大纲、教学进度、教材或教案是运动技术、技能与理论知识的储存形态，教师的示范或讲述是技术、技能与理论知识的传输形态，而学生根据一定的原理与理论知识进行练习和作业，则是技术、技能与理论知识的实用形态。

田径运动技术、技能与理论知识的传输形态具有以下特点。

①形式的多样性。它有多种信号形式，如语言的形式（口头、录音）、形象的形式（手势、形体）、文字形式（书面、板书、录像）、表演形式（电影、电视、多媒体）等。

②组合性。传输中的技术、技能与理论知识可分为部分（分解），也可构成整体（分解求整）。

③程序性。如制定教学进度、某技术或理论知识的教学程序等。

④可释性。一定的技术、技能与理论知识，可以用另外一种技术、技能或理论知识加以说明，如跑的技术可以用单腿支撑与腾空相交替、蹬与摆相配合来说明。

二、田径运动教学的语言艺术与直观性

研究证明，21 世纪的教育从根本上讲处在两种教育学基本趋向互相争斗的阶段，一种是传统的、理智型教育学或称为知识教育学，处于衰退的、趋于消亡的阶段；另一种是行为教育学，处于新生的、正在发展的阶段。

知识教育学主要是传授和积累各种知识，这是一种为了学校的考试，而不是为了生活的考试的被动式学习和注入式教育观念。它的特点是：对学生而言是记忆型和被动重复型，对教师而言是权威性与专制性，对教学而言是封闭型和终结型。这种教育学观念认为，教师提供的知识是完整的、已成定论的，这就限制和剥夺了学生的创造性。

行为教育学是注重教育人的创造性劳动的趋向，是追求学生的发展，面向生活的素质教育。其特点是，教学是为了使学生未来更好地生活与工作，准备创造性地生活与工作；使学生有自发创造性的机会，不是墨守成规，要给学生创新的自由、表达和选择创意的自由；教师对学生进行启发式教育，是面向集体、面向社会，注重讲授艺术以形成人与人之间的和睦共处，培养学生的才艺，对社会有责任感，提倡有益于社会进步的行为。这种教育学将在 21 世纪发挥更大的作用。

实践证明，在田径运动教学中，不管采用哪种教育学观念，都离不开“语言”和“直观性”的作用。因为语言是信息的载体、思想的外壳。在教学中，是通过语言媒介传授知识给学生的。不管讲课的内容多么丰富而精美、教师的知识多么渊博，如果没有用准确、恰当、简明、易懂、情趣盎然、丰华厚实的语言艺术来表达，谁又能感受到和体验到精美的内容和渊博的知识呢？成绩卓著的优秀教师的经验告诉我们，要出色地讲好一堂课，除了要有丰富的专业知识之外，语言艺术也是必不可少的。有学者认为，教育的艺术首先包括说话的艺术、同人心交流的艺术，教师语言修养在很大程度上决定着学生在课上脑力劳动的效果。可见，讲究语言艺术对提高课堂教学质量而言是多么的重要，这一点恰恰是行为教育学所需要的。

教师必须使用和讲好普通话。田径教学枯燥乏味，更应当讲究语言的艺术。另外，有人把体育教师视为四肢发达、头脑简单、语言和行动粗鲁的人，越是在这种环境中，越需要体育教师注意语言艺术。

不仅如此，在直观性教学的示范上，也存在语言和无声的艺术问题。如一位教师上标枪的提高课，要求学生在自己的正前方画一个圆圈，练习时将标枪插入圈内。学生开始都插不中，教师批评大家一次也插不中。于是，这位教师开始作起标准示范来，结果三次都

没有将标枪插入圈内，学生都捧腹大笑。为什么会出现这种不愉快的局面呢？表面上看是这位教师的标枪技术不过关，实际上是因为这位教师不讲语言艺术，又不会进行直观性教学。怎样进行直观性教学才恰当呢？方法有很多种，其中经常采用的办法是“同学们，请停一下，再看我示范一次（不要说标准示范）”。在示范过程中如果一次插中了当然好，接着可以讲解技术要领及关键所在；万一没有插中也没有关系，可以给学生分析失败的原因。如果第二次或第三次都没有插中也无妨，还可以继续分析原因，直至插中为止。这样一来，教师的直观性教学体现了较高的艺术性，且非常主动，既体现了耐心教育、互相探讨的精神，又没丢失语言美，最后得到的是师生之间的协调美。这实际上体现了教师无形之中在直观性教学中高超的艺术手法。

由此可见，在田径运动教学中，语言艺术本身体现着很强的直观性，若要使直观性达到最佳效果，也不能离开语言艺术的配合。因此，教师不要向学生进行单一的、孤立的教育，而要通过一种可以调动、拓展和发挥学生全部积极性的教育方法，使之提高生活能力、运动能力和综合的素质能力，其目的在于实现人的最高生活价值。

第二节　田径运动教学的基本原则

一、自觉积极性原则

田径项目普遍被认为是比较单调无味的，如何能较好地通过它去完成各项教学和训练的任务，把教师的意图变为学生的自觉行动，使学生对自己所学的内容产生兴趣，从而发挥积极的效果，这是一个首要的教学原则。生理试验表明：学生在学习他所喜爱的项目时，会血糖上升，肌力增强，精神饱满；而被动或强制性地去完成某项练习时则血糖会下降，肌力减退，很快出现疲劳感。如何培养学生的学习积极性，以达到自觉的行动呢？首先是讲明道理，并通过教师的种种有效措施和方法，引导学生积极思考，使其认真地、自觉地去学习和掌握教师所传授的内容，具体可以从以下几点去实施。

第一，要善于启发和诱导学生学习的积极性。启发诱导的方法很多，如启发式的提问、启发性的示范、学生自我分析或互相分析动作，按一定要求进行小测验、小比赛等。如在中、长跑的教学中，教师可启发学生谈中、长跑对身体锻炼的价值，以及讲培养刻苦顽强意志的作用，从而激发他们克服困难、不屈不挠的精神去坚持中、长跑的学习与锻炼。

第二，要采用灵活多样的教法。跑步原是比较枯燥的项目，但教师要能根据课的任务采用各种有效的形式、生动的教学方法以达到完成课业任务的良好效果。例如，在教接力跑时，教师可通过各种形式的追逐跑以及对跑的专门性练习等，使课上得生动活泼，学生学起来兴趣很浓，教学效果也就显著了。

第三，要从学生的实际出发提出任务和要求，使学生经过一定的努力，达到预期的教学目的。教师提出的要求，是激发学生学习积极性的重要手段。例如，在进行跳远教学时，教师可事先在沙池边划好几个标志作为条件（如标出及格、良好、优秀），鼓励学生在试跳中尽力创造比自己原来更好的成绩。

第四，严密而紧凑的课堂组织，正确选择练习的内容及适当的评定成绩标准和要求等，都会给教学和训练带来积极的效果。在田径教学中，如何把教师的意愿变成学生的积极行动，是一项创造性的劳动。它首先要求老师能充分理解和掌握教材内容及其实质，有对学生的责任感，并有纠正错误的正确方法。只有这样，才能把学生积极自觉的精神调动起来。

二、直观性原则

通过学生的各种感官，如视觉、听觉、触觉和肌肉本体感觉来使学生直接感知和体验所学的知识、技能和技术，这在田径教学中是基本的教学手段和首要的教学原则。

直观教学方式有动作示范，运用挂图、图表、模型、录像、幻灯片、电影和生动形象的语言等。直观教学是一种手段和方法而不是目的，运用这一手段和方法首先要根据教学的任务、教材的性质和学生的特点有目的、有区别地进行。教师的动作示范要从实际出发，注意动作的正确性，学生学习技术不能只是模仿，必须与积极思维相结合，这样才能进一步理解动作、分析动作，并能正确地掌握它。

教师的讲解应力求少而精、简而明、重点突出而有系统性，并尽可能做到边讲边示范，然后学生才能更好地通过本身肌肉的感觉来体会并掌握。在教学过程中，学生不仅能直接看到教师的示范动作，也能看到教师的一言一行。因此，教师教学中的言行、仪表、姿态、作风等都起着直观的作用。为此，在田径教学中，教师必须有高度的工作热情，以身作则，才能收到良好的教学效果。

三、从实际出发原则

从实际出发原则是指在田径教学中，应考虑到以下几个方面：第一，在课程任务的制订、内容的选择、教法的采用等方面要从学生的年龄、性别、能力、身体发展水平和知识技能的水平等具体条件出发。第二，要结合学校场地、器材、地区气候等特点。第三，把学校的类型和与本专业的特点相结合。

贯彻好这一原则，首先要做好调查研究工作。只有在充分了解学生情况的基础上，才能正确地计划与组织教学工作和采取与它相适应的教学方法。从实际出发要把一般要求与个别对待相结合，既要做到多数学生能完成基本任务，又要兼顾到个别学生的特点，做到因材施教。在田径教学中，这主要体现在学生的接受能力与理解能力、身体素质、身体发展和学习兴趣等方面的差异上。对于这些差异，在教学中应保证班内多数学生达到计划中的目的。

四、系统性、巩固性原则

无论是田径教材本身，还是教师在教学法的运用上都要遵循从易到难、逐步深入这一教学规律。同时在田径教学中，教师通过不断地强化与复习，使学生的体质不断地得到增强，使学生的知识和技能不断地得到巩固与提高。

在田径教学中运用好这一原则，首先需要有周密的教学计划，这个计划要能反映出技术的复杂程度，学生的接受能力与水平，以及教学的前后衔接等几个方面。以标枪教学为例：第一步，握枪、持枪、正面插枪和侧面上步插枪；第二步，上二步、三步、五步掷枪；第三步，短距离助跑、全程助跑掷枪。

田径教学对系统性、巩固性这一原则的运用主要指对学生所获得的知识和技能在不同的条件下（如增加难度、增加竞技性等）进行不断的、有计划的提高。巩固与提高的基本方法是多次学习和重复练习。在运用这一原则时要根据跑、跳、投掷各项内容的不同性质，注意到复习方法的差异，灵活地运用，要根据田径技术的不同情况做到“温故而知新”。

巩固与提高是在前一阶段（或某个动作要领）正确把握技术的基础上的合理运用，注意不要过早地去“巩固”前期所未能掌握的技术，否则，会使学生在学习中带“夹生饭”而影响下一阶段的技术掌握与提高。

贯彻这一原则时，同样要注意学生身体素质的巩固与提高。因为学生身体素质每一步的改善都和他们进一步地掌握与提高运动技能有着密切的内在联系。在课堂上，对学生身体素质的改善与提高，也是我们通过这一原则所要完成的基本任务。另外，教师可以通过课堂小测验、小比赛评分等各种形式，使学生运用所学的知识、技能巩固和提高田径技术。

五、动机激励原则

动机激励原则指通过多种方法和途径，激发运动员主动从事艰苦训练的动机的训练原则。这一原则在田径训练中的应用可以激发运动员更高的训练积极性和主动性，培养他们独立思考的能力和自我调控的能力，促使他们以最大的动力高质量、高效率地完成训练任务。动机激励原则在田径训练中运用的注意事项有以下几点。

第一，经常激发运动员的成功动机。动机是推动人们从事某种活动的内部动力，人们都是怀着未来取得成功的美好愿望参加某项活动的，对成功的渴望给人们以鼓舞、激励，能够激励他们自觉、积极地投入。田径运动训练这一单调而枯燥的项目需要参与者作出巨大努力和付出。只有经常激发运动员强烈的成功动机，才能够吸引千百万有才能的青年自觉地投入田径训练与比赛中。

第二，合理运用物质激励和精神激励。田径运动员必须经过多年的刻苦训练，承受巨大的心理负荷与生理负荷，才能提高运动成绩。在多年训练过程中，运动员还会不断地受到内外环境多种因素的干扰。由于长期参加训练和比赛，文化成绩会因此受到影响。为了解决学生和家长的后顾之忧，学校可以在周末进行文化课辅导，在升学考试时给予一定的照顾。

第三，在大学阶段，为了更好地调动学生主动参与田径训练的积极性，学校可以在文化必修学分及其他方面放宽尺度。对田径比赛中获得优异成绩的学生，学校要给予适当的物质奖励，让运动员体会到“成就感”，使学生对训练前景充满信心，不断感受到阶段性成绩提高后的喜悦，并在此基础上树立起更高、更新的训练目标。

六、一致性原则

一致性原则指田径课程内容的选择必须与体育教育专业课程方案保持一致，这是从专业方面对田径课程内容的规范。课程方案是体育教育最专业的文件之一，包含着体育教育专业的培养目标、培养规格、课程设置等重要课程问题，田径课程作为体育教育专业的重要组成部分，其内容的选择必须满足课程方案相关规定的要求。体育教育专业的培养目标定位为培养复合型体育教育人才，在选择田径课程的内容时，应该首先选择那些有利于培养学生田径教育教学能力的内容。从这个角度来看，田径各项目的健身手段是形成田径教学能力的基础，是学生首先应该习得的内容。其次，对田径运动的认知能力是保证田径文化得以传承的基础，是言语信息、智慧技能、认知策略和态度类学习结果的需要。最后，项目技术是田径课程的核心，对项目技术及相应教学方法的习得是田径课程内容的主体。在其他学科领域，有研究者认为，课程内容的选择最终要服从和服务于教育目标，课程内容若不能适应教育特点，无论是理论讲授还是实践教学，永远都是一种外在物。这就暗含了课程内容与培养方案一致的重要性。

七、现实性与前瞻性相结合原则

现实性与前瞻性相结合原则指选择田径课程内容时，除了要考虑现实社会的需求外，还要考虑未来社会的需求，这是从社会需求方面对田径课程内容的规范。纵观我国中小学及普通高校体育课中田径内容的演变，可以看出田径课程内容的现时需求和未来走向。在小学阶段，从 1956 年、1961 年、1978 年、1987 年、1992 年、2000 年以及 2001 年体育教学计划（或课程标准）的变化看出，在课程类型方面，田径课程内容经历了由统一规定的必修形式向必修与选修结合形式的转变；在内容组成方面，田径内容在保持其称谓基本不变的前提下，增加了 1—2 年级学习“基本动作”，3—6 年级“提高身体素质的练习”等内容。初中、高中和大学阶段的变化与小学阶段基本一致。由此看出，一些跑、跳、投掷的基本动作，提高身体素质的练习手段成为当前社会所需的内容，而这些内容在目前体育教育专业田径普修课的教学中被忽视。从未来社会发展的趋势来看，跑、跳、投掷的基本动作以及提高身体素质的练习手段对普通人群的科学健身和运动康复等有重要意义。这些内容应逐渐纳入体育教育专业田径课程内容的范畴。因此，坚持现实性与前瞻性相结合原则对田径课程内容的选择有重要影响。

八、职业需要与兴趣相结合原则

职业需要与兴趣相结合原则是从学生方面对田径课程内容的规范。因为学生的地位和作用是确定任何教育体系性质、价值与最终目的的重要标准。对课程来说，不管什么计划、行为都得首先从学生的角度出发。因此，课程内容的选择不能脱离学生需要而独立存在。对体育教育专业的学生而言，一方面，这种需要来自社会对他们的期望，通过其职业需要表现出来；另一方面，这种需要来自学生自身，通过自己的兴趣表现出来。具体到田径课程，学生的职业需要主要通过中小学体育课中有关田径内容的教学与训练能力、利用田径运动对社会成员进行健身指导能力等体现出来。因此，中小学体育课中的田径内容、社会成员常用的田径健身手段成为学生职业需求的核心。学生的兴趣主要反映在学习过程中表现出的积极与消极情绪方面。哪些田径内容是学生感兴趣的内容？学生的兴趣是单一的还是复合的？为此，很多研究者进行了研究，认为降低运动项目的难度，增加一些游戏性的内容（如拓展训练、野外生存等），学生的兴趣就会提高。但笔者认为，学生的兴趣是一个复合体，受到社会需要、职业需要以及自身学习风格的影响，即有广泛社会需求的、就业时需要的内容会使他们感兴趣。另外，真正热爱田径运动的学生也会对田径课程感兴趣。因此，在选择田径课程内容时首先要考虑社会需求和学生特点，然后从庞大的田径内容体系中选择出与之相适应的内容（尤其要考虑那些与未来职业生活有关联的内容）构成田径课程内容，这样才能真正使所选择的内容与学生的兴趣相结合。

九、基础性原则

基础性原则是从田径课程本身的发展方面对课程内容的规范。基础性主要指选择最基本、最必需的内容作为田径课程内容的重要组成部分，使学生掌握田径的基本知识和基本技能，传承田径文化。那么，对于田径课程来说，什么是最基本和最必需的内容呢？根据文献，有学者将数学课程的基础知识分为两类，即数学知识和关于数学的知识，并认为两者应该很好结合。这两类知识即学科知识和关于学科的知识。其中，学科知识就是我们一般意义上理解的学科中的概念、事实、原理及它们之间的关系；关于学科的知识一般包括如何理解一门学科知识的本质。有学者认为，对于以体育教师为职业的学生而言，学科知识是很重要的，关于学科的知识也是非常重要的，因为这类知识为学科知识的有效习得提供了方法，对学生学习的效率会产生积极影响，运动项目教学中不仅要将这些知识作为课程内容，还要给学生提供实践机会。因此，几乎所有学科的教学中都包括学科知识和关于学科的知识，只是学习者的需求不同，两类知识在课程内容中的比重有所差异而已。由于田径课程是一门以动作技能为主的课程，所以田径课程的基础性内容首先包括田径名称、事实、概念、技术原理、田径规则、多种健身手段、重点项目技术等学科内容。另外，由于其对象是体育教育专业的学生，因此关于田径的知识也成为田径课程的基础性内容，这主要包括各运动项目的教学方法、教学步骤、教学组织、示范方法、常见错误及纠正方法、相关的健身手段及相关专门性练习手段等内容。唯有实现两者的融合，田径课程内容的基础性原则才能得以真正体现。

十、知识与技能相结合原则

知识是一个经常出现的词语，但要理解其具体内涵仍然有一定的难度。人们通常所讲的“知识”实际上就是认知心理学所讲的陈述性知识。

《辞海》对知识的定义为：知识是人类认识的成果或结晶。这一定义说明了知识是“人类的认识”，但较为宏观，较难理解。“知识是人们对事物属性与联系的认识”这一定义增加了知识的对象性规定。这一定义较之前的定义更为具体，但有研究者认为该定义仍未准确揭示知识的本质特征，建议在对象前再加上限制条件——系统性、一致性、有价值和可传播，认为这些条件就是知识对象的本质特征。由此可以看出，关于知识定义的研究并没有形成统一认识，但是对知识属性的理解较为一致，即都是人的认识，其争议主要体现在条件的界定上。要进一步认识知识，就要对知识的分类进行研究，陈洪澜系统研究了目前最具有代表性、最具有理论意义和实践价值的十大知识分类方式，为人们更好地理解知识的本质提供了有益指导。由于体育教育专业的田径课程主要存在于教育领域，因此下面以教育领域认可度较高的知识分类方式分析田径课程内容的组织问题。在教育领域，为了更好地实现教育目标，更有效地组织教学，一般按照知识的属性对其进行分类，将知识分为事实性的知识、概念性的知识、程序性的知识和元认知性的知识四类。当代认知心理学通常将知识划分为两大类，即陈述性知识与程序性知识。加涅则从信息加工心理学角度出发，将程序性知识进行了进一步分类，提出将知识分为陈述性知识、程序性知识和策略性知识三类，并认为策略性知识是一种特殊的程序性知识。由此看出，教育学是以心理学中知识的习得与传授为出发点，依据知识的属性来对知识进行分类的。下面以加涅的三分法为依据，对田径课程中的知识类型进行分析。

由知识类型的分类可知，在田径课程中，有关田径名称、专有名词、概念、项目演进过程与趋势、项目特点及价值等知识属于陈述性知识；有关项目的技术原理、动作规格或技术要求、教学方法、教学步骤、常见错误产生原因及纠正方法、训练方法、竞赛的组织与编排方法、场地的设计与布局方法等知识属于程序性知识；有关教学方法的选择策略、教学组织的策略、示范的策略、讲解的策略、分析教材的策略等知识属于策略性知识。这里需要说明的是，将各项目的动作技能相关知识分属于程序性知识中，主要是基于“动作技能是在一套规则支配下的人体有意识的肌肉活动”的双重认识将其归类的，而这一点正是田径运动区别于其他普通学科的显著特征。

由田径课程知识的分类可知，田径的各类知识中，陈述性知识相对简单，程序性知识居中，策略性知识最难，在组织田径课程内容时应该按照由简单到复杂的顺序进行。另外，我们还可以看出，田径动作技能的学习与田径其他知识的学习是同一过程的两个方面，它们之间密切联系、互不分割。因此，在课程内容的组织中，必须遵循知识与技能相结合原则。

十一、知识序与认知序相结合原则

前面分析了田径课程内容组织中的知识与技能相结合原则，但在实际的田径教学中，不可能先学完所有的陈述性知识，再学习所有的程序性知识和策略性知识。这就需要从不同角度探讨田径课程内容组织的原则。知识序指田径课程本身所具有的内在的逻辑性、系统性、连贯性和关联性顺序。在田径课程内容的组织中，知识序主要表现为田径各类知识内部的逻辑性、系统性、连贯性和关联性顺序，以及三类知识之间的逻辑性、系统性、连贯性和关联性顺序。认知序指学生自身认知发展所具有的程序性和连贯性。在田径课程内容的组织中，认知序主要表现为学生对各类田径内容认知的规律，如从已知到未知、由简单到复杂、从具体到抽象、从感性到理性等。由此可见，知识序与认知序是从不同视角对田径课程内容组织的审视。这就要求田径课程设计者在组织课程内容时，除了要考虑田径课程内容本身的“序”外，还得同时考虑学生认知的“序”，只有实现了知识序与认知序的有效结合，才能使田径课程内容的组织取得较好效果。

十二、理论与实践相结合原则

《辞海》对理论的概念有四种解释，其中之一是“概念、原理的体系，是系统化了的理性认识，具有全面性、逻辑性和系统性的特征”。实践则是人类有目的地改造世界的感性物质活动，具有客观性、能动性和社会历史性特征。因此，田径课程中的知识与技能相结合而形成的全面的、系统的、有逻辑的内容体系可以统称为田径理论，而学生对获取的理论进行实际应用则属于实践。目前，田径课程教学对理论的学习较为重视，而对实践环节的重视不够，这或许是因为田径课程内容在现阶段缺乏实践。但是从培养学生田径教育教学能力的需要及未来体育教师职业需求的角度来看，实践环节非常重要。这就要求课程设计者在进行田径课程内容的组织时，除了考虑田径理论的全面性、逻辑性和系统性外，还需要设计一定的实践环节，以提升学生的能力。因此，若要有效实现田径课程的预期目标，在教学课程内容组织中就必须遵循理论与实践相结合原则。

第三节　田径运动教学方法

一、田径运动教学的常用方法

田径运动教学方法指在教学中为完成一定的教学任务所采用的教学形式和手段。田径运动的教学一般分为技术教学和理论教学。在技术教学中，为了更好地掌握田径运动的各项技术，首先必须了解一定技能的学习规律，然后根据学习过程中的具体情况，选择适当的教学方法，通过采用合理的、正确的教学手段使学生尽快掌握田径运动各项基本技术。田径运动技术教学的常用方法主要有讲解法、示范法、演示法、完整和分解练习法、游戏和比赛法、预防和纠正错误动作法、程序教学法和发现教学法。在教学中，这些方法是相互联系、相互补充的。

（一）讲解法

讲解法是指教师用语言来描述田径运动技术动作的方法。在教学中，讲解法与示范法相结合，更有利于学生建立正确的技术概念。在田径运动技术教学中，运用讲解法时应注意：讲解的目的要明确，讲解的内容要正确、少而精，讲解要富有技巧性和启发性，等等。

（二）示范法

示范法是指教师在田径运动技术教学中，以具体的技术动作为范例，让学生直观地了解所学技术动作的动作过程和动作方法，以便更好地进行练习。在教学中，示范法与讲解法相结合，有利于学生建立正确的技术动作概念，了解技术动作的方法、要领。在田径运动技术教学中，运用示范法时应注意：示范的目的要明确，示范的动作要正确，示范的时机和位置要适当，等等。

（三）演示法

演示法是教师将教学内容通过多媒体、现代教育技术手段和教具表演出来，使学生对有关技术动作的概念加深认识，了解技术动作的方法。运用现代教育技术手段，通过慢速度播放或正常速度与慢速度相结合，让学生看清所学技术动作，尤其是关键技术，避免运动实践中做完整技术时产生脱节现象。在田径运动技术教学中运用演示法时应注意：演示的目的要明确，演示的技术动作要正确，演示的时机和位置要适当，图片资料的演示要与录像演示相结合，等等。

（四）完整和分解练习法

在田径运动技术教学过程中，当学生通过讲解法和示范法建立起技术动作概念以后，为了使学生更好、更快地掌握田径运动技术动作，必须进行实际的练习。常用的练习法有完整练习法和分解练习法。

完整练习法是把田径运动技术的全过程以完整的形式进行练习。根据田径技术形成动作技能的规律，周期性的技术动作不宜再分成单个技术环节进行练习（如竞走、中长跑、途中跑）。通过反复的完整技术练习，改进学生已经具备了的自然走、跑技术动作，可以取得较好的教学效果。运用完整教学法时应注意：教学一开始，学生不可能把完整技术动作做得很正确，要把完整技术教学有目的地分阶段进行，提出技术动作各阶段的学习重点，逐步改进主要技术环节，提高技术动作的质量。例如，在途中跑技术完整教学中，首先，强调两臂在跑进中的摆动要求；其次，逐步对两腿在跑进中的摆动、脚的扒地技术提出要求；最后，对头的姿态、上体躯干的控制提出要求。

分解练习法指在教学中，把完整的田径运动技术根据技术结构合理地分解为几部分，按先易后难的顺序逐步进行练习，再逐渐将各部分动作连在一起，最后掌握完整的技术动作。在运用分解练习法时应注意，在技术动作划分时不要改变动作结构和破坏动作的完整性，要明确技术分解后各部分在完整技术中的环节顺序，技术动作的分解有利于根据实际情况确定教学的顺序，分解练习的时间不宜过长，注意与完整练习法相结合。

在田径运动技术教学过程中，完整练习法和分解练习法不是独立运用的。在主要采用完整练习法的教学过程中，也会用到分解练习法，同样，在主要采用分解练习法的教学过程中，也要运用完整练习法。它们在运用中是互相配合、互为补充的，应根据项目的技术特点，合理地运用分解练习法和完整练习法。一般情况下，对简单易学的技术采用完整教学法，对较为复杂的技术采用分解教学法。

（五）游戏和比赛法

游戏法是运用游戏的形式进行田径运动技术教学的方法。比赛法是在比赛的条件下进行田径运动技术教学的方法。在田径运动技术教学中，采用游戏和比赛法应注意，要有明确的目的，要根据技术教学的任务、场地器材和学生的特点做好对学生的分组工作，要根据游戏和比赛的情况及时调整好学生的运动负荷，要根据游戏和比赛的情况及时做好思想教育工作，注重培养学生的竞争意识。

（六）预防和纠正错误动作法

预防和纠正错误动作法是指在田径运动技术教学中，针对学生可能出现或已经出现的错误动作，采取有效措施加以预防与纠正的方法。

首先，预防错误动作的措施如下：第一，加强对学生进行田径运动理论知识的教育，不断提高学生学习田径运动的自觉性。第二，教学中要贯彻循序渐进的教学原则，采用的练习手段要由简到繁、由易到难，让学生在练习中体会到成就感，增强学生学会动作的信心。第三，及时进行讲解和示范，使学生了解正确的技术动作概念，领会动作方法和要领。第四，教学中注重发展学生的身体素质，以适应学习、掌握技术的需要。第五，加强课堂的组织管理，科学安排教学内容，合理使用场地、器材，保证学生顺利学习技术动作。

其次，纠正错误动作的措施如下：第一，在学生出现错误动作时，教师用语言或发出信号引起学生的注意，及时帮助学生纠正错误动作。第二，教师在学生可能出现错误动作的地方及时给予直接的帮助，增强学生练习时的肌肉感，培养良好的动作节奏，从而纠正错误动作。第三，教师要暂时降低练习的要求来纠正学生的错误动作。第四，教师要根据学生所出现的错误动作，在练习时给学生附加一些条件或要求，限制错误动作的出现次数。第五，多采用辅助性练习、模仿性练习和专门性练习方法，提高学生做练习时肌肉群的能力，从而纠正错误动作。

（七）程序教学法

程序教学法是将田径运动技术教学按程序设计好过程，然后按程序一步步来实施教学的一种方法。如果某一过程的任务没有完成，则通过反馈回到前一过程重新实施或采用其他方法进行补救，否则不能进入下一个过程的教学。程序教学法主要采用直线式程序教学模式，它根据控制论的理论与方法对田径运动技术教学的整个过程进行有效控制，把所学习的技术分成一个个程序，以保证学生有效掌握复杂的技术。这种教学方法要求学生对每个程序的教学做出积极的应答，教师根据学生练习以及对技术理解的情况，给予及时的评价，确认是否直接进入下一步学习。这种教学方法的优点如下。

第一，根据学生不同的学习能力，采取不同的学习进度，有针对性地安排学习内容，有利于不同条件的学生掌握技术。

第二，有效地把理论认识与技术练习相结合，有利于提高学生的学习能力。

第三，某个程序相对独立，有利于身体素质较差、学习技术较慢的学生加强对技术细节的练习，从而打好基础以便更好地掌握完整技术。

（八）发现教学法

发现教学法是教师针对教学内容提出若干问题和线索，让学生自学自练，在解决问题的过程中学习和掌握田径运动技术的方法。发现教学法使学生带着问题主动参与技术教学的全过程，对开发学生的思维、提高他们对技术的理解能力有极大的帮助。在田径运动技术教学中，教师在运用发现教学法时，应对学生掌握技术的难点、可能出现的错误动作进行分析，逐条列出问题，在课堂上提供给学生，学生根据问题进行思考和练习。

二、田径运动教学中教学方法的选择

在田径运动教学中选择教学方法时，要坚持教学方法的整体性原则，即要看到各种教学方法之间的联系，这样才能优化教学方法、实现教学目标、完成教学任务。

第一，根据田径运动教学目标选择教学方法。教学目标是指田径运动技术教学预期达到的标准，它是田径运动教学的“纲”，田径运动教学的开展围绕教学目标进行。教学方法的选择根据教学目标的具体要求来确定。田径运动教学目标包括田径运动技术课总目标、各项技术目标和课时目标。田径技术教学目标的制定要考虑课的类型和层次，田径运动技术课的教学目标主要包括三个领域：认知目标、动作技能目标、情感目标。不同领域的目标有不同层次，如认知目标可分为知识、理解、分析、综合、应用和评价六个层次，动作技能目标可分为动作观察、动作模仿、动作练习和动作熟练四个层次。在明确了技术课的教学目标之后，要认真分析各种教学方法有效完成目标的可能性，然后根据教学任务和教学目标的实际情况，选择最佳的教学方法。如果教学目标强调对知识的掌握，主要采用讲解法；如果教学目标是提高动作技能，主要采用完整练习法；如果教学目标以提高学生的教学能力为主，多采用发现教学法、预防和纠正错误动作法。可见，教学目标的制定原则和方法是选择教学方法的前提。

第二，根据教学内容、性质及特点选择教学方法。田径运动教学中教学内容是最基本的要素，对教学起到决定性的作用。教学方法是完成教学内容的一种手段，教学内容不同，所采用的教学方法有所不同。不同项目的运动技术、不同教学阶段、不同的课时，对学生知识的掌握、技能的提高、能力的培养、意志品质形成的要求不相同，选择的教学方法也不同，因此要灵活选择教学方法，突出教学方法多样性的特点。例如，新授课的主要任务是使学生掌握正确的动作概念，主要采用讲解法和示范法；复习课的主要任务是提高学生的动作技能，则多采用完整练习法、游戏和比赛法、预防和纠正错误动作法。对于比较复杂的动作技术，在学习初期，多采用分解法。随着技术动作的不断完善，完整练习法将作为主要的教学方法。总体来说，教师在教学中应该根据不同的教学内容、性质和特点选择所需要的教学方法。

第三，根据学生的实际情况选择教学方法。学生的实际情况主要指学生原有的运动基础、身体素质、动作技能储备、学习动机、生理特点和心理特点等因素。学生的实际情况与教学方法的选择有着很大的关系。例如，中学生活泼好动、注意力不易集中，采用游戏法进行教学效果更好；大学生竞争性群体意识和集体荣誉感强，采用比赛法进行教学效果更好；体育院系学生的理论水平较高，在教学中不仅要让学生明白怎样做，而且要让学生知道为什么这样做，还要为学生提供“创新”的机会，教学中应多采用发现教学法。学生在身体素质、运动技能上存在差异，在学习技术动作时会出现这样或那样的错误动作，教师应采用不同的教学方法，做到因材施教，从学生的实际水平出发，提高学生田径运动技能水平。

第四，根据教学环境选择教学方法。这里所指的教学环境主要指教学场地、器材和教学设备等。教学方法的选择离不开教学条件，应根据场地的大小、器材的多少和学生的人数选择教学方法进行教学。

第五，根据教师自身素质选择教学方法。教师素质在教学过程中主要表现在教学理念、语言讲解能力、动作示范能力、现代教育技能、课堂管理能力和思想品质等方面。先进的教学方法必须与教师的素质相匹配。先进的教学方法只有被教师充分理解、合理运用，才能取得最大的教学效果。某种先进的教学方法，不一定适合每一位教师。因此，教师要根据自身素质、自身的优势，选择适合自己的教学方法。同时，也要不断更新教学理念，掌握和应用各种教学方法，提高教学水平，并不断挖掘潜力，形成自己的教学特色。

第三章　田径运动训练的理论和方法

体育运动的发展和运动水平的提高，要求运动员具有良好的身体素质和高超的运动技术水平。运动技能的不断改进和创新，要求运动员进行正规、科学的体育训练，首先要对运动训练有正确的认识，然后才能选择正确的训练方法。本章主要介绍了田径运动训练的基本理论、田径运动训练的基本原则、田径运动训练的手段与方法。

第一节　田径运动训练的基本理论

一、田径运动训练中练习的分类

（一）按动作结构特征划分

按动作结构特征分类，可以将运动练习划分为周期性练习、非周期性练习和混合性练习三大类。

第一，周期性练习。按一定程序周而复始地重复练习相同动作，如走、跑、游泳、自行车、速滑、滑雪或划船等，称为周期性练习。进行这类练习时，在大脑皮质各神经中枢之间建立起兴奋和抑制过程的系统性和协调性。由于动作结构简单、千篇一律，所以对抗肌群中枢之间相互诱导关系明显，动作易学会，也易巩固。但要想不断提高运动技术水平和运动成绩，需要认真刻苦训练。

第二，非周期性练习。按一定顺序进行前后不相似的连续动作的练习，如体操、武术、竞技跳水、花样滑冰或角力等，称为非周期性练习。进行这类练习时，大脑皮质神经中枢的机能镶嵌非常复杂，所以动作不易掌握，需要长时间的练习。由于动作多样化，容易对练习产生兴趣，可分节练习，掌握单个动作，学习动作要精益求精。

第三，混合性练习。在这类练习中，既有周期性成分又有非周期性成分，这二者相结合的练习，称为混合性练习，如急行跳高、跳远、篮球、足球、手球、水球、花样滑冰和花样游泳等。跑动过程属于周期性练习，跳、投篮和踢球等属于非周期性练习，由于二者相结合，所以属于混合性练习。进行这类练习时，既要掌握周期性练习的动作，又要学会非周期练习的动作。由于运动过程中动作多变，对神经过程的灵活性要求较高，所以这类练习历时较长。

（二）按肌肉工作的相对强度划分

周期性练习可再按肌肉工作的相对强度划分为最大强度、次最大强度、大强度和中等强度四种练习。

工作强度是单位时间内所完成的功，这种计算方法在运动实践中难以应用，因为在周期性练习中移动的物体是人体自身，重量变化甚微，可略而不计。故周期性练习的工作相对强度可用平均速度评定。速度即单位时间内身体移动的距离，单位为米 / 秒。由此可知，速度越快，工作强度越大，能量消耗也越多。

（三）按肌肉活动特征划分

这一种分类法是按肌肉收缩形式的性质，将运动练习划分为动力性与静力性两大类。第一类是动力性练习。进行这种练习活动时，对抗肌群交替舒缩，身体多数部位在空间移动，肌肉以等张收缩形式为主进行活动，如走、跑、跳及投掷等，称为动力性练习。进行这类练习，疲劳出现得较晚。第二类是静力性练习。进行这种练习活动时，肌肉群处于持续性的紧张状态，身体多数部位在一定时间内维持相对固定姿势，静止不动，肌肉以等长收缩形式为主进行活动，如燕式平衡、倒立及其他各种静态姿势，称为静力性练习。进行这类练习，疲劳出现得较早。

在任何运动项目中，都有动力性成分和静力性成分的练习，不同的是以哪个活动成分为主而已。

（四）按发展某种身体素质划分

由于运动练习的种类颇多，肌肉活动时表现出来的素质、能力也有所不同。以占优势的素质为主，可将运动练习划分为力量、速度、耐力、柔韧性和灵敏性五种练习。

第一，以发展力量为主的练习。这类练习以发展最大肌力为目的，简称为力量练习。如举重、民族形式的摔跤、角力、“十字支撑”和多人技巧的底座都属于力量练习。

按肌肉收缩的形式，可将力量练习再细分为动力性力量练习和静力性力量练习两类。

第二，以发展速度为主的练习。这类练习以身体的位移速度、反应速度和完成某个动作的速度为特征，简称为速度练习。短距离跑、冲刺跑、30 米疾跑等属于位移速度。人体对各种刺激能迅速产生反应的速度，如“起动”或“停止”活动的速度等，属于反应速度。完成单个动作的速度，如投掷时器械出手速度等属于动作速度。

第三，以发展耐力为主的练习。这类练习以发展人体长时间进行工作为特点，简称为耐力练习。如周期性练习中的长距离或超长距离跑、竞走、赛车、滑雪及游泳等都属于耐力练习。

第四，柔韧性练习。这类练习以发展关节活动的幅度、范围及肌肉与韧带的伸展能力为特征，称为柔韧性练习。如劈叉、压腿、下桥等属于柔韧性练习。

第五，灵敏性练习。这类练习以发展随机应变、迅速改变体位、灵敏变换动作的能力为主，称为灵敏性练习。如对抗性项目的球类运动、击剑、短跑、摔跤、拳击以及武术中的技击、太极推手与散打等都属于灵敏性练习。

以上按身体素质分类只是相对的，从事任何一项练习都可使各种素质得到不同程度的发展，只是某种素质的发展占优势而已。

二、田径运动技能形成的理论

（一）田径运动技能形成的生理学原理

田径运动技术是在复杂的反射活动中形成的，学习和掌握田径运动技术时，要在中枢神经系统建立新的条件反射。新技术的形成与原有的运动基础有密切的关系。通常，掌握的运动技术越多，人的运动素质发展水平就可能越高，新的技术就掌握得越快。以标枪为例，学生通过助跑、投掷步，然后形成最后用力姿势，继而出枪。进行这一系列复杂活动时，外感受器、本体感受器和内感受器按一定的刺激依次传入学生的大脑皮层中，引起一定的兴奋与抑制过程，经过反复强化，就形成了掷标枪的技术定型。技术动力定型不仅包括骨骼肌运动的皮层兴奋与抑制过程，而且包括呼吸、血液循环和其他系统的活动。所以，形成这一技术定型整个活动过程的同时，也相应使学生的速度、力量、灵敏性、协调性等运动素质得到有效的发展。

运动技术的形成可以分为互相联系的、不明显的四个时相。首先是泛化时相，在此时相中，兴奋过程在大脑皮层广泛扩散，技术动作完成得不协调、不连贯；其次是分化时相，在此时相中，兴奋过程的扩散受到抑制，技术动作在时间和空间上变得逐渐精确起来，但是相互交替，兴奋和抑制体系还没有建立起来，动作紧张而不放松；再次是动力定型时相，在这一时相中，兴奋和抑制过程以一定的顺序和一定的部位在大脑皮层中交替出现，动作变得协调连贯；最后是自动化时相，其特点是条件反射更加巩固，即使环境发生变化，动作也能很好地得以完成。

（二）田径运动技能形成的心理学原理

田径运动项目繁多，学习和掌握各项运动技术的效果，与心理因素有密切关系。因为在运动技术的形成和发展过程中，心理过程始终都会参与对技术动作的控制和调节。在完成田径运动技术时，心理因素主要包括心理定向、运动知觉、空间定向、时间判断、思维、想象、注意力、情绪、意志、精神活动特点与个性特征等。以下主要介绍心理定向和运动知觉在田径运动技术中的作用。

1. 心理定向在田径运动技术中的作用

心理定向指动作开始以前和完成动作过程中心理的准备状态和注意的指向性。心理定向是掌握和提高技术动作的重要心理条件，往往会引起一系列综合反应和心理活动的调整，进而影响技术的形成。准确的心理定向可以使动作在内容、结构方面调整得与技术动作的特点完全一致，学习者便会在头脑中设计出达到目的的行动模式，这些模式反映了活动所要取得的结果，并能依照这种结果调节自身的全部行动。例如，预先心理定向对形成跳远技术动作结构的影响主要有速度型、力量型、混合型三种方式。这三种心理定向的区别主要表现为完成动作的时间、空间和速度力量的参数各不相同。速度型的心理定向，是学习者在练习中把注意力更多地集中在最大限度地发挥速度上；力量型的心理定向，是学习者在练习中会把注意力主要集中在尽可能用力起跳的意向上；混合型的心理定向，是学习者在练习中把注意力平均分配到发挥速度和用力起跳方面。

在学习运动技术的过程中，练习方法和手段不同，会引导学习者形成不同的心理定向，而不同的预先心理定向对形成不同的技术特点和技术风格会产生重要的影响，这是由学习者注意力的集中点不同而造成的。

2. 运动知觉在田径运动技术中的作用

运动知觉是一种由许多感觉要素构成的复杂知觉，如重力感觉、速度感觉、肌肉感觉、用力感觉等。运动知觉是人脑对外界事物和人体自身运动状态的反映。人脑对外界事物运动状态的反映叫客体运动知觉，人脑对自身运动状态的反映叫主体运动知觉。这两种运动知觉在田径运动技术的掌握中各有其独特作用。运动技术是以运动操作为基础实现的，而准确、协调的运动操作是以高度分化的运动知觉为基础而实现的。所以，精确分化的运动知觉在运动技术练习中具有重要作用，正确的运动知觉是掌握各种技术动作的重要心理因素。

（三）田径运动技能形成的特点

第一，动作控制的意识性。在技能形成初期，内部语言起着重要的调节作用。这时，技能的各种动作都受意识的控制。如果意识控制稍减弱，动作就会出现停顿或出现错误。随着技能的形成，意识控制逐渐减弱而由自动控制取代。在技能的熟练期，人们完成一种技能时，只关心怎样使这些技能服从于当前任务的需要，技能的整个动作系统已经是自动化的了。

第二，肌肉的协调配合。如果请一个乒乓球运动员和一个举重运动员全力扣杀同样的乒乓球的过网高球，我们可以预测，尽管举重运动员的力量绝对远远超过乒乓球运动员，但杀高球的力量不及后者。究其原因，主要是乒乓球运动员能够巧妙地利用全身各部位的肌肉力量，使其在击球的一瞬间充分发挥作用。这包括选择最佳击球位置，充分拉后手，协调足、腿、腰、臂、头等各部位肌肉的发力顺序和发力方向，使主动肌和协同肌最大限度地收缩，同时使拮抗肌充分放松等，举重运动员则无法做好这些。试想，在做前臂负重屈曲动作时，如果肱二头肌（主动肌）发力的同时，肱三头肌不能充分放松，仍有相当程度的紧张，自然是无法充分发挥原有力量的效能。这说明，在有些技能中，肌肉的协调配合比肌肉的绝对力量更重要，肌肉协调配合的程度是初学者和优秀运动员的关键区别之一。

第三，运动程序的作用。在运动技能形成初期，学习者依靠外部反馈，特别是视觉反馈来控制行为。例如，初学打字的人，一边看着自己的手指和键盘上的符号，一边敲字键；初学跳舞者，一边看着脚尖，一边跳舞。随着运动技能的形成和完善，运动控制逐渐不再依赖于视觉反馈，而是通过运动程序来控制行为。拉茨罗曾做过一个实验，此实验是在剥夺视觉、听觉、触觉和动觉条件下进行的，要求被试者用早已熟练了的手指敲击桌子的技能去敲打字机键，以此来观察再学习效果。结果发现，运动技能的熟练程度达到某一阶段时，人在头脑中就会产生运动程序，并依靠这些程序控制运动动作。可以推测，运动技能中外显动作质量的不同，是由头脑中运动程序的质量不同引起的。运动员不断训练，改善和提高的也主要是这些运动程序的质量。

第四，动觉反馈的作用。在运动技能之后，人就借助运动程序来控制动作的进行。但这并不是说技巧的实现不需要反馈信息。这时，尽管视觉反馈作用降低了，但动觉反馈的作用加强了。动觉反馈信息与运动技能有着紧密的联系。例如，人在走路时偶尔踩到一块小石头，就会立即做出防止跌倒的动作。这是由于脚部的动觉反馈信息对运动程序的调节。在形成运动技能以后，动觉反馈是运动程序的控制器，保证着运动技能的顺利进行。但也应该看到，在某些快速动作中，动觉反馈的作用是微乎其微的。

第二节　田径运动训练的基本原则

一、田径竞技需要原则

田径竞技需要原则指根据提高运动员竞技能力及运动成绩的需要，从实际出发，科学地安排训练的阶段划分、训练内容、方法、手段和负荷等因素的训练原则。贯彻这一原则可使训练更好地结合专项的特点和专项竞技比赛的需要，提高运动训练的专项针对性、实战性和实效性，争取获得满意的竞技比赛成绩。针对田径运动训练，竞技需要原则是指根据青年田径运动员不断提高竞技能力、运动成绩以及最终达到个人最高运动水平的需要，科学安排训练的阶段划分、训练内容、方法、手段和负荷等因素的训练原则。竞技需要原则在田径运动训练中运用的注意事项有以下三点。

第一，明确田径训练各阶段的目标。训练目标全面而集中地体现着专项竞技的需要，是组织好训练活动的重要依据。高中阶段是基础训练阶段，在此阶段不应过早进行专项化训练，应避免拔苗助长。大学阶段是初级专项训练阶段，教练员要根据每个运动员的竞技需要制订训练计划，对于准备报考体育院校或参加不同规模比赛的学生制订包括不同任务与内容的训练计划。

第二，科学地挖掘田径运动员的运动潜力。对于田径运动员（尤其是优秀学生田径运动员）的运动潜力，要做到科学开发、循序渐进，从长远和可持续发展的角度出发，尽可能地做到充分挖掘运动员的运动潜力，避免过度开发而造成运动寿命的缩短。

第三，正确分析田径各项目的专项竞技能力结构，确定负荷内容和手段。田径有 28 个项目，每个项目都有其专项的特异性。因此，正确地分析专项的竞技能力结构以及运动员的年龄、性别、发育程度、身体素质特征、竞技能力发展情况等，是选择适宜训练内容和手段的重要前提。在确定训练内容、方法、手段、负荷量时，一定要根据运动员的竞技能力发展情况并结合阶段训练目标。确定的训练内容、方法、手段、负荷量不是一成不变的，要根据情况的变化而灵活变化，但始终不能偏离训练目标。

二、系统的不间断原则

系统的不间断原则指从训练初期到出现优异运动成绩，直至运动寿命的终结，都应根据训练结构中各因素之间的内在联系，以及人体运动能力发展的规律，有序且持续地进行训练。

田径训练是一个长期而艰苦的系统训练，一名优秀学生运动员的成长大致经历五个阶段：启蒙训练阶段、专项初级训练阶段、专项深化训练阶段、创造或保持优异成绩阶段和延长运动寿命阶段。因此，学生运动员必须遵循系统的不间断原则，持续而循序渐进地施加负荷，安排训练内容和训练手段。系统的不间断原则在田径训练中运用的注意事项有以下几点。

第一，训练内容的选择和安排以及训练手段的采用，都应充分考虑它们的内在联系和本身的系统，一般要由易到难、由简到繁、由浅入深地选择、安排训练内容及手段，根据训练内容的层次性、时序性、运动员训练程度的差异性、训练条件的变化性来全面考虑内容。

第二，训练过程中各项训练的组织形式之间要有机联系和结合。在训练内容的安排、指标的规划和比赛的要求上都应层层衔接。训练组织须根据各自的任务、内容制订出相应的训练大纲和计划，确定与其层次相对应的训练目标，以确保运动水平的逐步提高。

第三，坚持全年、多年不间断训练，保证有机体取得显著的良性适应变化，是取得优异运动成绩的关键。在全年、多年的训练中，必须要把这一过程的每次课、每个训练周期、每个阶段有机地联系起来，使运动员在逐步适应的基础上，不断提高运动水平，直至创造优异成绩。

第四，田径代表队除坚持每周 2 ～ 3 次的经常训练外，在寒暑假期间可适当采取短期集训的方式，或者根据假期个人训练计划独自练习，以尽量避免身体素质和运动技术水平的下降。开学初期，适当安排一个恢复阶段，逐步转入正常系统训练。

三、全面与专项训练相结合原则

全面与专项训练相结合原则是指在运动训练过程中，应根据专项的特点、运动员的训练水平和不同训练过程的任务，把全面与专项训练结合在一起进行合理的安排，从而使其协调地发展。

全面训练是不考虑专项需要的情况下，进行的内容较为全面的训练；也可指在运动训练的初期，基本不考虑专项的情况下，采用多样化的方法与手段，提高运动员机体的器官机能，全面发展身体素质，改进身体形态，促进身体正常生长发育，学习和掌握一些非专项的运动技术理论知识，改善一般心理品质，提高智力水平的训练。专项训练指为提高专项全面竞技能力而进行的训练，即为直接提高专项机能、技能、战术能力、心理能力和智力能力所进行的训练。

在学校田径训练过程中，应根据训练各阶段及各项目的特点，合理安排全面与专项训练的比例，从而使其协调地发展。全面与专项训练相结合原则在田径训练中运用的注意事项有以下几点。

第一，根据多年不同训练阶段确定训练的侧重点。在早期启蒙训练和早期专门训练阶段主要进行全面训练。在早期专项训练阶段，全面训练内容大大减少，以一般训练为主，以专项训练为辅，在专项提高阶段开始转向以专项训练为主，以一般训练为辅，全面训练不再进行。到了专项高水平阶段，专项训练占训练的 80% 左右。

第二，要全面理解专项训练，重视专项训练的科学安排。专项训练绝不仅仅是专项技战术训练，专项素质、专项心理和智力训练等也都属于专项训练的范围。要注意训练安排的全面性和科学性，全面不等于多多益善，不能华而不实，应突出重点，选择那些实效性强、最符合专项需要的方法与手段。

四、周期性原则

周期性原则指周期性地组织运动训练的训练原则。在田径训练中，周期性原则是指根据青年田径运动员生物节奏的变化规律、竞技状态形成与发展的周期性规律，以及运动竞赛安排的周期性特点，按一定的动态节奏周而复始、循环往复组织运动训练过程的原则。周期性原则在田径训练中运用的注意事项有以下两点。

第一，高度重视竞技状态形成的周期性特点。提高运动成绩的关键是确保学校田径训练在竞技比赛前达到赛前优异成绩所处的最适宜的竞技状态，以求在竞赛中充分发挥竞技能力。人体竞技能力的提高，明显地表现出周期性的特点。在一次负荷下，机体能量消耗产生疲劳感，解除负荷后，逐渐得到恢复，通过机体的超量补偿机制，运动员的能力得到提高。每一次适宜的负荷都会引起机体的适应性变化；每次适宜负荷的刺激，就会引起机体多次的适应性变化。在这一变化过程中，机体能力不断地得到提高，运动竞技状态不断地恢复发展，并逐渐进入良好的竞技状态。田径训练正是按照竞技状态形式相对稳定—暂时消失的过程以及这一过程重新开始的周期性循环方式，逐步地提高运动成绩。

第二，根据田径训练的特点选择适宜的周期类型。贯彻周期性原则时，要选择适宜的周期类型。年度训练大周期是由若干个训练时期和阶段中周期组成的。每个训练周期都是按准备期、竞赛期和休整期这三个基本结构周而复始地进行安排的。年度训练大周期归纳起来主要分为单周期、双周期和多周期三种类型。由于学校年年有寒暑假、比赛，高考体育的时间都是在 5—7 月，个别比赛是在下半年举行。因此，学校田径训练周期类型的选择是以双周期来制订训练计划的。根据田径训练任务及内容的不同，可把周的训练分为引导周、冬季准备期基础周和专项周、夏季基础周和专项周、赛前训练周、比赛周七种类型。因此，为适应不同任务而制订的周训练计划，表现出明显不同的负荷特点。

五、合理安排运动负荷原则

合理安排运动负荷原则指根据运动员的现实状态、机能的训练适应规律及提高运动员竞技能力的需要，在训练中给予合理的负荷，以取得理想训练效果的训练原则。

合理安排负荷原则在田径训练过程中，应根据训练的任务及个体情况，并按人体机能的训练适应规律，长期、系统、有节奏地安排运动负荷。合理安排运动负荷原则在田径训练中运用的注意事项有以下几点。

（一）田径训练中递增式安排运动负荷

在训练过程中，随着运动员生物年龄的增长、竞技能力与运动成绩的提高，通常需要相应地增加负荷，但必须循序渐进，才能得到理想的效果。循序渐进的基本形式有五种，即直线式、波浪式、阶梯式、跳跃式和综合式。

1. 直线式

对田径训练的初学者，负荷的增加主要采用直线上升式的训练方法。在这种方式中，负荷强度的动态表现通常不明显。负荷的上升主要基于练习的次数、时间、距离及重量的不断增加。

2. 波浪式

波浪式即按一定的节奏规律（上升—保持—下降—再上升）安排运动负荷。其运动负荷的总量表现为随时间序列而呈波浪式的动态变化，其低点的间距差异不大，这种增加负荷的方式对优秀运动员、等级运动员及初学者都适用，此类型适用于田径训练的各周期。

3. 阶梯式

阶梯式是练习一段、保持一段，每增加一次负荷，几乎要保持一周的时间。若以日为单位，负荷呈阶梯式上升；若以周为单位，负荷则表现出斜线上升的趋势。这种增加负荷的方式对优秀运动员、等级运动员及初学者都适用，该类型的负荷变化幅度比波浪式大，但基本上仍接近波浪式的特点，主要适用于阶段性周期负荷安排，尤其适用于准备期第二阶段和竞赛前期的训练安排。应当说明的是，阶梯式的组合形式是多种多样的，且仅是一种代表形式。

4. 跳跃式

跳跃式负荷安排多只有在特殊情况下，在优秀田径运动员的训练过程中才能采用。其功能主要在于强化训练，易打破有机体的原有平衡状态，使之在一个特定的时间里把机体内的物质能量消耗到逼近生理保护线，以便使机体产生深刻反应，使运动员承受能力得到突破性地提高。一般来讲，这种负荷安排形式多放在准备期后部及竞赛前段上。

5. 综合式

综合式负荷安排是现代运动训练中常用的一种形式，它往往是把以上几种类型结合起来运用。在实践中教练员通过若干形式的综合来安排调整运动负荷，以利于负荷安排适合不同阶段的需要。

（二）妥善处理负荷量与负荷强度的关系

运动负荷是由负荷量、负荷强度两类因素构成的，两者互相影响、互相制约，既对立又统一。通常情况下，负荷强度大，负荷量相对小；负荷量大，负荷强度中等或偏小。如果负荷量和负荷强度同时增加，容易导致机体不能承受而产生过度疲劳，造成运动损伤。因此，负荷量和负荷强度要互相配合，以强度为主的训练应控制负荷量，以量为主的训练中安排适当的强度，两者此消彼长。

对青年运动员来说，在一个周期训练中，通常是先从量上增加，适应后再增加强度，而不能先增加强度。当再一次增加量时，强度适当下降，而在强度再一次增加时，负荷量应适当减少。这样，量和强度有起有伏、密切配合，使青年运动员的负荷能力在不断适应增加运动负荷的过程中逐步得到提高。

小学、初中阶段田径运动队训练应以负荷量为主，适当安排负荷强度，而且运动负荷（包括量和强度）变化的速度和幅度都不应过快和过大。在高中和大学阶段，由于训练时间有限，田径训练以负荷强度为主。在学期开始时，训练的负荷不宜大，以后再从量到强度逐步增加；在期中和期末考试阶段，应降低运动负荷；在赛前的集中训练时，可有计划地增加运动负荷，提高负荷强度。

六、适时恢复原则

适时恢复原则指及时消除运动员在训练中所产生的疲劳，并通过生物适应过程产生超量恢复，提高机体能力的训练原则。田径训练中适时恢复原则是指及时消除运动员在训练过程中产生的疲劳，尽可能快地恢复状态的原则。青年运动员有易疲劳、恢复快的特点，随着年龄的增加、身体素质的提高和发育程度的变化，承受疲劳和恢复的能力也逐渐提高。但在合理控制运动训练负荷强度的同时，必须要有良好的医务监督措施作为保障。只有保证青年运动员疲劳后及时恢复，才能不产生过度疲劳，才能在保证青年正常发育的同时，合理地开发运动员的运动潜力。适时恢复原则在田径训练中运用的注意事项有以下几点。

（一）在田径训练中，教练员要学会准确判断疲劳程度

疲劳有肌肉疲劳、内脏疲劳、神经疲劳和心理疲劳四类。准确判别疲劳程度，是适时恢复的重要前提。运动员疲劳程度的判别，通常是根据教育学观察和自我感觉来进行的，也常采用一些比较客观的生理和心理测试方法。

1. 教育学观察与自我感觉

在训练中，观察学生运动员的反应，并询问他们的自我感觉，是非常重要的。如果发现有人出现面色苍白、眼神无光、打哈欠、反应迟钝、注意力不集中、运动能力下降等情况，可初步说明有疲劳产生。自我感觉是简单有效的判别方法。运动员在疲劳时，会感到肌肉僵硬，局部酸痛，四肢无力，呼吸急促，胸部发闷，力不从心。在恢复过程中，上述疲劳感逐渐减轻或消失，自我感觉新的活力重新滋生，继续训练的愿望逐渐加强。

2. 生理学指标测定

肌力是最常见的指标，运动引起的疲劳可使肌力下降。通常用握力计、背力计等进行测定。疲劳时，心电图、脑电图和肌电图与正常时不同，还可应用连续五次肺活量测验及血压体位反射来测定。连续五次肺活量（间隔 30 秒），疲劳时肺活量值逐渐下降。血压体位反射可反映植物性机能调节能力。疲劳时，由卧姿变为坐姿时血压明显下降，并且恢复减慢。视觉闪光融合阈、反射时等测定，也是常用的简易指标。

3. 运动医学检查

如台阶试验、联合机能测验等。

（二）训练中科学处理好负荷与恢复的关系

科学安排运动负荷必须考虑负荷与恢复的关系。一般而言，处理两者的关系多从训练方案的设计、实施及分析负荷性质的角度入手。在田径训练中，主要应处理好运动训练中负荷的大小与训练之间恢复时间长短的关系，运动员个体负荷承受能力的最大限度及恢复时间长短的关系，训练课中负荷性质与课次间歇时间长短、恢复方式的关系及区别。

第三节　田径运动训练的手段与方法

一、田径运动训练手段和方法概述

（一）田径运动训练的手段

田径运动训练手段指具体的、有目的的身体活动方式，是训练方法的具体体现，即指在田径运动训练过程中以提高某一身体素质，完成某一具体训练任务为目的采用的具体身体训练手段。不同的训练手段具有不同的功能，根据不同时期的具体训练任务，田径运动训练手段的科学应用，能更有效地促进运动员竞技水平的提高。

田径运动训练手段由身体练习的用力特征、动作结构和动作过程三方面组成。用力特征包括力的支点、大小和方向三要素。动作结构包括动作的姿势、轨迹、时间、速度、速率、力量和节奏七要素。动作过程包括动作开始、进行和结束三个阶段。

（二）田径运动训练的方法

田径运动训练方法是教练员和运动员在训练过程中双边共同完成训练任务的方法，是对训练过程中各种具体方式的体现，即在田径运动训练过程中，为提高运动员竞技水平，完成训练任务所采取的方法。田径运动训练方法是教练员实施训练计划，提高运动员竞技水平应用的工具。因此，正确地认识和掌握不同训练方法的特点及功能，有助于更好地完成各时期的训练任务，更好地控制竞技能力的发展进程，更科学地提高运动员的运动成绩。

构成田径运动训练方法的主要因素有练习的动作及组合方式，运动负荷及变化方式，训练过程的控制及变化方式，训练条件及变化方式等。练习的动作及组合方式指运动员在完成具体训练任务时所采用的身体练习及各练习之间固定的或变异的组合方式。运动负荷及变化方式指各种身体练习对运动员施加刺激的强度、量度及负荷性质的变化形式。训练过程的控制及变化方式指对训练过程的时间、组织、内容选择、练习步骤等安排及变化形式。训练条件及变化方式指训练场地、训练气氛、训练器材和训练设备等因素的影响及变化形式。

二、田径训练的基本手段

（一）周期性单一练习手段

周期性单一练习手段是指周期性地进行单一动作的身体练习。此练习手段的练习动作简单、动作环节少，练习者容易掌握，主要适用于发展速度、力量和耐力等素质。一般可以分为全身周期性单一练习和局部周期性单一练习。全身周期性单一练习是指全身各部位进行周期性重复一个动作的练习。局部周期性单一练习指身体某一部分进行周期性重复一个动作的练习，如各种跑的练习。不同距离不同时间跑的练习，如小步跑、高抬腿跑、后蹬跑、加速跑等，要求跑的动作规范，动作节奏好。跳推杠铃的力量练习：两腿自然站立，两手翻握杠铃放置于胸前，全身用力时，两腿前后或并步跳起，同时两手用力上推杠铃至两手伸直，连续重复推若干次，重复若干组。卧推杠铃练习：仰卧在凳子上，两手与肩同宽握住杠铃，由胸前上推杠铃至两手伸直，连续重复推若干次，重复若干组。仰卧两腿拉橡皮带练习：仰卧在垫子上，两腿绑上橡皮带后用力拉橡皮带，重复拉多次，重复若干组。

（二）混合多元练习手段

混合多元练习手段指将几种单一动作混合在一起进行的身体练习。此类练习动作相对复杂，动作环节较多，有利于改善复杂的神经系统，更好地帮助运动员掌握复杂的运动技术。混合多元练习手段一般分为全身混合多元练习和局部混合多元练习两种类型，如跑动跨跳练习，即连续跑 3 步做 1 次跨跳或连续 10 级跨跳练习；助跑投垒球练习。按投掷标枪的完整技术要求进行练习，要求助跑速度快，步伐节奏明显，挥臂有力，出手速度快。助跑起跳练习：半程助跑跳远练习，助跑 5 ～ 7 步摸高练习，要求助跑与起跳环节连贯；助跑掷实心球练习：手持实心球置于头上方，助跑 3 ～ 5 步掷实心球。

（三）固定组合练习手段

固定组合练习手段指将多种练习手段根据固定的组合形式进行组合的身体练习手段。此练习的运动比较容易学习，固定成套动作组合练习，能使运动员较容易获得与技术动作相匹配的运动机能，使技术动作娴熟化，如跑跳固定组合练习：连续的 3 步 1 起跳、连续 3 步 1 起跨练习；手持小杠铃片连续摆臂和连续跳绳练习；连续跨 10 个栏和加速跑的练习；手持壶铃连续多次蹲跳接悬垂多次举腿的练习。

（四）变异组合练习手段

变异组合练习手段是指在多元动作结构下，将多种练习手段根据变异形式组合进行的身体练习。这种变异组合练习能有效地提高运动过程中的应变能力，可以提高与运动技术相匹配的运动机能能力，可以提高运动员对信号刺激的复杂反应能力。比如，连续跨越不同高度的栏的练习；听（看）不同的声音（信号）起跑练习；各种变速跑练习；不同步数的助跑起跳练习。

三、田径训练的基本方法

（一）分解训练法

分解训练法指将完整的技术动作合理地分成若干个环节，然后按环节分别进行练习的方法。当技术动作较为复杂时，采用完整训练法不容易使运动员直接掌握，运用分解训练法可以集中精力完成专门的训练任务，针对主要技术细节进行训练，从而获得更好的训练效果。

（二）完整训练法

完成训练法指从技术动作的开始到结束，不分部分或环节，完整地练习的训练方法。此方法保持技术动作的完整性，更有利于运动员掌握完整技术动作。完整训练法既可以用于单一技术动作的训练，也可以用于多元技术动作的训练。

（三）重复训练法

重复训练法指重复练习同一个技术动作，组与组练习之间安排相对充分的休息时间的练习方法。通过多次重复同一动作，不断强化运动条件反射的过程，有利于运动员掌握和巩固运动技术；通过稳定的负荷强度多次刺激机体，机体会产生较好的适应性，从而促进运动员身体素质的提高。重复训练法的主要构成因素：练习的负荷量、负荷强度和休息时间。

（四）间歇训练法

间歇训练法指在训练过程中对练习组之间的间歇时间做出严格的规定，运动员在没有完全恢复的状态下反复进行练习的方法。训练实践证明，严格的间歇训练能使运动员的心脏功能得到明显增强。通过严格控制间歇时间，有利于运动员在激烈的比赛中巩固技术动作。不同的间歇训练类型，可使糖酵解供能能力、磷酸盐与糖酵解混合供能能力和糖酵解与有氧供能能力得到发展和提高。较高负荷对心率的刺激，可使机体抗乳酸能力得到提高，确保运动员在较高强度下能持续进行运动。

（五）变换训练法

变换训练法指对运动负荷、练习内容、练习形式及练习条件进行变换，以提高运动员的积极性、趣味性、适应性和应变能力的一种练习方法。通过变换练习方式，使运动员的机体产生与有关运动项目相匹配的适应性变化，发展运动员不同运动素质，提高运动员的技术水平，从而提高运动员承受专项比赛时不同运动负荷的能力和应变能力。根据变换的内容来分，变换训练法可分为三种：负荷变换训练法、内容变换训练法和形式变换训练法。

（六）循环训练法

循环训练法指根据训练的任务，将练习的手段设置为若干个练习点，运动员按照既定的路线，依次完成每个练习点规定内容的训练方法。循环训练法能有效地激发运动员的训练情绪，不断交替刺激有机体的不同部位，更好地提高不同层次和水平运动员的训练积极性。可以根据运动员具体情况调整练习的密度，防止局部负荷过重，延缓疲劳的产生，有利于提高身体整体素质。循环训练法一般分为循环重复训练法、循环间歇训练法和循环持续训练法。

循环重复训练法主要用于提高运动技术的规范性和熟练性或提高运动员身体素质，即将各种练习设置为若干个练习点，练习动作要求熟练规范，练习顺序要符合比赛特点，间歇时间相对充分。这种训练方法有利于提高运动员的磷酸盐系统的储备能力和供能能力，提高运动员技术、素质与机能之间的结合能力。

循环间歇训练法主要用于发展运动员的体能或改进技术、素质与机能之间的有机联系，即将各种练习设置为若干个练习点，各练习点的负荷时间在30秒以上，点与点之间的间歇时间不充分。循环组之间的间歇时间既可充分也可以不充分，主要发展运动员的糖酵解系统及其与有氧代谢系统混合供能的能力。

循环持续训练法主要用于发展运动员身体素质。这种训练方法需求一次循环的练习时间在8分钟以上甚至更长，负荷强度高低交替进行，循环之间的间歇时间可有可无，循环组数相对较多，可以提高运动员持久运动能力，提高运动员有氧代谢系统供能的能力。

（七）比赛训练法

比赛训练法指在近似、模拟和真实比赛的条件下，按照比赛的规则、方法和要求进行的，以提高训练质量为目的的训练方法。比赛训练法从竞技能力形成过程的基本规律、运动员适应原理、比赛的规则以及运动员竞争的意识要求等方面来安排训练，能全面有效地提高运动员专项比赛所需要的体能、技术、心理和智能等竞技能力。

第四章　田径运动的编排和裁判法

有序开展田径运动竞赛需要运动员、裁判员和大会有关工作人员的全体配合。其中，竞赛日程的编排是否合理以及裁判员的裁决是否公正对运动员的技术发挥和工作人员的工作以及观众的情绪都起着十分重要的作用。因此，本章内容对田径运动的编排和田径运动的裁判法两个方面进行了分析。

第一节　田径运动的编排

田径运动的编排竞赛日程工作，应分为四个阶段，即赛前、临赛前、赛中及赛后阶段。赛前编排的竞赛日程要提前下发给各参赛单位，根据比赛的要求，为参赛单位的报名提供一个报项的参考。临赛前编排的竞赛日程，主要是根据各参赛单位最后的报名结果，对原竞赛日程进行修订并编入总秩序册中，以便参赛者到赛区后能得到较准确的比赛日程。赛中编排的竞赛日程，是根据最后确认和录取后继赛次的运动员之后完成的。这是一份最准确的比赛日程，是裁判员工作、运动员参赛、新闻媒体报道的依据。而基层运动会中，田赛一般就一个赛次，径赛一般只在 400 m 及 400 m 以下的项目安排两个赛次。其编排主要是赛前和赛中径赛决赛的编排工作。赛后的编排工作是对本次比赛成绩的记载与反映，仍旧不容忽视。

一、赛前的编排准备工作

第一，学习规则与规程、规定。学习规则和本次运动会的规程以及大会有关规定，尤其是要了解规程中有关内容，如比赛时间、组别、项目，特别是报名办法、竞赛办法和分奖励办法等。

第二，向有关部门了解情况。向办公室或秘书处了解有关开幕式和闭幕式的安排；向场地器材组了解场地器材的情况，必要时亲临现场，认真落实，做到心中有数；向竞赛组或裁判组了解裁判员的人数和业务水平，以及跳跃、投掷和计时员的分组情况。

第三，准备各种表格和用具，审查报名单及编号。审查报名单时着重注意以下的内容：是否在规定的截止日期以前邮出，运动员报项是否超过规定，各项目人数是否超过规定，有无规程中规定的各种证明，参赛单位是否盖章，各单位总人数是否符合规定，报名单是否有不清楚的地方，是否有报错组别或项目的情况等。如果报名单有不符合规程要求或其他错误，及时与有关单位联系解决；而对于运动员编号，基层运动会如无条件可以不编号，如需要编号有两种方式：其一，下发规程时，就确定各参赛单位的起止号码，各单位按男女运动员分别编好号；其二，按收到参赛单位报名单的先后顺序编号。运动员姓名号码对照表编好后，写入秩序册中。

第四，统计人数。这是一项很重要的工作，一方面可以掌握各参赛队的人员情况，另一方面可以为编排工作提供数据。较高层次的运动会主要统计各单位参加人数和各项参加人数，一般运动会增加兼项统计。

第五，兼项统计表。兼项统计表适合先报名后编排。为保证大多数运动员在比赛时减少冲突，使编排的比赛秩序更合理，在收到报名单后，对单位和运动员逐步分开进行统计。统计方法以报名表为准，从报名表的第一个运动员开始，先看所报名的第一个项目，再看另外报名的是什么项目；分性别依次统计每个队的兼项情况，把所有的队都统计一遍就是整个运动会的兼项情况表。

第六，填写各项目卡片。填写径赛项目卡片、田赛项目卡片、全能卡片和接力卡片，运动员参加一个径赛项目填写一张卡片，接力赛跑每个队填一张，全能运动员除每人填写一张全能成绩记录卡外，每个径赛项目每人也有一张。如果先发竞赛日程后报名，不用兼项统计。竞赛成绩记录卡片是记录每个运动员每项、每个赛次比赛成绩的卡片，每抄一张，就要把其参加的组别、单位、号码、姓名、所报项目及报名成绩等字迹清楚地填写在卡片上。为了便于工作，男、女或不同组别的卡片可用不同的颜色印刷。

第七，分项。核对无误后，把各单位的径赛卡片按不同的项目分类，以便分组时用，即把各单位的同项目运动员的卡片归在一起，如 100 m、200 m 等，各项目卡片分好后再数一数每项的卡片数，然后与各项目统计表所统计的数对照一下，看有无出错。

第八，制订分组计划表。分组计划表是根据各项目参加人数、跑道数、赛次制订的，它是分组和编排竞赛秩序的重要依据之一。分组计划表以径赛项目为主，每个组一个。制订分组计划表时，要估计各项目和各组比赛所需要的时间。对时间的估计既要考虑裁判的业务水平，又要考虑运动员的水平，同时还要考虑项目的特点（如接力组织工作、摆栏撤栏时间等）。这样才能缩小预计的时间同实际比赛时间的差距。

二、临赛前的编排工作

一般情况下，临赛前竞赛日程的修订以原排定的决赛项目不变为原则。因为改变决赛项目的时间，对运动员创造优异成绩、发奖、电视转播、新闻等方面影响较大。例如，原预计有 36 人参加 100 m 比赛，根据规则要进行预、次、复、决四个赛次。但最后报名后只有 31 人，就以决赛时间不变，从前三个赛次中减去一个赛次为宜，只进行预、复、决三个赛次的比赛；并对减少了一个赛次的比赛单元进行时间调整，将该项后面的比赛项目的时间提前。但应注意各项目时间提前后，全能项目和后继赛次项目的休息时间应符合规则规定，有兼项的项目应无冲突。经检查确认后，将修订后的竞赛日程经技术代表和组委会确认后，就可编入总秩序册中。小型的基层比赛一般不用临赛前的编排。

三、比赛期间的编排记录公告工作

比赛期间编排记录公告工作，要求做到处理各种信息速度快、准确性高。由于比赛期间工作杂、内容多，如果缺乏合理的分工、工作步骤和方法，必然造成工作忙乱，容易出现差错。因此，每名裁判的分工要明确，职责要清楚。根据工作任务，一般有临场日程编排、竞赛成绩公告、记录、奖牌、总分统计、秩序册汇编等工作。

根据规则规定，在预、次、复赛时，每组至少应录取前 2 名，如有可能，建议每组至少录取前 3 名，如再录取其他运动员，根据名次或成绩录取均可。同时，要复查各项比赛成绩和录取的名次，核查、填写运动员等级，核查等级运动员和破纪录情况，并统计和填写达到等级的运动员信息和破纪录证明单，核查全能各单项的得分，填写各种表格，整理资料和本单元比赛成绩。

比赛期间进行编排工作时的注意事项有以下五点。

第一，收到径赛卡或田赛的成绩记录表、全能运动卡片后，根据赛次按框图流程进行。

第二，收到五项全能运动的第 4 个项目、七项全能运动的第 6 个项目、十项全能运动的第 9 个项目成绩后，在工作程序上增加编排分组。

第三，收到各赛次的成绩并复查后，清理和统计破纪录以及达到等级运动员的人数。

第四，收到各赛次的成绩并复查后，及时整理本单元该项目成绩的资料，以便本单元结束后及时印发。

第五，宣告各赛次成绩时，宣告员应记录宣告时间。

四、赛后的编排记录公告工作

编排记录公告组在比赛结束之后的任务仍然是十分繁重的，也是非常重要的。它关系着本次比赛成绩的记载与反映，为本次比赛对比、分析和评估提供重要依据，关系着教练员、科研人员进行科研所需数据的准确性等。因此，必须像重视赛前、赛中编排记录公告工作一样，重视做好赛后的各项工作，具体包括以下工作内容。

第一，汇编总成绩册并及时印发。

第二，对破纪录和达到运动员技术等级标准的运动员，出具有裁判员、裁判长、技术官员等亲笔签字的成绩证明。

第三，将本组的所有文件、资料，按照文书档案的要求进行分类整理，立卷编号，交主办单位存档，便于以后查阅。

第四，进行工作总结。表扬好人好事，总结经验教训，最后写出书面总结材料交总裁判长。书面总结的内容一般应包括一般情况、工作成绩与经验、存在的问题、改进意见或建议。清理各种手续，做到善始善终。

五、编排竞赛日程的注意事项

（一）填写日程安排表

比赛日程有多种编排方法，大型全国性比赛的编排一般先填出每单元赛次，然后编排每单元各项目比赛顺序，这样有利于编排人员对赛次进行调整，对有关项目之间的冲突问题比较容易发现和避免遗漏，对最后报名和最后确认的比赛日程调整比较方便。

竞赛日程安排的具体操作如下：按竞赛规程规定的比赛天数、单元、时间、组别和项目等填写竞赛日程安排表，再根据竞赛规程中的参赛单位、报名要求等预计赛次，然后先填写全能项目，后排单项，单项中先排径赛，后排田赛。之后在统计栏中填上每天的决赛次数和总次数，要详细检查是否有遗漏项目及赛次，常规兼项有无冲突。编排每单元内的竞赛日程时，应估算比赛时间，计算各项目所需的时间，还是用先排全能再排单项的方法，排出每单元的竞赛日程。有决赛项目的单元应考虑发奖仪式。

（二）抄写编排项目卡片

根据规定的比赛项目和赛次，将每个比赛项目的组别赛次、参加人数、所分组数及所需时间分别抄写在纸牌上，不同组别应用不同的颜色纸牌，每个项目的每一赛次和全能项目的每个项目都应分别抄写在各自颜色的卡片上，不能遗漏。卡片可以用图钉钉在黑板或较大的桌面上，以利于项目的调整，也可以防止风吹落或碰掉。

（三）编排比赛的顺序

首先排全能项目，其次排赛次较多的项目，最后排跨栏和其他径赛项目。参阅兼项表进行核对，检查是否有兼项冲突。排完径赛再排田赛，注意兼项和性质相关项目的先后顺序。排好全部项目后，应详细检查，如有不妥再进行调整。编排最好排出多种方案，从中选择最佳方案，一旦确定就要及时报送竞赛委员会审查确定。

六、编排工作的重点与难点

（一）编排工作的重点

编排工作的重点是竞赛编排和成绩公告两大块。

第一，竞赛编排必须熟练掌握规则中有关原则和运作方法，严格遵照规则条款确认参赛运动员人数，在技术代表或其委托人参与下按规定安排赛次，编排日程和时间流程及运动员的分组、分道、排序情况，包括后继赛次的录取办法和原则，具体的时间安排等，并尽快将文件下发各队，以利于运动员能了解比赛日程和自己参赛项目的情况及所在组、道、顺序及比赛的具体时间。

第二，成绩公告必须在掌握规则、条款的前提下，还必须熟悉了解该次田径比赛规程中有关录取、记分、奖励等具体原则和办法，严格按规则和规程中有关要求将每项、每组运动员的比赛成绩信息统计进行。按规定将取得名次和有资格进入下一赛次的运动员名单、分组、分道、顺序及比赛时间及时公告，向有关的运动员、裁判员、官员及有关部门宣告兴奋剂检测情况、颁奖总分等，汇总编制总成绩册，并及时上报组委会，以备闭幕式宣布成绩，并尽快将总成绩册印制下发。

（二）编排工作的难点

第一，时间性。田径比赛对时间要求很高，必须快速及时，如确认后尽快编制分发秩序册，以便各队尽快拿到，否则将影响比赛。各项各组比赛结束后应尽快统计成绩，录取编制下一赛次的运动员的分组、分道及比赛顺序，并尽快宣告。

第二，准确性。要求各项工作必须按规则要求准确地统计有关比赛信息，不能有丝毫差错，否则将影响整个比赛。如未严格按规则、规程、规定准确地记取成绩，未正确录取和计分必将造成该进入下一赛次的运动员落选或造成团体总分排名顺序的颠倒。

第三，仔细性。田径比赛工作繁杂、环节多、信息量大，稍有不慎便会出现差错，故仔细性既是首要注意之点，也是编排工作的重点之一。

第二节　田径运动的裁判法

一、田径裁判法概述

（一）规则是竞赛工作的准则

田径竞赛规则是将运动员、工作人员对竞赛工作中，特别是比赛中所涉及的问题用文字概括起来，制定成田径竞赛工作中的“法规”，用来指导竞赛的准则。它是人们共同认可而又共同遵守的文件，目的是使运动员在平等条件下竞争，保证比赛条件的同等性、比赛结果判决的公正性与准确性、运动成绩计量的客观性和精确性，从而达到竞赛规范化的目的。因此，在比赛中规则是最高准则，裁判员、运动员和大会有关工作人员都必须遵守规则，忠实地执行规则。体育运动包括的项目很多，无论什么项目的比赛，都有适合于该项目特点的规则，田径运动也不例外。但是田径运动还具有同其他运动项目不同的特点，主要是分类多、项目多，各项目的规则内容不同，同一类项目（如铅球和标枪）规则的内容也有差异。因此，田径竞赛规则既有共性特征，又有个性特征。否则，在比赛中各项目无章可循、无法可依，必然造成比赛混乱，比赛也不可能有合理的胜负之分，失去了平等竞争的价值。

田径竞赛规则不是自古以来就有的，它是随着走、跑、跳、投掷发展为竞技运动项目而产生的，又随着田径运动和有关科学的发展而逐步完善，成为现今的规则。从历史发展观点来看，田径运动是从游戏逐渐演变而来的。当田径运动形成竞技运动项目之前处于游戏阶段时，它并非以比赛的形式出现，也不可能有完善的规则。但是游戏本身具有一定的竞技性因素。为了保证游戏顺利进行，也有一些简单而不完善，又未形成文字的规定。它是游戏者在实践中不断总结经验的基础上共同认可的习惯，以便在游戏中共同遵守，否则游戏也无法进行。随着走、跑、跳、投掷发展为竞技运动项目，为适应比赛的需要，在汲取游戏中的一些简单而有益的规定基础上，结合田径运动各类项目的特点，产生了田径竞赛规则，并用文字固定下来。由于田径运动的广泛开展，比赛日益频繁，竞争越来越激烈，要求与比赛相适应的规则更全面、更细致。特别是科学渗透于竞赛中，使规则内容发生了深刻变化，这样才能保证运动员的合理行为，约束运动员不合理的行为。

从规则的产生和发展过程来看，规则的产生是为了满足比赛的需要，规则产生于实践，随着比赛的深入、竞争的激烈和科学的发展，规则内容总是被不断地修改、充实和完善。田径运动的第一个国际比赛技术规则，是由国际业余田径联合会在 1914 年制定的，现行规则已经过多次修改。这个规则具有“世界法典性”，各国家、地区的田径比赛规则都以此为准，这样就保证了世界田径比赛规则的统一性。

我国现行田径竞赛规则是根据国际田径规则结合我国的具体情况制定的。它随着国际田径规则的变化进行相应的修改，始终保持同国际田径规则一致。无论是国际田径规则还是我国田径规则，任何单位和个人无权修改，只有国际田联和国家体委有权修改和对规则进行最终解释。在执行过程中，如认识不一致，请示国家体委做最终决定。

（二）规则是裁判法的依据

田径运动裁判是竞赛工作的一个重要组成部分，在田径比赛中，裁判员既是组织者，又是执法者。裁判员要正确地执行规则和处理比赛中发生的问题，每个裁判员在熟悉规则基础上必须掌握裁判法，才能胜任工作。这是裁判员必须具备的业务素质。

田径裁判法是裁判员根据规则的规定，结合项目的特点，组织运动员进行比赛，判定运动员在比赛中的行为和结果所采用的方法。裁判法是人们在不断总结裁判实践经验基础上逐渐积累起来的，具有普遍意义。合理的裁判法，在不违背规则的前提下，既要准确、快速、简便、合理，又要在规则允许的范围内使运动员的技术得到最大限度的发挥，表现出来的成绩得到承认。

田径比赛具有同其他项目不同的特点，裁判工作程序复杂，裁判方法多样，增加了工作的难度。特别是径赛项目的比赛，涉及各种裁判，如检录、起点、终点、计时、检查、风速等，它是一个紧密联系、相互制约的整体，各种裁判的性质、任务和方法又不相同。其中任何一种裁判出现问题，都会影响整个裁判工作。只有各种裁判方法合理、协同作战，才能在预定时间内完成任务。田赛项目的裁判虽有独立性特点，但是同一项目的裁判，由于分工不同，职责不同，裁判方法也不相同。例如，标枪裁判有记录裁判、外场裁判、内场裁判，外场几名裁判又有分工，具体的工作方法又有差异。因此，田径裁判法要分工明确、职责清楚、方法合理、任务落实，才能保证比赛顺利进行。否则，不仅影响比赛时间，而且容易造成错判、漏判、误判，给大会带来不可弥补的损失。因此，裁判法是裁判员必须掌握的技能和本领，是衡量裁判员业务素质的主要标志。

（三）田径裁判员的基本素质

田径比赛中，裁判员是执法者，负有重大的使命，决定着运动员的行为、成绩和名次，直接影响着竞赛的进行、运动员的比赛情绪及运动技术水平的发挥。在工作中，裁判员要提高效率和质量，执行中不出差错，除了掌握规则和裁判方法外，还必须按照规则中对裁判员提出的“严肃认真，公正准确，谦虚谨慎，团结协作”的要求和裁判员守则进行工作。“要求”和“守则”的精神基本是一致的，集中反映在政治思想、精神文明、工作态度、工作作风和业务素质等方面，是裁判员行动的指南、工作的准则和搞好裁判工作的保证，主要体现在以下三个方面。

第一，职业道德。良好的职业道德是裁判员必须具备的基本素质。它是政治思想的表现，是道德品质的反映。田径裁判员的职业道德包括多个方面，田径竞赛的特点主要集中在“公正”二字上。在工作中，对待和处理问题时实事求是，坚持原则，不搞派性，不徇私情，没有偏心，没有亲疏，对待任何运动员和任何问题，以规则为准则，以事实为依据，该判则判，不该判的坚决不判。如果裁判员在工作中偏心，甚至徇私舞弊，那么就是一个不称职的裁判员。

第二，工作态度。良好的工作态度是田径裁判员的重要素质，是搞好裁判工作的保证。裁判员对待工作应认真负责、兢兢业业、一丝不苟、精益求精。无论是在学习、实习时还是在执行裁判工作时，都应思想集中、全力以赴、认真对待。特别是某些裁判（如计时、终点等），由于客观条件所限和工作性质的特点，比赛时间长，思想长时间处于紧张状态，容易疲劳，要求裁判员善始善终，坚持到底。实践证明，裁判员在工作中出现失误，大多数并非对规则不理解或裁判方法不合理造成的，而是由对工作疏忽，精力不集中所致。如计时员“脱表”、投掷外场裁判未看见器械落点等。因此，裁判员良好的工作态度是搞好裁判工作的基本条件。

第三，服从分配。田径运动会的特点之一是裁判员人数多、裁判种类多。即使同一种类或同一项目的裁判，各有分工，职责不同。但是每一类裁判，都是整个裁判工作的一部分，需要有人承担，缺少任何裁判，比赛都无法进行。因此，各类裁判没有高低之分，只有分工不同，职责和任务不同。每个裁判员应从整体出发，服从分配，安心工作，千方百计把工作搞好。

二、径赛裁判法

径赛项目的比赛，是在径赛裁判长统一领导下由检录、发令、终点、计时、检查等小组密切配合和共同协作下进行的。下面主要介绍前三个小组的工作。

（一）检录工作

检录的主要任务是根据大会竞赛秩序册规定的时间，在每个径赛项目比赛前准时召集运动员，点名并带进比赛场地，为比赛做好准备。

赛前布置好检录处，准备好所需用品，拟定运动员须知，编印检录时间及入场时间表。按照竞赛分组表，核对运动员成绩卡片或检录表，了解各径赛项目起点和接力区的位置。提前到达检录地点，根据检录时间做好准备工作，按时点名。及时处理运动员请假情况，组织运动员抽签排定道次，检查运动员号码（使用电动计时，还应检查体侧是否戴号码布）、服装及钉鞋等是否符合要求，按时带领运动员入场。另外，对于接力赛跑项目，应分别将各棒运动员带到接力区，并将检录单交给各接力区检查员。其中，4 × 400 m 接力，由 1 名检录员带领。

（二）发令工作

1. 发令员的任务

根据竞赛秩序册规定的各项比赛时间，组织径赛运动员准时进行比赛。赛前应检查径赛各项起点和分道起跑线画得是否正确，准备起点区需要用的器材；发令员与终点裁判长联系后，立即通知运动员上道；发令员口令要清晰洪亮，“各就位”口令要拉长一些，“预备”口令要平稳短促，“预备”到鸣枪应以运动员身体稳定为准。举枪时，应举到烟屏的中央稍下一点，同时另一只手将哨子放在口旁，鸣枪后稍停片刻再放下。一旦发现运动员犯规，立即鸣枪（或吹哨）召回。

2. 发令员位置的选择

发令员的位置要能保证三点：能清楚观察到所有运动员的全部起跑动作，能使所有运动员都能清楚听到口令和枪声，计时员能清楚看到发令动作。

在直道发令时，发令员与助理发令员的站立位置，一般有两种：一种是发令员站在起跑线后 7 ～ 8 m 的跑道中间，助理发令员站在起跑线前跑道内突沿左侧约 3 m 的地方；另一种是发令员站在起跑线后跑道内突沿左侧约 3 m 的地方，助理发令员站在起跑线前跑道外突沿右侧约 3 米的地方。弯道起跑时，发令员一般站在最外道起跑线的右后侧约 3 m 处，助理发令员站在第一道起跑线后跑道外面约 3 m 处，或发令员与助理发令员交换位置发令，使运动员都能同时听到发令信号。如果没有扩音器，发令员应站在跑道外突沿外面适中的地方，使声音离运动员的距离尽量相等，助理发令员站在跑道内突沿外面适中的地方。不分道起跑时，发令员一般站在外道运动员右前方跑道外 4 ～ 5 m，助理发令员站在第一道起点线左侧跑道外约 3 m 处。

（三）终点工作

终点裁判的主要任务是准确地判定运动员到达终点的名次和负责 1 500 m 以上距离的记圈工作（根据情况也可设专职记圈员），赛前检查终点处的设备、场地的布置和需用物品，帮助判定名次。

1. 裁判人员的分工

终点裁判员按 1 ～ 8 名观看的名次顺序由上而下地坐在裁判台上。短距离一般是按名次分工，每名终点裁判员主看一个名次，同时兼看一个相近的名次，终点裁判长看总名次。如有条件，可专设 2 个裁判员：一个看第 3 名与第 4 名，另一个看第 5 名与第 6 名。

比赛开始前，终点裁判长要与计时长、检查长联系，并通知终点裁判员作好准备，回旗通知起点，表示准备就绪。为了准确地判断终点名次，裁判员首先要看清名次（特征），然后辨认其号码和道次。如出现串道现象，裁判员仍应继续注意自己所看的名次，同时记住串道运动员的号码和串入的道次；待全组运动员达到终点后，将比赛情况记录下来，报告终点裁判长。运动员到达终点的一刹那，裁判员要密切注意运动员躯干部分触及终点线后沿垂直面的次序。每组运动员到达终点后，终点裁判长要及时向终点裁判员索取终点名次报告表，核对无误后交径赛裁判长。

2. 判定中距离跑项目名次的方法

①一般可采用短距离的分工负责看名次的办法，即每人主看 1 名，兼看 1 名。8 名以后，应根据具体情况而定；或由一个裁判员看 2 个名次，如 8 名裁判，分别看第 1 名与第 9 名，看第 2 名与看第 10 名，依此类推（或由一人报名次，一人做记录）。

②比赛前，裁判员应了解运动员的号码、服装及其特征，每当运动员跑完 1 圈经过终点时，都要核对运动员的号码。

③当运动员进入最后 1 圈时，裁判员应掌握自己看名次的运动员及其前后运动员的号码，并注意名次变化情况。

④如果是 1 500 m 跑比赛项目，裁判长应规定 1 名裁判员在终点处给运动员报圈。

3. 长距离跑判定名次的几种方法

不同形式的运动会，由于裁判水平不同，采用的方法也不同。尽管规则规定在 1500 米以上的赛跑和竞走项目中，按计时员提供的成绩记下每个运动员的每圈成绩。每名记圈人应按规定负责项目不得超过 6 个，但在实践中很少按规则专设记圈员，即使设有专门记圈员，也很难达到其要求。在目前的国内比赛中，记圈员大多由终点裁判员或计时员兼任。

三、田赛裁判法

田赛项目的比赛是在田赛裁判长的领导下，由跳部和掷部裁判分别执行裁判工作的。

（一）跳跃项目裁判工作

跳跃项目的裁判，根据比赛需要又分为高度和远度两个裁判组。

高度裁判组：组长负责判定运动员起跳是否犯规及审查成绩。裁判员 2 人，负责丈量成绩、升横杆，兼管成绩公告牌（撑竿跳高时，裁判员应再增加 2 人）。记录员 1 人，负责检录、记录试跳的成功、失败和掌握试跳时间。

远度（跳远、三级跳远）裁判组：组长负责全面工作，着重判定试跳是否犯规。丈量成绩的裁判 2 人，其中 1 人看起跳是否犯规和修补起跳板前沙台或橡皮泥，另 1 人看落点。记录员 1 人，负责检录、记录试跳成绩和掌握试跳时间。三级跳远比赛中，起跳板与沙坑之间设 1 名裁判员，专看第二跳过程中运动员是否犯规。

1. 高度项目

赛前裁判员应了解运动员报名成绩，分别拟定单项和全能运动员的跳高和撑竿跳高的起跳高度和升高计划。一般田赛升高以 8 ～ 10 次为宜，全能运动除外。计划制订后，应在领队和教练会议上征求意见。赛前要检查、布置场地，领取需用器材。记录员按时到检录处点名，讲解有关注意事项，抽查运动员跳鞋、号码是否符合规定，带运动员入场，宣布起跳高度和升度计划，组织运动员按顺序试跳。比赛开始，由记录员按顺序呼号试跳，同时开表计算起跳时间（撑竿跳高为 2 min，其他项目为 1 min 30 s）。如果运动员无故延误比赛时间，即判该次试跳失败；如果再次无故延误，即取消比赛资格。若运动员试跳成功，裁判员将白旗上举；若运动员试跳失败，则将红旗上举。每一轮次试跳结束后，裁判员应按升高计划升高横杆，每轮次的试跳高度应用成绩公告牌公告；当比赛只剩 1 人时，每次升高高度应征求运动员的意见。横杆升至破纪录高度时，田赛裁判长应进行检查。运动员试跳成功，应经总裁判到现场复核高度，一切符合规定方予承认。比赛结束后，裁判员要认真核对成绩和名次，然后交田赛裁判长审核签字，如有破纪录者应送总裁判签字再交宣告员宣布。

2. 远度项目

赛前裁判员要检查场地和设备，领取需用器材；记录员按规定时间到检录处点名，将运动员带进场后组织试跳和丈量步点。比赛开始前 3 min，停止试跳练习，修补好起跳板前沙台（或橡皮泥显示板）；比赛时，由记录员宣布运动员试跳顺序（其工作方法和具体要求与高度项目相同）；注意使用正确的旗势：试跳成功将白旗上举，试跳失败将红旗上举，红旗平举表示停止试跳；丈量成绩时应从身体任何部分着地的最近点至起跳线或起跳线的延长线成直角丈量。丈量的成绩，应由记录员登记并向运动员宣布，同时在公告牌上公布。如有破纪录者应保留现场，经总裁判审核成绩；预赛结束，按成绩录取前 8 名参加决赛。决赛试跳顺序由运动员抽签决定。如果参加比赛的总人数只有 8 人或不足 8 人，则每人都可试跳 6 次。比赛结束后，组长应认真核对成绩，根据 6 次试跳中的最佳成绩判定名次，裁判员签字后交田赛裁判长审核签名。如有破纪录者，应交总裁判审核签字后送宣告员宣布。

（二）投掷项目裁判工作

1. 掷部裁判组的赛前任务

裁判组应与场地组、器材组认真检查场地和器材（包括运动员自备器材），器材经检查合格后，由器材组统一保管。记录员应按规定时间到检录处点名，检查号码并说明有关注意事项，带队入场，按顺序组织运动员进行 1 ～ 2 次试掷练习。内、外场裁判员要密切配合。外场裁判要集中注意力，注视器械落地情况，迅速准确地判定落点，然后看内场裁判员的旗示，即是否丈量成绩或插入小铁旗。在定器械落点时，要注意器械落地痕迹的最近点是否落在角度线内沿以内。

2. 赛中丈量成绩（大型运动会每次试掷后应立即丈量）

（1）推铅球

用钢尺或皮尺从器械落地点的最近点取直线通过投掷圈至圆心，以着地最近点至投掷圈内的距离为准，以 1 cm 为最小丈量单位。

（2）掷标枪、铁饼、链球

从器械落点的最近点取直线通过投掷圈（或起掷弧）至圆心，以着地最近点至投掷圈（或起掷弧）内沿的距离为准，以 2 cm 为最小丈量单位。丈量时，为便于记成绩和核对，可采用相反的丈量方法，即在钢尺一端接上一段铁丝（长度等于投掷圈或投掷弧的半径），将铁丝另一端固定在圆心上，使钢尺的零点对准投掷圈或投掷弧的内沿，钢尺或皮尺的另一端，由另一裁判拉紧，对正器械落点最近点。比赛中考虑到每次投掷丈量有困难，可采用插旗法，为每个运动员准备 1 ～ 3 面小铁旗，写上运动员号码，待预赛或决赛结束后统一丈量。前 6 ～ 8 名成绩较优者最好能用另一种颜色的小铁旗，便于裁判工作。

3. 预赛结束后的任务

预赛结束后，记录员应仔细核对成绩，按成绩取前 8 名参加决赛。如运动员人数只有 8 人或不足 8 人，每人都可试掷 6 次。按成绩排名次，最后交田赛裁判长审核签字，然后送宣告员宣告。

四、裁判员的培训

一个合格的田径裁判员应该德才兼备。“德”就是指裁判员的职业道德和工作态度。裁判员应该热爱体育事业，责任心强，热心为田径竞赛服务，为运动员服务。“才”就是指裁判员的业务水平，主要是掌握田径规则、田径裁判法的理论知识和实际裁判工作能力。

（一）裁判理论知识的培养途径

运动会前，组织裁判员学习竞赛规程与田径竞赛规则，研究裁判方法，统一思想，统一认识。这样的学习目的明确、有针对性，效果好。赛前编写工作细则，赛后进行工作总结，是丰富、巩固理论知识和工作经验的好方法。

开办田径裁判员讲习班，聘请有关专家、教授讲学，经常介绍国内外田径运动会的新信息、新技术、新方法，促进田径裁判员的知识更新和理论水平的提高。各级体育组织和部门，应把培养田径裁判员的裁判能力纳入工作日程中，有计划地、有步骤地让他们参加各类田径运动会的裁判工作，使他们的裁判能力在实践中不断充实提高。时常召开各级田径规则和裁判法的学术研讨会、学术论文报告会。

（二）裁判员的能力培养

培养和提高裁判员的指挥控制能力主要靠实践，可以采用以下措施。

1. 进行模拟训练

在裁判员学习时可以模拟竞赛的全过程，由一部分裁判员担任裁判，另一部分裁判员当运动员，进行裁判工作的实践训练。裁判员可以轮流担任，这种模拟训练适用于初级裁判员的培养。

2. 进行裁判工作实习

在运动会召开前，组织裁判员学习规则，进行现场实习。利用运动员进行赛前练习的机会进行裁判员实习，这是目前大、中、小型运动会都采用的方法。

3. 参加裁判实践

裁判员实际工作能力的提高主要靠裁判工作实践。因此，裁判员要尽可能多地参加各类田径运动会，这是提高其实际工作能力的主要途径。

比赛前一定要认真研究，定出工作细则。每个比赛单元结束要进行小结，最后进行总结。发挥水平，克服缺点，在实际工作中学习、提高。裁判员正确的判断力建立在科学观察的基础之上，然后熟练地应用田径规则中的各项条款，做出正确的判断，熟练地应用各种计时、测量高度和远度的技巧做出精确的计量。

4. 提高观察效果

运动竞赛中经常发生裁判员漏判、误判、错判的情况，都是由裁判员不能勤于观察和不善于观察造成的。那么在竞赛中如何提高裁判员的观察效果呢？在重视观察的前提下，注意使用以下观察法。

（1）点面观察法

裁判员有时要集中精力、全神贯注地观察一个点。如计时员开表前要把观察点集中在烟屏上，注意枪烟和闪光；有时要采用点面结合的观察方法，重点是抓住观察点。如检查员检查交接棒，接力区是观察面，交接棒是观察点，重点是抓住交接棒、召回发令员。在发令员发令时，自己负责的每个运动员的起跑动作是观察面，抢跑运动员的动作是观察点；如有两人以上抢跑，要区分出主抢与随从。

（2）跟踪观察法

裁判员的目光要随运动员和投掷器材的运动而移动。如果终点裁判员采用点面观察法，是随运动员的运动而转移目光的跟踪观察法；投掷外场裁判员判断铁饼、标枪落点时，采用随铁饼、标枪的飞行而转移目光的跟踪观察法。

为了提高观察效果，裁判员的位置可以适当地移动，跟踪运动员和投掷物的运动，使自己始终处于有利的角度便于跟踪投掷器材的落点等。

（3）选择有利的观察位置和观察角度

在竞赛中，裁判员选择有利的观察位置和观察角度，对取得好的观察效果是很重要的。

如果检查员检查接力跑的交接棒情况，位置应选择在各跑道接力区前后沿连线的延长线上，距离跑道的远近可根据裁判员是否能看清接力区交接棒的情况而定。

提高观察效果的方法有很多，需要裁判员在工作中做到勤于观察、善于观察。裁判员在执行规则时，有的判断是明确执行某项条文的规定；有的判断是执行两项或两项以上的条文规定、承认记录等；有的判断还要根据情节的不同程度，如比赛中的推、挤、撞现象，区分对犯规者有意无意、有利无利，对被推、挤、撞的运动员有害无害等情节的不同程度做出判断。总之，对规则的条文要在充分理解的基础上熟练地应用，才能做出正确的判断。

为了做好裁判工作，裁判员要熟练地掌握各种裁判技巧，如发令技巧、开停表技巧、测量高度和远度的技巧等。各种裁判技巧要经常练习，以求熟练。特别是对于新技术新设备如电子计时、激光测距等的引进与普及，裁判员要不断地学习新技术，掌握新设备的性能和操作方法。裁判员的业务能力还有语言的表达能力、仪态的感染力及突然发生某种情况下的应变能力等，裁判员的业务能力是多因素的综合能力。

总之，各级体育领导部门要重视培养和提高裁判员的业务能力，裁判员本身也要努力奋进，不断地提高自己的业务水平。

第五章　田径运动场地基本知识

田径运动场地是田径运动教学、训练，开展群众性体育活动和组织竞赛不可缺少的硬件条件之一。科学合理的设计、建设田径运动场地对田径运动的开展十分重要。本章主要从标准田径场地设计与布局、径赛场地、田赛场地、半圆式田径场地的计算与丈量、田径场地的管理与保养五个方面进行了介绍。

第一节　标准田径场地设计与布局

田径运动场地的形状从一个直道演变到“马蹄形场地”，“马蹄形场地”一直沿用到1896 年第 1 届奥林匹克运动会。随着田径运动的发展，比赛项目不断增加，为了适应多种项目的比赛，出现过“篮曲式”和“三圆心式”场地，20 世纪出现了“半圆式”场地。经过长期实践，国内外公认“半圆式”场地是最好的一种。其优点是：同一条分道弯道的半径相同，运动员跑弯道时能保持跑的同一动作结构，有利于发挥能力，场地的设计、计算和丈量方法也比较简便。

田径场地跑道表层的结构，从土层发展到煤渣、石灰、黏土混合层。随着科学技术的发展，20 世纪 60 年代初出现了塑胶跑道，20 世纪 80 年代田径跑道弯道的半径从 36 ～ 37.898 m 发展到 36.50 m。经验表明，大多数 400 m 半圆式跑道建成弯道半径为 35 ～ 38 m 是适宜的，国际田联提议尽可能修建半径为 36.50 m 的跑道。上述三种不同半径的跑道均被称为“400 m 标准半圆式田径场”。目前在国际、国内举行的各类田径比赛所使用的场地，多为上述半径的跑道。

一、标准田径场

《国际田联手册》规定，标准田径场地为半圆式田径场，全长为 400 m，由两个直道和两个弯道组成。目前国际、国内田径比赛通常使用以下规格的田径场。现将半圆式田径场地的有关名词概念作以下解释。

（一）内突沿半径为 36 m 的田径场

1 分道计算半径为 36.30 m，1 分道加 1 个弯道计算线长 114.04 m，2 个弯道计算线长为 228.08 m。1 个直段长为 85.96 m，2 个直段长为 171.92 m，1 分道加 1 圈计算线长度为 400 m，如北京工人体育场、辽宁鞍山市体育场、上海沪南体育场等。

（二）内突沿半径为 37.898 m 的田径场

1 分道计算半径为 38.198 m，1 分道加 1 个弯道计算线长为 120 m，2 个弯道计算线长为 240 m。1 个直段为 80 m，2 个直段长为 160 m，1 分道加 1 圈计算线长度为 400 m，如北京国家奥林匹克体育中心田径场、沈阳市体育中心田径场、第 24 届奥运会韩国汉城（今首尔）田径场等。

（三）内突沿半径为 36.50 m 的田径场

1 分道计算半径为 36.80 m，1 分道加 1 个弯道计算线长为 115.61 m，2 个弯道计算线长 231.22 m。1 个直段为 84.39 m，2 个直段长为 168.78 m，1 分道加 1 圈计算线长度为 400 m，如大连市体育场、广州奥林匹克田径场、长沙市贺龙体育场、第 23 届奥运会美国洛杉矶田径场等。

（四）径赛跑道的宽度

径赛跑道宽 9.76 m（8 条分道）或 7.32 m（6 条分道），每条分道宽 1.22 m ± 0.01 m（包括右侧分道线），分道线宽 5 cm，所有分道宽度应相同。除草地跑道外，跑道内侧应用合适材料制成的突沿加以分界，突沿高约 5 cm，最小宽度 5 cm；如果能排水，突沿最高可达 6.5 cm，但不得超过 6.5 cm；如果无突沿，则需画 5 cm 宽的标志线。

（五）创纪录的跑道

规则规定，创纪录的跑道，其外道的半径不得超过 50 m。除非该场地曲段的两个半径中的大半径所构成的弧，在 180° 的弯道不超过 60°。

（六）跑道的倾斜度

跑道的右左倾斜度最大不得超过百分之一（1：100），向跑进方向总的倾斜度不得超过千分之一（1：1000），新建跑道的侧向倾斜应向里倾斜（里低外高）。

（七）障碍赛跑道

障碍跑水池段在跑道内突沿内侧（半径 36 m、36.50 m）或跑道外突沿外侧（半径 37.898 m、36.50 m）均可，最好设在跑道外突沿外侧，但占地面积较大。

（八）田径场的纵轴线

田径场的纵轴线（中线）应为南北方向，并避开主导风向，与子午线夹角不应大于 5°～10°，终点向前应有一定的缓冲区域。

二、修建田径场应注意的问题

（一）关于田径场的位置

无论是建学校田径场还是建公共体育场，都有与其他建筑物配合的问题，从整个布局考虑建田径场应注意以下四点：第一，地址要便于排水和供水；第二，地点要适中，交通方便，便于人们使用和观看比赛；第三，整体美观，地势开阔，空气新鲜，阳光充足，周围有足够的余地；第四，主、副场安排合理，即准备活动场地离比赛地点近；第五，能合理安排各类竞赛项目用地，避免使用时发生冲突。

（二）关于确定田径场的方向

用中线的方向来代表田径场的方向，田径项目的所有运动方向同中线的方向应是一致的，和中线的方向基本是平行的。原则上南北方向最好（考虑日照方向），因为运动多在早晨、上午、下午进行，以避免光线刺眼。不设看台的场地，可在两侧种植高大的树木，这样可在上下午起到遮阴的作用，如果条件允许田径场最好设南北向。确定方向时应考虑两点：其一，设计在很大程度上要从经济上考虑，可根据地形因地制宜，以减少开支。其二，适当地注意当地的气候，有必要时可适当掉转方向，考虑该地区是否经常出现超风速（2 米 / 秒）的可能。

（三）关于跑道的宽度

跑道一般应设 8 ～ 10 条，至少应有 6 条，标准宽度为 1.22 m ± 0.01 m。

（四）直段长和弯道长的比例

弯道比直段长，大约是 3 ∶ 2 的比例，在条件可能的情况下要维持这个比例，不具备时，应尽量把弯道的半径扩大。

（五）关于跑道倾斜度的设计

一般设计时不超过 8/1 000，留出 2/1000 的余量，因为施工时不能保证 100% 按设计完成，允许有误差。弯道弧的倾斜度，弧顶如果是 8/1 000，直弯道交界处最多不能超过 5/1 000，在弧顶的离心力尽量不超过 11 kg，尽可能使坡度产生的离心力接近这个值。

（六）球场地面坡度的设计

整个足球场在中心处应向四周倾斜（以利排水），坡度设计应是 5/1 000—7/1 000，一直倾斜到跑道内突沿的内沿。由于这一设计，田赛项目就会增加麻烦，标枪会由外向里投，整个助跑道成上坡，跳高助跑也会由外向里成上坡。如果助跑道延伸至弯道还会形成先跑下坡，然后跑上坡，影响比赛效果。补救办法：应把足球场端线后面的部分突然向地面倾斜 1/1 000，使地面出现凹线型。这种办法是有矛盾的，一是助跑道上坡，二是投掷器械落点高，不在一个水平面上，最好的办法是田径场和足球场分建。

三、影响标准田径场布局的因素

标准田径场的布局是指体育场的空间布局，主要表现为某个地区标准田径场的分布状况与当地的自然、经济社会发展状况之间的协调关系，以及各体育场馆之间的互相关系。概括地讲，具体影响标准田径场布局的因素主要包括以下四个方面。

（一）自然因素

自然因素包括自然条件和自然资源两个方面，自然条件是人类赖以生存的自然环境，自然资源指在自然条件中被人类利用的部分。标准田径场布局的自然因素主要表现在标准田径场的建设方面，在选址上应该考虑利用天然地形和自然的条件，确保建筑修建在地势较为高阔、利于排水、远离一切污染源、绿化较好、阳光充足、空气新鲜的地方，充分利用城市电力、热力、上下水管网等市政设施及道路交通条件。

（二）社会因素

社会因素对标准田径场布局的影响主要表现在人口方面，各大城市体育场馆兴建的目的主要是满足人们体育活动的需求，所以体育场馆一般兴建在人口密度相对较大的地区，但人口密度和总人口数量具有完全不同的含义。因此，我们可以看到，在广大的农村或者城市郊区，尽管总人口较多，但由于人口密度相对较低，就难以满足标准田径场对集中的需求，所以较少有田径训练场馆。

（三）经济因素

经济因素对标准田径场布局的影响主要表现在经济发展水平和市场需求分别影响着标准田径场的供求。经济发展水平直接决定了一个地区的财力和物力，即对标准田径场的供给能力，市场需求则催生了人们对体育场馆的需求，这种需求在一定经济发展水平的支持下，最终会导致场馆的新建和扩张。所以，在经济发展水平较高、对场馆需求旺盛的地区往往会布局更多的标准田径场。经济区位指某一地点与具有经济意义的其他地点之间的空间联系，具体到大型的体育场馆，对其有经济意义的因素包括交通、信息以及场馆之间的互相合作和聚集效应。

（四）科学技术因素

科学技术因素对标准田径场布局的影响因素主要表现在场馆建设的技术水平以及人们对体育场馆功能的要求上，在经济发展水平较高和技术较为发达的地区，布局更多更高规格、多功能的体育场馆是十分有必要的。

第二节　径赛场地

一、田径场的基本结构

一个标准的田径场一般由外场、中场及内场三部分组成。外场：径赛跑道外侧余地所占有的空间。一个大型田径运动场地在此部分要修建看台或其他有关设施，它的大小是根据空地面积与设计要求来决定的。例如，一个仅供教学和训练的田径场外场仅占几米，而标准田径场四周要留有几十米的空间。中场：径赛跑道所占有的空间。一个标准田径场一般要设 8 ～ 10 条分道，每条分道宽 1.22 m ± 0.01 m。内场：供田赛或球类比赛使用的部分。一个标准的田径场内场，要修建一个标准的足球场。

对于田径场地的形状，田径规则并未提出明确的要求，但对跑道的周长有规定。目前通用的比赛场地是周长为 400 m 的半圆式场地。

二、半圆式 400 m 田径场

标准半圆式 400 m 田径场的跑道是由两个半圆（弯道）和两个直段组成的（图 5-2-1）。现将半圆式田径场地有关名词说明如下。

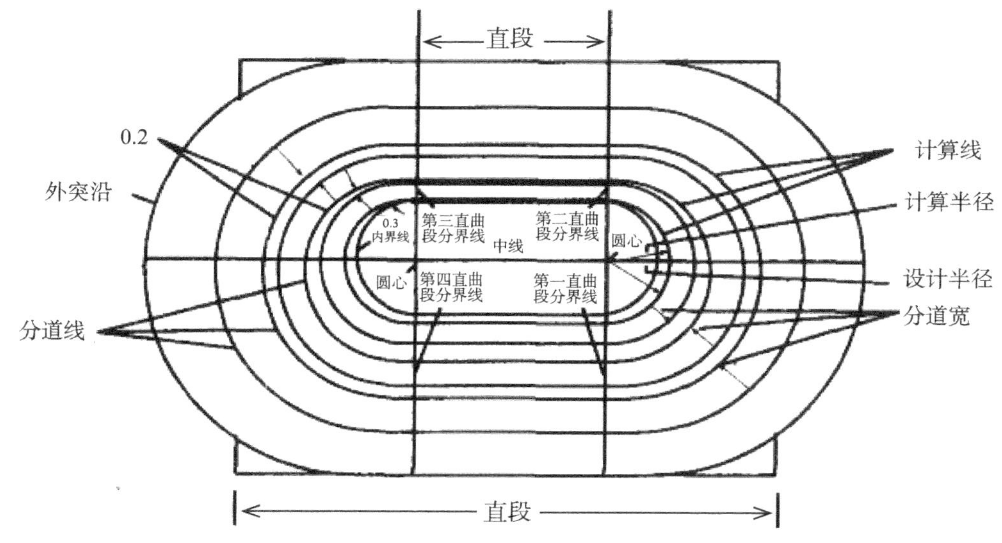

图 5-2-1　标准半圆式田径场地

（一）总轴线

总轴线也称中线，它把场地等分为东、西两部分，在绘图和修建场地时必须以这条线为基线。

（二）圆心

圆心在总轴线上，南北两端的弯道各有一个圆心，它是弯道内、外突沿和各条分道的圆心。

（三）内突沿与外突沿

内突沿与外突沿是跑道的内边与外边。田径规则规定内空沿、外突沿的宽度均为 5 cm，它们的宽度都不计入跑道的宽度之内。

（四）直曲段分界线

直曲段分界线把跑道的直段与曲段（弯道）分开，与场地的总轴线垂直，相交于圆心。通常把终点线处的直曲段分界线称为第一直曲段分界线，或称第一分界线；其余的直曲段分界线，按逆时针方向排列，依次为第二、第三和第四直曲段分界线。这条分界线作为测量跑道的基准线，应在跑道上用明显的标记标出它们的位置。通常把第一直曲段分界线前面的弯道称为第一弯道，将第三直曲段分界线前面的弯道称为第二弯道。

（五）直段、直道

直段是第一、第二弯道之间的跑道。直道是直段和直段两端延长部分的总称。

（六）跑道宽、分道宽

跑道宽是指内突沿与外突沿之间的宽度，也称为跑道总宽。分道宽是指各条分道的宽度。

（七）分道线

分道线宽 5 cm，分别把跑道分为各条分道。分道线计算在内侧跑道的宽度之内，如第一、二道的分道线宽度包括在第一分道宽度内。

（八）计算线

计算线只供计算跑道周长之用，故称计算线，画场地时不需画出计算线。田径竞赛规则规定，第一条分道的计算线距跑道内突沿的外沿 0.30 m，第二至第八道的计算线距内侧分道线外沿 0.20 m。赛跑时，运动员一般在这条未画出的线上跑，所以计算线也称为实跑线。

第三节 田赛场地

一、田赛场地的布局

田赛场地的布局指在田径场跑道以外的空地上，合理安排跳跃和投掷的场地。安排时要注意以下四点：第一，要合理地利用田径场上的空地，安排好田赛项目的场地。第二，要保证田赛每个项目都有一定数量的场地，便于教学、训练和比赛使用。不同水平的运动员对场地的要求是不同的，水平高的运动员，要求跳跃的助跑道长些，投掷落地区长些。一般学校使用的场地，要考虑其他使用要求。第三，要尽量减少田赛与竞赛项目，以及田赛项目之间的互相干扰。第四，安排投掷场地时，要特别注意确保使用的安全。

二、各个田赛项目的场地

（一）推铅球场地

铅球投掷圈内沿直径为 2.125 m，铁圈厚 6 mm、高 7.6 cm；铁圈埋入地下，使其顶端与圈外地面齐平，圈内地面比圈外地面低 2 cm，允许公差为 ±0.6 cm。圈内地面用混凝土或类似的坚硬物质垫平，而且要防滑。投掷圈外两侧的延长线：从圈外的两侧向外画一条宽 5 cm、长 75 cm 的白线，它的后沿应通过圆心，并与落地区的中轴线垂直。抵趾板用木料制成弧形，固定在地上，内沿与投掷圈的内沿吻合。抵趾板宽 11.2 ～ 11.6 cm，高 9.8 ～ 10.2 cm（此高度是从投掷圈内的地面算起的），内沿长 1.22 m。铅球落地区为 40° 角，在落地区的适当距离每隔 1 ～ 2 m 画出远度线。落地区两侧的白线宽 5 cm，线宽不计算在 40° 角之内。

（二）掷链球场地

掷链球场地与推铅球场地相同，但不安装抵趾板。为了使用安全，应在投掷圈周围安装护笼。

（三）掷铁饼场地

铁饼投掷圈内沿的直径为 2.50 m，不设抵趾板，其他规格要求同推铅球场地。掷铁饼、掷链球和推铅球三个项目的落地区均为 40° 角。投掷落地区的画法，可采用正切量法或弦量法。

（四）掷标枪场地

掷标枪的助跑道宽 4 m，起掷弧的半径是 8 m。分别以起掷弧的两端为圆心，半径为 8 m，向后在助跑道的中间画弧相交于一点，此点即起掷弧的圆心。把起掷弧的圆心与起掷弧两端连接并向外延长，即构成标枪落地区，落地区的角度约为 29° 。起掷弧线宽 7 cm，从起掷弧两端向外各画长 1.50 m、宽 7 cm 的直线。

（五）跳远、三级跳远场地

田径竞赛规则规定，跳远、三级跳远沙坑至少宽 2.75 m，跳远沙坑远端至起跳线距离至少 10 m，一般沙坑长 6 ～ 9 m，坑宽 2.75 ～ 4.00 m。坑内沙面与起跳板表面在一个水平面上。

起跳板用木料制成，长 1.21 ～ 1.22 m，宽 19.8 ～ 20.2 cm，厚不超过 10 cm，埋入地下。起跳前沿至沙坑近端距离：跳远 2 ～ 4 m；三级跳远 9 ～ 13 m。跳远、三级跳远助跑道长至少 40 m。

（六）跳高场地

田径赛规则规定，跳高用的沙坑或海绵包至少长 5 m、宽 3 m。

（七）撑竿跳高场地

撑竿跳高助跑道宽至少 1.22 m，长至少 40 m、不短于 45 m。撑竿插斗用木料、金属或其他坚硬料制成，底部斜面长 1 m，后端宽 60 cm，前端宽 15 cm，最深处为 20 cm，前壁与底面成 105° 角，左右壁与底面成 120° 角。木质插斗的底面，应从后端开始在 80 cm 一段距离内铺设铁皮。

撑竿跳高用的海绵包沙坑至少长 5 m、宽 5 m。若使用沙坑，则沙面应高出地面。运动员的技术水平越高，沙面高出地面越多。

第四节　半圆式田径场地的计算与丈量

一、半圆式田径场地的计算

半圆式田径场第一条跑道周长为 400 m，半径为 36 m；一个直段长 85.96 m，两个直段长 171.92 m；一个弯道长 114.04 m，两个弯道长 228.08 m；周围的分道一般应有 6 ～ 8 m，宽 1.22 m 或 1.25 m。

国际上，半圆式 400 m 田径场的半径有不同的设计方案，除 36 m 半径的设计方案外，还有 36.5 m、37.898 m 等的设计方案，这些都是国际田径竞赛规则所允许的场地。

设计田径场，首先要丈量地面的长度和宽度，然后才能确定设计哪一类场地。一个半圆式 400 m 田径场的总长度、宽度计算方式如下

纵轴总长 =2 ×（跑道宽 + 半径）+ 直段长

=2 ×（8 × 1.22+36）+85.96

=177.48（m）

横轴总宽 =2 ×（跑道宽 + 半径）

=2 ×（8 × 1.22+36）

=91.52（m）

因此，一个 400 m 半圆式田径场地的长度不短于 177.48 m，宽度不少于 91.52 m。此外，还要在田径场周围留有余地。如果在直道外侧设计跳远和撑竿跳高场地，还需要有更宽的余地。设计场地时还要考虑一场多用，通常在田径场中央设计一个足球场。

二、半圆式田径场地的绘图

半圆式田径场地的绘图步骤如图 5-4-1 所示，确定场地的纵轴线（中线）*AB*；在纵轴线上确定场地的中心点 *O*；自中心点沿纵轴往南、北各量 42.98 m 为 O_1 与 O_2 点，即南北弯道的圆心；通过 O_1 与 O_2 作纵轴 *AB* 的垂直线 *CD* 与 *EF*；分别以 O_1 与 O_2 为圆心，36 米为半径作半圆与 *CD* 与 *EF* 线相接，构成南、北弯道内沿。如图 5-4-2 所示，连接 *CF* 与 *DE* 形成直跑道内沿；画跑道外沿，分别以 O_1 与 O_2 为圆心与 C_1D_1 与 E_1F_1 相接构成外沿；延长直段，从直段的两端分别延长 30 米，构成至少 140 米的直道；画场地平面图。

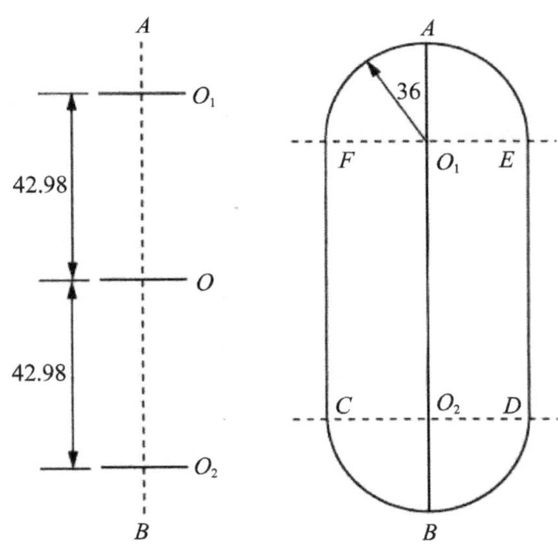

图 5-4-1　半圆式田径场地的绘图（单位：m）

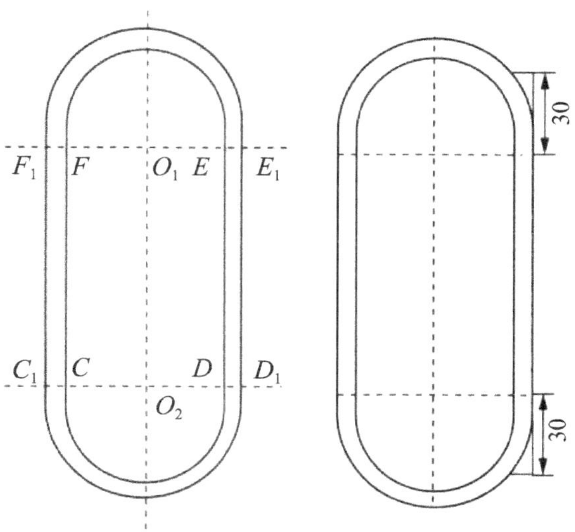

图 5-4-2　场地平面图（单位：m）

三、半圆式田径场地的画法和丈量

（一）分道线的画法

画分道线一般以跑道内突沿外沿作基准线（无内突沿则以标志线外沿为准），分道宽 1.22 m，分道线宽 5 cm，画成白线，分道线宽包括在左侧分道宽内。

画直段分道线时，在直曲段分界线上，以内突沿（或标志线）外沿为基准线，由里向外每隔 1.22 m 画一个标记，然后用拉直的铁丝或丈量绳子连接对应的两个标记点，在绳子靠近内突沿的一侧画出 5 cm 的白线。

画弯道分道线时，一般用自制的钉耙（两钉子之间距离 1.22 m）先引画出痕迹，然后沿着痕迹在内侧画出 5 cm 宽的白线，也可以用画线器直接画出。在使用画线器（或钉耙）时，一定要掌握好画线器（或钉耙），其横梁一定要与弯道半径保持一条直线，在直段上与直段内突沿保持垂直。特别注意上、下弯道的分道线与直段分道线连接要圆顺。

（二）直道起跑线与终点区的画法

以半径 36.5 m 场地为例，100 m 跑、100 m 栏、110 m 栏的起点线分别在第四直曲段分界线后 15.61 m 与 25.61 m（或以终点线后沿为基准向后丈量 100 m、110 m）处。起跑线宽 5 cm，包括在 100 m 或 110 m 跑程距离内，与终点线平行，并与内外突沿垂直。

终点线与终点区的画法：为了有利于竞赛和裁判工作，径赛跑道上的终点一般应固定不变，终点线在第一直曲段分界线上，其后沿与第一分界线重合。终点线不包括在各项跑程距离之内。

为便于裁判工作和摄影图像分析，在终点线后每隔 1 m 画一条与终点线平行的线段，共五条，与内外突沿相交。线段两端外 0.30 m 处分别插上五个距离牌，并从终点向起点方向按顺序在牌上标明 1、2、3、4、5 字样，这些数字表示运动员到达终点所剩距离。终点线后 1 m 和 12 ～ 30 m 范围内，各分道从里向外标明道次，前者为直线，后者为斜线（仅限于普通场地使用，不包括塑胶场地），字头分别朝向终点和计时裁判员，为终点和计时裁判员提供方便。

（三）起跑线在弯道部分、接力区前后沿及预跑线的画法

400 m 半圆式田径场上，径赛在弯道上分道跑的项目，起跑位置分别在第一、三分界线前面各自的分道上（第一道起跑线与第一、三分界线重合，起跑线后沿必须在弯道半径的延长线上）。各分道起跑线的位置是各项目的前伸数或前伸数加上切入差，一般可采用正弦量法或放射式量法，现多采用放射式量法，其他规格与要求和直道起跑线相同。

接力区的画法：规则规定，接力区的长度为 20 m，在中心线前后各 10 m，接力区的开始和结束均从接力区分界线的后沿算起。跑道上应画 5 厘米宽的白色横线，以示各棒距离及其起始线。各棒起点线前后 10 m 处各画 5 cm 宽的黄线，以标明接力区，各接力区、各分道运动员向跑进方向跑进时，先接触到的线称该接力区的后沿，后接触到的线称该接力区的前沿，后沿后的虚线称预跑线。4 × 100 m 和 4 × 200 m 接力，第二、三、四棒在每个接力区后沿后 10 m 处画一条 5 cm 宽的预跑线（此线为虚线），线宽包括在 10 m 距离内。在弯道上各线段的后沿必须在弯道半径的延长线上，在直道上要与内外突沿垂直，接力区各线段均可采用放射式量法找到相应的位置。

（四）抢道标志线的画法

800 m、4 × 200 m、4 × 400 m 接力跑属于部分分道跑竞赛项目，在跑完规定距离后要进行抢道。抢道标志线的画法是以第三分界线内突沿外 0.30 m 处为圆心，以直段长 85.96 m、84.39 m 或 80 m 为半径，在第二分界线前画弧相交于内外突沿。此弧线即抢道标志线，线宽 5 cm 包括在半径之内。

2 000 m 跑和 10 000 m 跑，二组运动员抢道标志线同 800 m 抢道标志线；1 000 m 跑、3 000 m 跑、5 000 m 跑，二组运动员的抢道标志线在第四分界线前，画法同 800 m 抢道标志线。

（五）不分道起跑线的画法

对于不分道的径赛项目，起跑线应为弧线，从而使所有运动员到达终点所跑的距离相同。规则规定，对于 1 000 m、2 000 m、3 000 m、5 000 m、10 000 m 的比赛，如运动员超过 12 人，可将他们分为两组同时起跑。大约 65% 的运动员为第一组，在常规起跑线上起跑，其余运动员为第二组，在另一条画在外侧一半跑道上的弧形起跑线上起跑。第二组运动员在外侧一半跑道上应跑完一个弯道，经抢道标志线后进入里道同使用常规起跑线（一组）的运动员一起跑进。

1. 常规不分道起跑线的画法

不分道项目，起跑在弯道时，利用内突沿外沿上的基准点，采取放射式量法比较方便、准确。它的方法是：找到基准点，按距各分道的不同斜线长度，放射到各分道线外沿上，并与其相交，再将各分道线外沿上的交点弧形连接。这样连接的弧线就是常规（一组）不分道跑项目的起跑线。

2. 二组运动员起跑弧线的丈量和画法

①确定二组运动员起跑后一个弯道的主跑道。如果有八条跑道，第五道为主跑道，运动员起跑后沿第五道左侧分道线跑进。

②起跑线。如果有八条跑道，应为第五道 800 m 起跑线与该道左侧分道线外沿的交点。

3. 画线注意事项

①起跑线宽 5 cm，包括在跑程之内。起跑线后沿后 3 m 处画一条与起跑线平行的弧形（虚线），此线称集合线。

②二组运动员的主跑道（第五道）至抢道线处在 4—5 道的分道线上放置 5 cm × 5 cm 规格的标记，如锥形标志物或小旗等。

（六）弧形起跑线在直道上的画法

在标准田径场上举行 1 500 m 跑和 3 000 m 障碍跑时画的起跑线，就属于这种情况。这种起跑线的画法，以 1 500 m 跑为例，在第三直曲段分界线上，在内突沿外沿向外量 0.30 m，以此点为圆心，向第二直曲段分界线方向丈量 100 m 为半径，画弧线。此弧线为跑道内突沿的延长线，和外突沿相交，就是 1 500 m 跑起跑线的后沿。用灰浆描出 0.05 m 宽的线，再在此弧线后 3 m 处用虚线画一条平行线，此线即 1 500 m 起跑线的集合线。

（七）各种栏位线的确定

栏架的位置虽可不画线，但事先在各分道线外侧应有精确标记。直道栏架位置的标志可在内、外突沿上（这些标记可用 100 m 钢尺丈量）。400 m 栏架位置采用放射式量法确定。布置栏架时，要求栏架在本分道内与地面垂直，直道栏架上栏板的后沿要与内、外突沿垂直，弯道上栏板后沿要与弯道半径延长线重合。

（八）少年组 300 m 跑、300 m 栏起跑线的确定

从 400 m 栏第三栏位向后丈量 15 m，便是 300 m 跑和 300 m 栏的起跑线，即 4 × 100 m 接力第一接力区的中线处。

（九）障碍赛跑起点及障碍栏位的确定

1.3 000 m 障碍

田径竞赛规则规定，3 000 m 障碍赛跑必须越过 28 次栏架和 7 次水池。为此，其起点位置和栏位如下。

①半径 36 m，周长 390 m，水池在内场，栏间距离为 78 m。起点位于第三直曲段分界线后 70 m 处。第一栏位于第一直曲段分界线前 10 m，第二栏位于第二直曲段分界线后 26.04 m，第三栏位于第三直曲段分界线后 34 m，第四栏及水池位于第二弯道中线后 8.02 m，第五栏位于第四直曲段分界线前 17.96 m。

②半径 36.5 m，周长 396.084 m，水池在内场，栏间距离为 79 m。起点位于第三直曲段分界线后 27.412 m 处。第一栏位于第一直曲段分界线前 22.647 m，第二栏位于第二直曲段分界线后 13.963 m，第三栏位于第三直曲段分界线后 19.353 m，第四栏及水池位于第二弯道中线前 3.80 m，第五栏位于第四直曲段分界线前 26.953 m。

③半径 37.898 m，周长 421 m，水池在外场，栏间距离为 84.20 m。起点位于第一直

曲段分界线后 53 m 处。第一栏位于第一直曲段分界线前 20.20 m，第二栏位于第二直曲段分界线后 15.60 m，第三栏位于第三直曲段分界线后 11.40 m，第四栏及水池位于第二弯道中线前 2.30 m，第五栏位于第四直曲段分界线前 16 m。

2.2 000 m 障碍

田径竞赛规则规定，2 000 m 障碍赛跑必须越过 18 次栏架和 5 次水池。为此，其起点位置和第一栏位置（其他栏位、栏距同 3 000 m 障碍）如下。

①半径 36 m，周长 390 m，水池设在内场，栏距 78 m。起点位于第一直曲段分界线后 50 m 处，起跑后跑至 216 m 处（3 000 m 障碍第三栏），跨越第一个障碍栏架。

②半径 36.5 m，周长 396.084 m，水池设在内场，栏距 79 m。起点位于第一直曲段分界线后 19.58 m 处，起跑后跑至 200.227 m 处（3 000 m 障碍第三栏），跨越第一个障碍栏架。

③半径 37.898 m，周长 421 m，水池设在外场，栏距 84.20 m。起点位于第二直曲段分界线后 15 m 处，起跑后跑至 83.60 m 处（3 000 m 障碍第三栏），跨越第一个障碍栏架。

（十）田赛场地丈量

本部分仅介绍掷铅球、链球、铁饼场地 34.92° 角的扇形落地区的丈量方法，可用下列方法精确设置 34.92° 角的扇形落地区。

1. 正切量法

正切量法（图 5-4-3）的操作步骤如下。

①先确定投掷方向 *OF*，然后在直径 2.135 m 或 2.50 m 的投掷圈内先画一条垂直于 *OF* 的直线，两端交于 *A* 点与 *B* 点，并通过圆心 *O* 点。

②在投掷方向 *OF* 上截取 19.078 米之长 *OE*，然后从 *E* 点向两侧作垂线，取 *CD* 之长，使 *CE*=*DE*=6 m，*CD*=12 m。

③连接 *OC* 与 *OD*（*OC* 与 *OD* 的边长均等于 20 m）并向前延长，则 ∠*COD* 即 34.92° 角的扇形落地区。

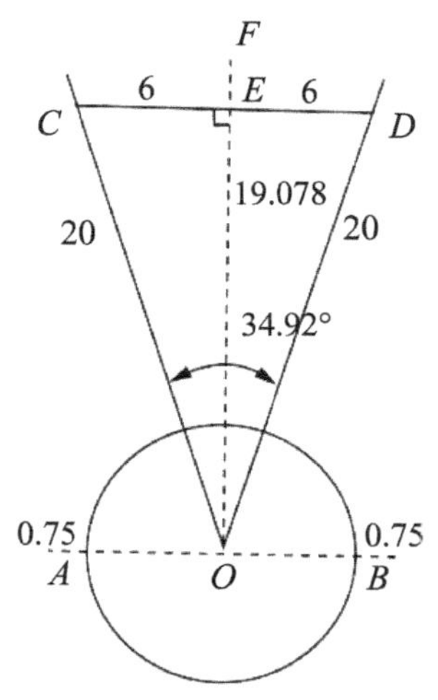

图 5-4-3 正切量法（单位：m）

2. 弦量法

如图 5-4-4 所示，即用正弦定理或余弦定理计算圆心角所对弧段的弦长。其计算方法见跑道正弦、余弦的计算方法。测画时，从 A 点向前量 0.75 m 的弦长至 B 点，连接 OA 与 OB，根据所需场地的距离，延长落地区标志线，则∠ AOB 即 34.92° 角的扇形落地区。

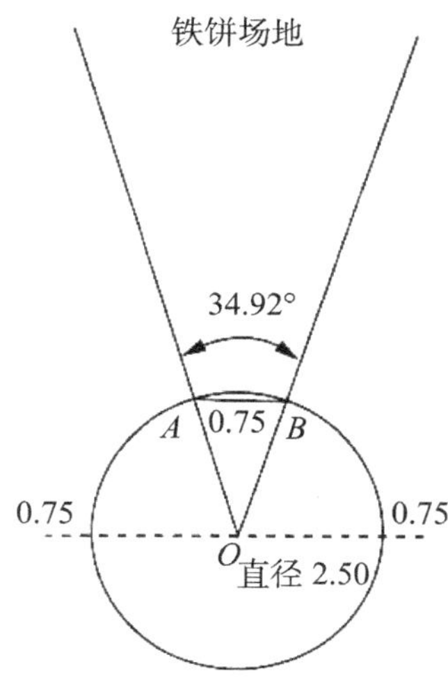

图 5-4-4　弦量法（单位：m）

第五节　田径场地的管理与保养

一、田径场地的修建

修建田径场涉及许多问题，如工程技术、建筑材料等问题。这里只作建造一般煤渣跑道的基本知识介绍。修建田径场地，首先要进行测绘工作，以保证修建后场地地面的倾斜度符合竞赛规则的规定，也要保证地面的排水。这部分工作应由测绘工作者来做。修建场地前，须先修好供水系统和排水系统。修建场地前，要准备好所需的材料。跑道表层材料要通过实验来确定。例如，修建煤渣跑道时，煤渣比较松散，渗水性虽好，但黏性差。因此，通常要加入黏土、石灰等物，以提高跑道的硬度。但是这些材料配制的比例必须通过实验确定。备料时，堆放材料的地点，要便于配料和使用。

修建田径场地时，首先要画出田径场地的轮廓。画轮廓时，要把两个圆心和直曲段分界线做好永久性的标记。跑道的内、外突沿要用木桩标出来，并标出各点的水平标高。画好场地轮廓后，再进行开槽工作。槽的深度根据跑道的厚度而定，宽度比场地轮廓稍大，以便调整跑道内、外突沿的准确度。

修建跑道时，先压好跑道的基础层，然后安装跑道的内、外突沿。内、外突沿要安装准确，因为它影响跑程的精确度。跑道突沿固定好之后才能铺设跑道。跑道通常分三层，底下一层叫基础层，第二层叫弹性层，最上一层为表层。基础层用的材料体积最大，通常为

3 ～ 4 cm^3，弹性层用的材料不大于 1 cm^3。煤渣及白灰、黄土等黏性材料的体积还要小些。对这几层材料的要求是：基础层要牢固，弹性层要弹性好，表层要硬度适宜。压跑道的压路机或碾子，一般重 1 ～ 3 t。新建的跑道一般较松软，使用效果较差，比赛前需要适当用机器滚压。

修建场地时必须修建排水系统，以便下雨时地面上的雨水能迅速渗入导水沟中，然后通过总排水沟排出场外。导水沟上宽下窄，下部填碎石，上铺煤渣，以防地面的泥沙渗入碎石层中，影响排水效果，最上面铺黑土，在雨水较多的地区可用跑道表层材料铺设。

二、田径场地的管理和保养

为保证田径场地的质量，延长其使用寿命，确保教学、训练工作的顺利进行，须制定田径场地使用规则。例如，对怎样使用场地、各个项目进行的地点和使用后整理场地等工作，都应有明确的规定。这些规定不仅要使有关人员知道，而且要采取有效措施，经常检查规定的执行情况。场地使用的有关规定，最好用木牌或铁牌子在适宜地点公布。

另外，还要经常进行场地的保养和维修。首先，要经常保养和维修。每次比赛前要修整场地、平整跑道、喷水、压实等，而且每次训练或比赛之后要整理和保养场地。其次，要进行季节性的保养和维修。一般在冬季前和雨季前，要对场地采取保护性措施。例如，入冬前采取措施保护 3 000 m 障碍的水池，雨季前要疏通下水道、排水沟等，冬季或雨季过后，要平整跑道、清除杂草、填满沙坑里的沙子等，必要时还要补充一些材料。最后，要翻修场地。场地使用一定年限后，表层会受风雨的影响，要及时翻修。如何翻修视场地的损耗程度而定。一般翻修是把表层翻起，把土块打碎，过筛，再加入适当材料，然后压实。

教学与训练篇

第六章　走跑类项目的教学与训练

在田径运动的走跑类项目中，短跑项目出现在公元前776年的第1届古代奥林匹克运动会上。马拉松比赛是为了纪念雅典战士菲迪皮茨而设置的。现代长跑的发源地是英国，18世纪时，英国已有一些职业赛跑选手进行长跑比赛。跨栏跑项目也源于英国。本章分别介绍了竞走、短跑、接力跑、跨栏跑、中长跑、障碍跑、马拉松跑等田径运动的发展起源和技术教学。

第一节　竞走

一、竞走的发展概况

走是人类活动的基本技能，竞走是在普通走的基础上发展起来的田径运动项目，是一项便于开展的运动项目。竞走起源于英国，19世纪初，英国人在工作之余，节假日结伴到郊外游玩，逐渐形成了快走比赛。1867年，英国就已经举办了竞走锦标赛。后来，竞走在欧洲广泛传播开展起来，并且很快传播到北美洲、大洋洲的许多国家。当时，对竞走的技术没有严格的要求，比赛项目也不固定。

1908年的第4届奥运会，男子竞走被正式列为奥运会比赛项目，并且分为3 500 m和10英里（约16.1 km）两种赛程。1912年，第5届奥运会设立男子10 km竞走比赛。1932年，第10届奥运会首次设立男子50 km竞走比赛，1956年第16届奥运会首次设立男子20 km竞走比赛。

1976年以后，竞走在世界各地广泛开展起来。1980年，国际田联正式将女子竞走列为世界性比赛项目。1992年，第25届奥运会首次设立女子10 km竞走比赛，我国运动员陈跃玲获该项目冠军，并成为我国运动员在奥运会历史上获得的第一枚田径项目金牌。2000年，第27届奥运会首次设立女子20 km竞走比赛，我国运动员王丽萍获该项目冠军。

20世纪初竞走训练是在赛前2～4周开始，按比赛的距离进行练习。后来发展到在赛前5～6个月开始训练，用不同的距离和不同的走速进行训练。20世纪30年代的竞走训练是从赛前8～10个月开始，其训练内容除竞走外，还有各种跑、滑雪和游戏等。20世纪50年代开始全年训练，在全面身体训练过程中，采用间歇训练法和重复训练法，并增加了训练量。20世纪60年代开始，强调在一定训练强度下的变速走，增加了年走量，重视竞走运动员的选材、训练后的恢复。从20世纪80年代开始，强调训练的强度，更加注意竞走运动员的选材、恢复，并广泛地采用了高原训练方法。1908年，竞走首次进入奥运会，当时的距离是 3 500 m 和 10 英里，此后几届奥运会距离有所不同，有过 3 km、10 km 等，从 1956 年奥运会起定为 20 km（1956 年列入）、50 km（1932 年列入）。女子竞走于 1992 年才被列入奥运会，距离为 10 km。2000 年，奥运会设立 20 km 竞走比赛。这里值得一提的是我国女子田径队竞走运动员刘虹。2005 年，刘虹进入国家田径队。2006 年，刘虹在多哈亚运会上获得田径女子 20 km 竞走冠军。2008 年，刘虹在北京奥运会上获得田径女子 20 km 竞走第四名。2010 年，刘虹在广州亚运会上获得田径女子 20 km 竞走冠军。2012 年，刘虹在伦敦奥运会上获得田径女子 20 km 竞走第三名。2015 年，刘虹在国际田联竞走挑战赛拉科鲁尼亚站以 1 h 24 min 38 s 打破了世界纪录。2019 年 3 月 9 日，中国全国竞走大奖赛暨世锦赛 50 km 选拔赛上，刘虹以 3 h 59 min 15 s 的成绩打破该项目世界纪录，并且在同年 9 月 30 日夺得多哈田径世锦赛女子 20 km 竞走冠军。

田径竞赛规则对竞走的定义是："竞走是运动员与地保持接触、连续向前迈步的过程，没有（人眼）可见的腾空。前腿从触地瞬间至垂直部位应该伸直（即膝关节不得弯曲）。"运动员在竞走比赛过程中，其技术动作必须符合上述规则中的两条规定，否则会受到裁判员的警告乃至严重警告（给予红卡）。对于严重犯规的运动员，裁判员可在事先没有对运动员进行警告的情况下直接给予严重警告（给予红卡）。这应引起运动员和教练员的高度注意。

上述定义是 1996 年国际田联修改制定的新的竞走定义。与此前的竞走定义相比，新定义有两点变化：其一，强调了没有人眼可见的腾空（如果借助仪器观察，事实上存在人眼观察不到的腾空）；其二，向前迈出的腿的膝关节伸直的范围，由过去的支撑腿在垂直部位时膝关节至少有一瞬间必须是伸直的，改为现在的从触地瞬间至垂直部位膝关节应该伸直。规则对支撑腿膝关节伸直范围的要求扩大了，对竞走运动员提出了更高的技术要求。

二、竞走运动的发展趋势

（一）技术发展趋势

竞走的速度比普通走路快，主要是竞走时的步幅较大、步频也比较快的缘故。竞走技术训练主要是在不违反规则规定的前提下，如何合理地增大步幅、加快步频。

在竞走比赛过程中，向前迈步时，髋关节冠状轴绕支撑腿髋关节垂直轴的转动明显加快，以便增大步幅。脚着地后的前支撑阶段，髋关节冠状轴适度绕支撑腿髋关节矢状轴转动，以保证支撑腿膝关节伸直。田径竞赛规则对竞走技术的专门规定，使竞走的动作外形与普通走有较大的区别，更具观赏性。

在田径运动中，只有少数几个项目是在田径场外面进行比赛的，竞走是其中之一。由于是在外场比赛，比赛路线相对比较开放，观众可以近距离观赏，并为运动员加油助威。另外，在田径运动中，竞走是可单独组织世界性比赛的项目之一，这大大提高了竞走的影响范围和知名度，使更多的普通人通过观看竞走比赛了解竞走，也吸引了更多的普通人采用竞走或采用普通走、竞走和跑步相结合的方式进行身体锻炼，形成了观看、了解、参与的特殊文化现象。

竞走比赛项目的距离比较长，持续的时间也比较长，能量消耗大，训练和比赛过程是非常艰苦的。运动员长时间重复着一个同样的动作，显得很枯燥。通过竞走训练和比赛可以培养运动员吃苦耐劳、坚韧不拔、顽强拼搏的良好品质。观众在观看竞走比赛的过程中，同样可以受到上述良好品质的教育。

竞走比赛的胜负取决于谁能在最短的时间内走完规定的距离，这种竞技又是在若干个裁判员的监督下，按照竞走定义的规定进行的。违反了规定的运动员，就会受到裁判的警告，乃至被取消继续比赛的资格。这一过程，运动员和观众都能亲身感受到。因此，运动员在训练和比赛中，都应遵守规定。无论是进行竞走训练和比赛，还是观看竞走比赛，都能使运动员和观众受到遵纪守法、公平竞争的教育。

（二）训练理论的发展趋势

现代训练理论最突出的特点之一是竞走项目比赛的特殊性和专项化。为了促进现代竞走项目的发展，把高科技运用到训练中是必不可缺的。由于竞走属于高速度的耐力性项目，在任何距离的比赛中，最终是看谁用时最少、最先走完规定的距离，因此，训练过程中提高运动员在高强度下符合技术要求连续快走的能力是核心所在。竞走要求运动员不仅有强大的耐力基础，还要有绝对的速度。现代竞走比赛的特点是：你领先我跟走，你加速我能跟，你加不起速度我就领先走，我加速你能跟，我再加速你跟不上，就赢你。这就告诉教练员：你的运动员要想取胜必须具备连续跟走能力、领先能力和长时间加速再加速的能力。在制订训练计划时势必要更加严谨，更加细致，科学含量要更高。所以，大胆创新，尊重科学，寻求新的训练结构和训练思路，改进训练方法，才能不断提高运动技术水平。

国内外 20 km 竞走比赛情况告诉我们，从运动员生理、生化的指标变化看，比赛的前半程是靠有氧代谢完成的，后半程是在无氧代谢逐渐增加的基础上完成的。这就说明竞走项目的训练，要在发展耐力的基础上，利用无氧阈值的理论与方法，大力发展有氧耐力，提高无氧代谢和混合代谢的能力，确保运动员在疲劳情况下能充分调动身体机能，保证技术的发挥，这是顺利完成比赛的关键所在。

（三）竞走训练的发展趋势

在众多竞走项目中，男子 20 km 竞走成绩水平最高。之所以如此，是因为与其他竞走项目相比，这一项目运动员的专项训练水平最高，表现在全部训练总量中专项负荷所占的比重最大，对技术训练的要求也最高。

对男子 50 km 竞走这一项目中运动员的训练负荷进行分析可以得出这样的结论：一些优秀运动员的训练总量中，用于提高机能训练水平的非专项训练手段（如跑步）目前所占的比重较大。这证明，其专项训练水平还大大落后于争取最高成绩的要求。也就是说，这一项目还有相当大的发展潜力。

女子 20 km 竞走与前两个项目相比，是一个新兴的项目，也是目前得到迅速发展的项目，因此，可以预料，这一项目的整体水平以及优秀选手的成绩水平在近期内有可能提高。

当今的运动训练出现了两个引人注目的发展趋势：首先，训练负荷正从大运动量向大强度方向转化，负荷量逐步下降，强度逐步增加；其次，大运动量和大强度相结合，两者同时变化，同时达到最大值。这一新的训练观念和方法，同样可以在高水平竞走运动员的训练中使用。

为强化训练过程和大幅度提高机能训练水平，可以将各种辅助训练手段的负荷量调到最大数值。这些辅助训练手段包括：海拔 2 500 m 以下的高原训练、海拔 2 500 m 以上的高原训练、应用各种辅助器械的训练、增大难度的训练。这些辅助训练手段具有特殊的作用，只有应用这些辅助训练手段，才能强化长时间快节奏竞走运动员的基础训练的过程，使之达到与提高机能训练水平和专项耐力水平相适应的要求，使心率达到每分钟 180 ～ 190 次以上。在采用最适合运动员的竞走技术的基础上，应用专项训练手段来强化训练过程，使运动员的专项训练提高到必要水平。

增加参加主项以及相邻项目比赛的次数，把比赛作为最有效的专门训练方法。专项训练的主要项目采用接近比赛要求条件下的训练，在训练强度、比赛战术和比赛场地条件的适应程度上都有所提高。注意主要通过应用和不断改进现有的技术训练手段，研制和运用以辅助器械为基础的专项练习手段，应用和改进对技术进行监测控制的仪器和方法，提高技术训练的效果。

应用以辅助系统为基础的模式化训练。通过这些辅助系统的训练，能够进行全面综合性的或者针对性的、严格定量化的模式训练，使身体负荷、心理负荷、技术、战术、比赛场地地形和气候条件达到模式化的要求，同时不断完善训练和比赛之后的恢复制度。

无论现在还是将来，这些趋势都会对进一步提高专项训练水平和竞走成绩起决定性的作用。

三、竞走技术动作与分析

（一）正确理解竞走运动定义

竞走运动是田径诸项目中一种具有特殊技术要求的运动，它的独到之处在于对走的技术结构有严格的限定。技术限定主要有两个方面：一是不允许运动员在走的过程中出现腾空现象；二是要求运动员每走一步支撑腿在垂直瞬间必须完全伸直，不得弯曲。1995 年底，国际田联对竞走运动的定义作了修改，对于上述两个方面的技术要求提出了明确的界定范围。让我们来回顾一下定义和修订后的定义在文字上的区别。

原国际田联田径规则中第 191 条关于竞走的定义：竞走是保持与地面不间断接触地向前跨步走。每步中，在后腿离地之前，前脚必须与地面保持接触。支撑腿在垂直部位时至少有一瞬间必须是伸直的（即膝关节不得弯曲）；修改后的国际田联田径规则中第 191 条关于竞走的定义：竞走是运动员与地面保持接触、连续向前迈进的过程，没有（人眼）可见的腾空。前腿从触地瞬间至垂直部位应该伸直（即膝关节不得弯曲）。

从新旧竞走定义的文字中不难看出有两点比较大的变化：一是裁判员判定运动员是否出现腾空犯规是以肉眼的观察为依据，不能够借助于任何仪器；二是要求运动员每走一步其摆动腿在前脚着地的瞬间必须伸直并且垂直保持到支撑于身体重心投影线时止。上述两点起到了两个作用，一个是给予了裁判员判定运动员腾空的依据，以肉眼观察为准绳；二是规范了摆动腿的运动结构。就是说，摆动腿过渡到支撑腿的动作结构有了严格的界定，必须在前摆腿落地瞬间保持膝关节的完全伸直，直至过渡到身体的垂直面。

腾空的概念和判罚的尺度很清楚，但对于摆动腿的动作结构却一直存在着比较大的争论。依据新的定义，摆动腿的动作应分为两个阶段来完成。第一个阶段是着地的瞬间，即将要着地时腿必须处于膝关节伸直的状态；第二个阶段是着地后直至过渡到重心投影线时均保持伸直。以前是要求一个瞬间伸直即达到标准，现在就必须有一个保持伸直状态的阶段。依此推断，屈腿犯规就存在瞬间屈腿和过渡阶段屈腿两种情况。

（二）竞走的技术分析

竞走的速度比普通走快，主要是因为竞走时的步幅较大，步频也较快。由于竞走比赛各项目的距离都比较长，技术动作又有专门的规定，因此，竞走时的技术应实效、省力，同时又要符合规则的要求。

1. 腿部和骨盆动作

腿部动作是竞走技术的主要环节。竞走在一个单步中，分为单支撑和双支撑两个时期（图 6-1-1）。单支撑阶段的主要任务是加速和准备着地支撑，双支撑阶段是避免腾空所必需的。在走的周期中，就一条腿的动作而言，可分为支撑与摆动两个时期，支撑时期又可分为前支撑（前蹬）与后支撑（后蹬）两个阶段，阶段的划分是以身体垂直部位为分界线的。

图 6-1-1　腿部动作

（1）前支撑（前蹬）阶段

前支撑阶段是从脚着地瞬间开始到支撑腿垂直支撑瞬间为止。向前迈步时，摆动腿的脚跟先着地，膝关节自然伸直，脚掌迅速滚动至全脚掌支撑，着地点距身体重心投影点一般为 35 ～ 40 cm，并靠近人体中线，着地角为 63° ～ 70° 。着地点距身体重心投影点过远，则会加大制动，损耗水平速度；而其过近则会缩短步长并容易产生较大的垂直分力造成腾空。因此，该阶段的动作要柔和，以减小着地时的阻力和加快身体重心前移的速度。在脚着地的瞬间，骨盆沿人体垂直轴的转动达到最大幅度，与此相对应，肩横轴沿骨盆横轴相反方向同样达到最大的转动幅度以维持身体的平衡（图 6-1-2）。

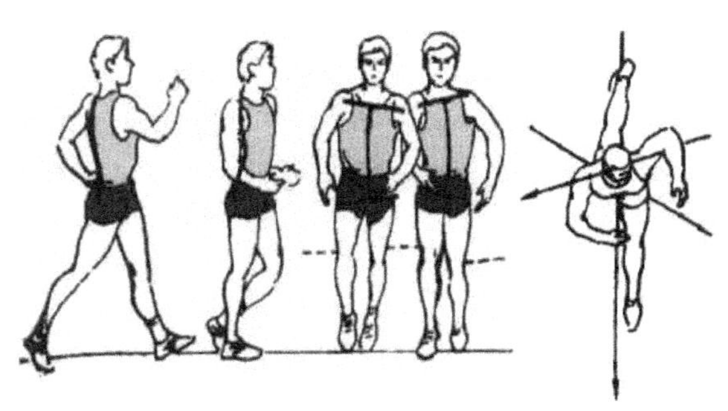

图 6-1-2　竞走时的骨盆动作

（2）后支撑（后蹬）阶段

后支撑阶段是从支撑腿垂直支撑开始到脚趾末节蹬离地面为止。后蹬动作是在身体重心通过垂直面后，随着支撑腿一侧骨盆的向后转动，膝关节、踝关节继续伸展，直到脚趾关节蹬离地面来完成的。此时，骨盆沿垂直轴转动的幅度达到最大值。

（3）摆动阶段

摆动阶段是从脚趾蹬离地面开始到摆动腿着地瞬间为止。脚趾蹬离地面后，下肢伸肌群相对放松，小腿顺蹬地反作用力稍向上提起，使骨盆绕支撑腿一侧髋关节的垂直轴和矢状轴做向前和向下转动，并带动下肢屈膝前摆，摆至垂直部位时，摆动腿一侧骨盆下降到最低点。此时，膝关节角度最小，约为 97°，躯干正直，骨盆与肩横轴处于最小的转动值。摆动腿摆过垂直面后，随着骨盆的转动和大腿的继续前摆，小腿迅速向前摆出，脚掌低而接近地面，脚尖向上勾起，接着脚跟先着地。此时，骨盆与肩横轴再次达到最大转动幅度。

2. 躯干和两臂动作

竞走时躯干姿势的正确与否将会直接影响到骨盆的运动。正确的躯干姿势可避免由于上体过分前倾或后仰而造成的动作紧张，也有助于髓部的前送和加大蹬地的后伸幅度（图 6-1-3）。

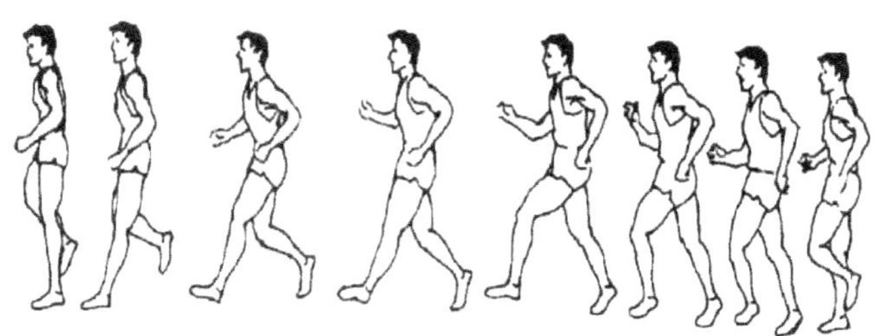

图 6-1-3　躯干和两臂动作

竞走时，躯干正直，两眼平视，颈部放松，躯干动作要与两臂的摆动和两腿的蹬、摆密切配合，两腿蹬、摆幅度大，骨盆沿垂直轴转动的幅度也大，为维持身体平衡，肩横轴也相应地加大与骨盆反方向转动的幅度。因此，躯干在竞走时沿着纵轴转动的幅度是与盆骨和肩横轴的转动幅度密切相关的。

摆臂的任务是维持人体平衡和调节步长、步频。摆臂时半握拳，以肩为轴，两臂屈肘约成 90° 角，上臂带动前臂屈肘前后摆动，肩带要放松。前摆时，肘关节稍向外，一般在摆动中手不能低于腰部或高于肩部。后摆时，肘部稍向外偏，上臂约与肩平。竞走时随着走速的加快或减慢，两臂屈肘的程度也相应发生变化。速度越快，屈肘程度越大。在摆臂时应注意动作的协调放松和节奏感。

在竞走过程中的身体重心移动：当身体垂直时，身体重心处在最高点；双脚支撑时，身体重心所处位置最低，重心轨迹上下起伏。身体重心变化不但与竞走技术有关，而且与速度也有关系。应尽量防止出现重心离开直线轨迹而向左右摇摆的现象。

四、竞走的教学

（一）教学内容分析

1. 竞走的特点和健身价值

（1）竞走的特点

竞走时步幅大、步频快，竞走时步幅达到 100 ～ 120 cm，步频达到 200 步 / min 以上。走的过程中身体重心平稳地向前移动，身体重心上下波动幅度小，一般不超过 5 cm，两臂和肩部活动幅度大。为了增大步幅，骨盆绕支撑腿髋关节垂直轴转动明显，为了使支撑腿膝关节阶段伸直，骨盆绕支撑腿髋关节矢状轴适度转动。技术动作具有良好的经济性和实效性。竞走比赛时间长，能量消耗多，以有氧供能为主，要求运动员具有良好的心血管系统功能和呼吸系统功能。由于比赛时间长，运动员要有顽强的意志品质，能够吃苦耐劳。

竞走比赛时，若干个裁判员会按照田径竞赛规则对竞走的定义，检查运动员走进过程中是否符合规则的规定，谁违反了规则的规定，裁判员就会给予警告，三次警告后就取消其继续比赛的资格。判定运动员是否腾空或在前支撑阶段支撑腿膝关节是否伸直，是以竞走裁判员的眼睛观察为依据。因此，利用人的眼睛识别率的阈值改进运动员的竞走技术，对提高竞走成绩有积极意义。

（2）竞走的健身价值

竞走不仅是一项竞技项目，而且具有良好的健身作用。经常练习竞走能有效地提高耐力素质，增强腿部肌肉力量和髋关节、膝关节及踝关节的灵活性，提高呼吸系统和循环系统的机能，培养吃苦耐劳、坚毅顽强等意志品质。练习竞走不受年龄、性别、季节、场地和设备等条件的限制，是一项容易在群众中开展的健身项目。

2. 决定竞走成绩的主要因素

竞走成绩的优劣，主要取决于竞走时步幅的大小与步频的快慢。加大步幅或加快步频均可以提高竞走的速度。竞走时的步幅为两脚着地点之间的水平距离，它受后蹬距离、着地距离制约。后蹬距离受腿长、后蹬腿伸展程度以及后蹬角度等因素的制约。因此，在合理的后蹬角度下，充分伸展髋、膝、踝关节，有利于增大后蹬距离。着地距离受腿长、着地角度以及骨盆绕支撑腿髋关节垂直轴转动程度等因素的制约。因此，在合理的着地角度下，骨盆绕支撑腿髋关节垂直轴转动程度大，有利于增大着地距离，从而增大步幅。

步频是单位时间内走的步数。步频的快慢取决于完成每一步所用时间的长短，而这一时间又包括单支撑时间和双支撑时间。因此，缩短单支撑时间和双支撑时间，就可以提高步频。

竞走时脚跟着地后迅速滚动到全脚掌，身体重心迅速前移。当身体重心移过支撑点垂直上方时，快速伸展髋关节、踝关节和趾关节。同时，蹬离地面的腿，脚尖离地较近，大、小腿成自然折叠状态，以便缩短下肢摆动过程中的移动路线，节省摆动时间，两臂也协调配合快速摆动，这对缩短单支撑时间有促进作用。前脚脚跟着地的同时，后脚脚尖蹬离地面，缩短双支撑时间。

竞走比赛的距离都比较长，运动员身体活动以有氧供能为主，能量消耗较多。虽然竞走时身体重心轨迹呈上下左右的微波浪形，但上下起伏一般不超过 5 cm，脚的落地点基本上是在一条直线上，身体重心平稳地向前移动，以便减少身体重心移动的路程。由于长时间连续走进，能量消耗多，比赛后程走进的速度会有所下降，但在比赛开始后的大部分时间中，应以匀速走为主，这样比较节省能量，动作结构相对稳定，不容易出现技术犯规现象。

3. 竞走技术教学的重点

（1）骨盆绕支撑腿髋关节垂直轴转动

竞走比普通走快的原因之一是竞走的步幅较大，步幅的增大主要是靠骨盆绕支撑腿髋关节垂直轴转动实现的。在竞走教学中，采取有效的教学方法和手段，加强迈步过程中骨盆绕支撑腿髋关节垂直轴转动的练习。

（2）支撑腿在前支撑阶段膝关节应伸直

为保证支撑腿膝关节在前支撑阶段伸直，脚跟着地时，脚尖上翘。在脚掌滚动、身体重心快速前移的过程中，支撑腿膝关节充分伸展，伸膝动作一直持续到垂直支撑面。此时，支撑腿一侧的髋和膝略高于摆动腿一侧的髋和膝。

4. 竞走技术教学的难点

在竞走技术教学中，教学难点是技术动作的自然、协调和放松。在竞走技术教学开始阶段，学生很容易出现身体紧张、动作不协调现象。因此，走的距离不要太长，走速不要太快，教学过程中要始终强调动作的自然、协调和放松。

（二）教学策略

1. 准备活动

竞走教学过程虽然运动强度不大，但肩、髋、膝和踝各关节的活动幅度较大。多次重复同一个动作，走的时间一长，身体容易紧张。因此，进行竞走练习前，应重点加强肩关节和髋关节不同方向的活动练习，加强膝关节和踝关节的屈伸练习，伸展颈部、肩带、躯干和下肢肌肉群，特别要加强伸展髋关节、膝关节和踝关节的肌肉，这样有利于练习过程中动作的自然和放松，有利于竞走技术的掌握。

2. 技术教学

（1）建立正确的竞走技术概念

通过技术挂图及教师示范和讲解等手段，向学生介绍竞走技术特点、竞赛规则，使学生对正确的竞走技术及特点有一个全面的了解。教师要讲解竞走技术特点，强调竞走的健身价值，激发学生学习竞走的积极性。教师的讲解要简明扼要，抓住关键，同时根据教学的需要做重点动作的示范。

（2）初步学习、体会竞走技术

要求学生直线大步走 60 ～ 100 m，脚跟先着地，着地时膝关节伸直，动作自然放松，步幅开阔；慢速和中速竞走 100 m，从脚跟着地时起至垂直支撑膝关节伸直，前脚掌与脚跟着地时，后脚脚尖离地，不能出现腾空现象，体会蹬地时伸展髋关节和踝关节的动作过程。强调学生以脚跟先着地，经脚掌外侧迅速滚动到全脚掌，着地瞬间伸直膝关节，伸直膝关节要持续到垂直支撑。要求学生后蹬动作结束后，脚尖靠近地面向前摆动，以防止出现腾空现象。

（3）掌握骨盆绕支撑腿髋关节垂直轴转动的动作

两腿左右稍开立，原地踏步走，大幅度向前送髋，体会骨盆绕支撑腿髋关节垂直轴的转动；行进中做前交叉步走，体会骨盆绕支撑腿髋关节垂直轴的转动；慢速和中速竞走100 m左右，步幅要开阔，重点掌握骨盆绕支撑腿髋关节垂直轴转动的方法，同时体会脚跟先着地迅速滚动到全脚掌的动作过程。在练习骨盆绕支撑腿髋关节垂直轴转动时，要求学生主动前移髋部。并且明确该练习的目的是增大步幅。

（4）掌握提高骨盆绕支撑腿髋关节矢状轴转动的动作

两腿左右稍开立，脚掌不离地反复将身体重心由一腿移至另一腿，在此基础上体会脚掌稍离地的上述练习。非支撑腿的髋部下沉，支撑腿膝关节充分伸直，使支撑腿同侧的髋和膝分别高于非支撑腿侧的髋和膝。站在台阶上，一条腿靠近台阶的边沿站立支撑身体，充分伸直膝关节；另一条腿悬空，髋部做上提和下沉动作。慢速和中速竞走100 m左右，重点掌握骨盆绕支撑腿髋关节矢状轴的转动方法，同时体会脚跟着地后迅速滚动到全脚掌的动作过程。在练习骨盆绕支撑腿髋关节矢状轴转动时，要求学生的支撑腿在前支撑阶段膝关节应充分伸直，在垂直支撑时，支撑腿同侧的髋和膝分别高于摆动腿侧的髋和膝。

（5）改进支撑腿在前支撑阶段膝关节伸直的动作

两腿前后开立，前脚脚跟着地，后脚前脚掌着地。随着后腿屈膝前摆，身体重心由两腿之间迅速前移至前腿上。此时，支撑腿膝关节充分伸直，且髋和膝的位置分别高于摆动腿的髋和膝。慢速和中速竞走100～150 m，提高支撑腿从着地至垂直支撑膝关节伸直的动作质量。在改进支撑腿膝关节伸直的动作过程中，强调着地时脚尖上翘，用脚跟先着地；着地时，膝关节伸直至垂直支撑；垂直支撑时，支撑腿髋和膝的位置分别高于摆动腿的髋和膝。

（6）改进摆臂和肩部动作

两腿左右开立比肩稍宽，原地做以肩关节为轴的屈肘摆臂练习。摆臂过程中，两肩适度绕人体垂直轴转动。慢速和中速竞走100～150 m，重点掌握正确的摆臂动作，以及肩关节冠状轴与髋关节冠状轴的扭转动作。在改进摆臂和肩部动作时，可先进行直臂摆动练习，要求前后摆动，身体和肩要放松。屈臂摆动时，摆臂动作幅度大而放松。

（7）提高弯道竞走技术

沿半径为10～15 m的圆圈竞走，或者在田径场弯道上竞走100～120 m。强调弯道竞走时身体姿势的变化，蹬地时脚着地部位的变化，以及向前摆腿、摆臂方向的变化。

五、竞走的训练

（一）竞走的素质训练

竞走运动员要想在比赛中取得优异成绩，应具备良好的技术水平、较高的生理机能水平及全面的素质水平，尤其是要具有全面的身体素质优势。运动训练理论和实践研究表明，人的身体素质水平，对运动能力的发挥起着非常重要的作用。竞走训练和比赛具有运动量大、强度高的特点。因此，加强竞走运动员的全面身体素质训练，是现代竞走运动员训练必不可少的内容之一。

1. 耐力训练

耐力是人体长时间持续工作的能力。从竞走项目特点看，要取得优异的竞走成绩，耐力素质是基础。耐力训练可分为一般耐力训练和专项耐力训练。

（1）一般耐力训练

发展一般耐力通常采用中等强度的练习，采用越野跑、长时间的慢速和中速走或跑、走与跑交替练习、各种球类活动及游泳等内容。在训练周期的各个阶段应不间断地进行耐力训练。通常，在准备期中，一般耐力训练的比重较大。发展一般耐力通常是从增加练习时间和练习量开始。

（2）专项耐力训练

发展专项耐力通常采用比赛强度或略高于比赛强度的强度练习，走的距离短于比赛距离。运用重复练习法和间歇练习法进行训练。现代竞走运动的水平越来越高，因此，必须在坚持一般耐力训练的基础上，不断提高专项耐力训练水平。

2. 力量训练

（1）一般力量训练

竞走的一般力量训练主要是采用既能增加肌肉力量又能增强肌肉的伸展和放松能力的练习，尤其是要发展踝关节、髋关节及腰背部肌肉力量，同时要注意发展下肢及肩带肌肉力量。进行一般力量训练时，负重量不要太大，重复次数可多一些。

（2）专项力量训练

专项力量训练指发展与竞走动作有直接关系的肌肉群的力量，如上坡走或逆风走等加大难度的竞走练习，两腿交换跳或跳绳等适量的跳跃练习，以及负重摆臂练习等。

3. 柔韧性训练

柔韧性训练是竞走运动员不可忽视的训练内容，应经常进行柔韧性训练，尤其是要经常做髋关节和肩关节周围肌肉、韧带的伸展性和关节灵活性练习。在每次进行柔韧性练习时应先进行静力性柔韧练习，然后再进行动力性柔韧练习。

4. 高原训练

竞走比赛是技术性很强的速度耐力项目，以有氧代谢为主。赛前上高原（一般在高原上训练 25 ～ 35 天），通过在高原上氧分压较低的环境中训练，可以提高呼吸系统和循环系统的机能，特别是可以提高血液中血红蛋白含量。这样下高原再进行适应性训练约两周参加比赛，对提高专项运动能力效果显著。

高原训练时，可采用阶梯式增加强度和恒定间歇时间竞走的组合方案，逐渐提高强度；也可采用距离长度逐渐缩短、走速不断提高重复走的组合方案；还可采用中等强度的长距离公路竞走、变速竞走和普通走相交替的训练方案。

5. 心理训练

由于竞走时间长、动作单一，在长期的训练过程中易产生厌烦情绪。因此，在平时训练中可通过各种心理手段进行调节。如对长距离走有畏难情绪时，可采用自我暗示法，把要走的距离分成若干段，逐段完成以消除畏难情绪；也可在长距离走中让队员重点体会竞走的技术进行自我暗示。训练过程中感到枯燥时，还可采用注意力转移法，如追赶同伴、行人或骑自行车的人等。周围没有参照物时，可把注意力转移到呼吸节奏上，还可采用更新环境法进行调节，提高训练效果。

6. 理论学习与战术训练

竞走运动员深入学习竞走规则和竞走裁判法非常重要，也是必需的。充分理解规则，对掌握正确的竞走技术是非常有利的。了解竞走裁判法（裁判员提出警告和严重警告的程序，主裁判取消运动员继续比赛资格的规定）及裁判员的职责范围，对调整自己的走速和战术也是非常有利的。教练员在平时的训练过程中应有目的地组织队员学习竞走规则和裁判法，同时还应向队员讲解竞走训练理论，以达到提高训练效果的目的。

当运动员有了丰富的有关竞走方面的知识，在遇到水平相当的对手时，就能合理运用战术，战胜对手，取得优异成绩。为了减少能量消耗，应按事先制订好的速度分配方案，凭借自己的速度感觉，采用匀速走战术。如果竞技水平高、耐力好，可采用领先走战术。如果运动员速度好，耐力一般或缺乏比赛经验，可采用跟随走战术，力争在最后超过对手。如果训练水平高，为了甩开对手，可采用变速走战术。

战术的运用效果取决于平时的训练，不论采用何种战术，都应从对手、场地、气候及路线等实际情况出发。

7. 恢复训练

竞走运动的训练和比赛的时间长、运动量大、体能消耗大、动作单一，运动员容易疲劳。因此，每次训练后，应充分做好放松和整理活动，采用慢跑、慢走、徒手操、互相按摩等，使身体得以恢复。有条件的也可以采用一些物理放松手段，服用田径规则许可的可以促进恢复、增强体能的各种营养物质。

运动员也要加强自我监督和医学监督。可采用测量脉搏和体重，根据饮食、面色、睡眠、情绪等情况进行自我监督。有条件的还可不定期进行血色素、尿、血乳酸、心电图等检查的医学监督，根据身体状况合理安排训练。

运动员还应有饮食和营养标准，夏季或出汗多时，应适当喝点食盐水及含碱性电解质的饮料，多吃水果、蔬菜和维生素丰富的食物。

（二）竞走的技术训练

由于田径竞赛规则对竞走技术有严格的规定，因此，运动员必须掌握正确、规范的竞走技术，尤其是新手应严格按竞走定义加强技术训练。随着训练水平和运动成绩的提高，运动员应不断改进和完善竞走技术，只有扎实地掌握了竞走技术，才能在高速走中控制好技术，而不被裁判员警告或严重警告，以取得理想的运动成绩。

第一，摆臂练习。两腿左右开立、比肩稍窄；也可前后站立，体重放在前腿上，以肩关节为轴，半握拳，曲肘 90°，前后摆臂。前摆不超过身体中线，高度不超过下颌，后摆时肘稍向外，上臂摆至稍低于肩的位置。也可做原地摆臂与摆腿动作配合的练习。

第二，低姿直摆腿走练习。在竞走技术训练的最初阶段，摆动腿可进行直摆腿练习，目的在于强化脚着地时膝关节伸直，直至垂直支撑阶段。为了达到这一目的，强调摆动腿前摆时脚尖上翘，脚离地要近，迫使膝关节反应性伸直，以足跟先着地。

第三，快速低姿稍屈膝的前摆腿练习。在低姿直摆腿走的基础上，要求腿在向前摆的过程中，膝关节适度弯曲，使其摆动动作轻松、自然，仍强调着地时脚尖上翘，脚跟先着地，以确保着地时膝关节伸直。着地后迅速滚动到全脚掌，重心迅速前移，膝关节保持伸直到垂直支撑。

第四，骨盆动作练习。原地两腿直屈交换做伸髋、伸膝练习。两脚左右开立约 20 cm，直腿一侧全脚着地，另一条腿屈髋、屈膝前脚掌着地，其膝朝向另一条腿的脚尖方向。在交换过程中，屈腿一侧骨盆下降，使骨盆适度沿矢状轴转动，同时适度沿垂直轴转动。原地两腿大幅度左右交叉步走，以及行进中加大步幅走，使骨盆沿垂直轴转动。

第五，两腿协调蹬摆快速走。在该练习中强调后蹬腿伸髋伸踝，脚尖蹬离地面，前摆腿膝关节自然折叠，脚离地要近，着地时脚尖上翘，脚跟先着地，以保证着地时膝关节伸直。

第六，较长距离的反复走。在比较长的距离内反复走，全方位感知摆臂、骨盆动作、步幅、步频、速度分配、支撑腿膝关节在规定的范围内是否伸直、有无人眼观察到的腾空等，逐渐使其竞走技术在快速走中符合竞走定义的要求。

（三）竞走的赛前训练

赛前训练安排对于任何一个竞赛项目来说都是很重要的，通过赛前训练与调整使运动员达到竞技状态。竞走赛前训练一般在赛前用 6 ～ 8 周完成，而这 6 ～ 8 周的训练又可分为两个时间相等的中周期，每个中周期各为 3 ～ 4 周。

赛前训练第一方案：把训练分为 2 个 3 周的中周期。其训练安排为 2 个中周期的第 1 周负荷最大，第 2 周负荷最小，以便在周末为运动员充分恢复和超量恢复创造有利条件，第三周则为模拟比赛训练。

赛前训练第二方案：把训练分为 2 个 4 周的中周期。每个中周期的前 2 周负荷较大，其中第 2 周比第 1 周大些，第 3 周适当减小负荷量进行诱导性训练，第 4 周为模拟比赛训练。第 1 个中周期的最后 1 周是模拟比赛训练周，队员精神上不要太紧张。第 2 个中周期的最后 1 周也是模拟比赛训练周，但应结合每个队员的专项和个人特点合理安排成小周期训练，在该周结束前应减小运动量。

赛前训练的 2 个中周期的安排，应使队员在最后 1 周达到并发挥出最佳的运动能力。第 2 个中周期的安排可同于第 1 个中周期，也可根据第 1 个中周期的情况，做一些必要的调整。

赛前训练负荷的变化呈波浪形，第 1 个中周期运动负荷增加到最大，甚至超过比赛。第 1 个中周期安排模拟比赛训练，一方面是为了进行训练，另一方面是通过大负荷训练，使运动员对比赛有更好的适应性，并在比赛时达到超量恢复状态。第 2 个中周期的训练安排基本上同第 1 个中周期，只是总负荷量比第 1 个中周期小些。另外还应考虑赛前训练阶段之前的训练负荷安排，如果赛前训练阶段之前的负荷量很大，第 1 个中周期的负荷量应安排得小些，目的就是使运动员赛前完全恢复，精神饱满地参加比赛。

赛前训练的最后 1 周应减少负荷量，但只是减量，强度应保持在比赛水平。另外，赛前可让队员适当看书、看电视及谈论与比赛无关的话题，以防止运动员过度兴奋。比赛前几天也应进行较小负荷的训练，不能消极休息。赛前 1 天以积极休息的方式做一些准备活动或少量的练习，活动时不要太用力，一般使身体发热稍排汗为宜，以便防止过度兴奋，有利于提高队员第 2 天比赛时的能力。

赛前运动员还应保持作息和饮食规律，准备好比赛用的服装，修剪好脚趾甲，赛前 3 h 进餐，饮食应是易消化、体积较小而热量高的食物。提前 1.5 h 到达比赛场地，提前 50 min 左右做准备活动，以慢跑和一般性准备活动达到热身和提高关节灵活性，以专项准备活动达到熟练技术的目的，并在准备活动最后进行 200 ～ 400 m 竞走练习，之后稍休息调整呼吸，准备比赛。比赛过程中应按既定战术进行，也可根据实际情况有所调整，其中包括速度分配、何时饮水，并适当注意有无严重警告（红卡），以饱满的情绪、高昂的斗志及一定的调控能力完成全程比赛。

六、竞走训练建设与展望

（一）力量训练是提高竞走技术的行为载体

竞走运动项目作为我国在世界田径大赛中具有较强竞争力的项目，被列为“潜优势项目”。根据对国家竞走集训队、山东竞走体工队及重庆市体校的训练计划与实施的调查研究，编者探索出竞走力量训练的现状、特点及存在的问题，权衡竞走专项特点需要，从竞走运动力量结构、数量关系、负荷安排及内容协调等方面探寻系统全面的竞走力量训练方法。通过对竞走力量训练理论与实践方面的研究，为竞走力量训练系统研究提供了基本的切入点。研究发现力量训练对竞走运动成绩提高起着非常重要的作用，主要表现在以下四个方面。

第一，系统的力量训练可有效提高竞走运动员的神经对肌肉的控制和支配能力，加快竞走运动员上下肢力量的传递、募集，支配更多的肌肉参与运动，从而提高竞走运动员技术的实效性。

第二，系统的力量训练可有效增强竞走运动员的协调性和稳定性，协调不同肌肉、肌群之间的运动，减少竞走运动过程中的能量消耗，有效控制竞走运动员的身体姿势，从而确保了技术动作的准确性和连贯性。

第三，系统地力量训练可加大竞走运动员的肌肉力量，优化深层次肌群结构，增厚结缔组织，特别是对增加髋关节周围的力量有重要作用，在一定程度上增大了竞走运动员的步幅，从而提高了竞走技术的经济性。

第四，系统的力量训练可预防竞走运动员的运动损伤，加快竞走运动员的体育康复，从而有利于竞走运动员技术的可持续发展。基于以上研究不难发现，力量训练是提高竞走技术的有效行为载体。在长期的训练过程中，竞走运动员力量训练将更加注重机体运动整体性要求，提高全身肌肉整体工作能力和效率，不断提高竞走训练的质量和水平。

（二）基于竞走需求下行为载体的建设

通过上述的研究可以发现，力量训练是提高竞走技术的有效行为载体。力量素质作为竞走运动员素质结构中的重要组成部分，越来越被国内外诸多专业教练员和科研工作者视为提高竞走运动员运动成绩的核心因素。因此，着重全面建设技术的行为载体——力量训练显得尤为必要。力量训练的建设要充分依托科学的运动训练理论，同时结合不同竞走运动员自身机能水平和特殊情况，全面、科学、系统地为运动员构建合理的力量训练计划。

第一，在对我国竞走专业队力量训练理论和实践两方面进行研究分析的基础上，根据竞走运动专项特点，确立了竞走运动力量训练分为躯干力量训练和肢体末端力量训练两大方面，并从运动生物力学、运动解剖学、运动生理学、运动康复医学等方面进行系统分析。

第二，在确定好竞走运动力量训练内容和特点的基础上，把理论与实践相结合，从竞走力量训练原则及具体手段方面，进行基于竞走专项需求下行为载体的建设。有效的竞走行为载体建设不仅有利于丰富竞走运动项目训练理论内容，为竞走运动训练质量提高提供理论指导，而且竞走行为载体建设还有利于科学地建立系统的竞走运动员力量训练体系，对竞走运动员提供具有针对性的实践指导。

（三）我国竞走训练未来发展趋势展望

现代竞走运动训练发展趋势：首先是高度专项化，专项训练负荷从以往的大运动量向大强度的方向转变，负荷量逐渐下降，强度与日俱增，突出训练质量；其次，专项负荷量与专项负荷强度密切结合，二者同时变化，同时达到最大值，以使竞走运动员承受极限负荷强度并最大限度地挖掘其运动潜能。这一训练理念和方法，在世界高水平竞走运动员的训练中广泛应用，主要表现在以下三个方面。

第一，教练员队伍：由传统的、单一的教练员变为多人组成的“教练团队”。它的组成包括专项教练、科研人员、管理人员、体能训练师和营养保健师等。不同专业方向的人员所管理和从事的方向不同，这样更加突出教练员的专项化、针对性和系统性。

第二，竞走运动负荷安排特点：在竞走运动训练过程中，年度训练周期的安排上出现了较大的变化，在强调年训练负荷总量的基础上更加突出了专项负荷强度；周期练习数和日训练次数减少，周运动负荷训练次数逐渐增多；增加了竞走专项的耐力训练和全身力量训练，例如，国家集训队 50 km 组在备战 2004 年雅典奥运会前 30 天内完成了 10 次 50 km 的专项训练。

第三，竞走训练方法不断更新，现代竞走训练采用各种一般、专门与专项相结合的训练手段，以便更有针对性地进行竞走训练。如国家集训队女子 20 km 组在专项训练之后针对运动员的个人特点，专门安排各种身体训练辅助性练习，以达到促进身体机能的恢复和加强薄弱环节的目的。专项训练主要采用接近比赛要求条件下的训练方法，使运动员在训练强度、比赛环境和比赛战术的运用上都有所提高，并通过参加主项以及相邻项目比赛，把比赛作为最有效的专门训练手段与方法。

第二节　短跑

一、短跑运动的发展概况

（一）短跑技术演变

公元前776年第1届古代奥林匹亚运动会上，短跑比赛距离是一个“斯太地”（station）。斯太地是古希腊的长度单位，长度为600脚长。由于测量距离人的的脚长不同，斯太地的长度也不相同。当时，赛跑没有起跑器，运动员出发时用一只手抓住绳子，站着起跑，并利用后蹬力量冲出起跑线。18世纪末，举行短跑比赛时，运动员站在起跑点上，由裁判喊一声“跑”，比赛就算开始。以后陆续出现了各种起跑法，如“分手起跑法”“卧倒起跑法”等，这些都是蹲踞式起跑的前身。大约在1887年，一个美国人到澳大利亚旅行，看到袋鼠在跳跃之前，总是把后腿弯曲，身体低低地俯下去，如此动作姿势不仅起动迅速，而且向前的冲力也很大。于是，他就模仿袋鼠的动作，试着蹲下来起跑，果然觉得比站着更易使劲，之后就发明了“蹲踞式”起跑的姿势。直到1896年，美国运动员布克在第1届现代奥运会上大胆地采用了它，并出人意料地获得了成功之后，蹲踞式起跑才被人们接受下来并得到了广泛应用。

随着起跑姿势的改进，1927年开始出现了起跑器，但真正被正式采用是在1936年第11届奥运会上。第11届奥运会以前，短跑运动员一直是在跑道上挖起跑穴进行起跑的，美国著名黑人运动员欧文斯跑出好成绩就是用起跑穴起跑的。

自从蹲踞式起跑被广泛采用以后，短跑技术明显地分为起跑、起跑后加速跑、途中跑和终点跑四个紧密相连又有不同特点的技术阶段，短跑技术从此逐渐趋于完善。

与起跑技术一样，途中跑技术也经历了不断的演变。到目前为止，古希腊人途中跑技术尚未见到文字记载，从古希腊装饰瓷器所画跑的形象分析，古希腊人跑的姿势是上体前倾幅度较大，腿抬得较高；落地前，小腿有向前摆动的动作，动作开阔，步幅较大。

20世纪初，途中跑技术采用踏步式跑法，特点是躯干前倾幅度大、大腿抬得高、脚落地点离身体重心投影点近、步幅较小。芬兰人克里麦特认为跑的步幅太小影响成绩提高，提出“摆动式”技术，特点是上体直立或稍前倾、大腿高抬、用脚跟着地（远落于身体重心投影点前面），一时短跑都用大步幅跑，成绩在原有基础上也有一定的提高。但是这种用脚跟着地的方法影响速度的发挥。瑞典体育学院对短跑“摆动式”技术进行研究后，认为从生理学观点上看，缩短步幅是最适宜的，也是继续提高成绩的途径。所以后来把克里麦特的“摆动式”称为“消极”步伐，并有了新的“摆动式”跑法，新技术的特点是用前脚掌落地，大腿积极放下，小腿并不积极摆出，着地点落于身体重心投影点附近。

到了20世纪60年代，由于塑胶跑道的应用，在途中跑技术上出现了新的变化，如步幅普遍增大，强调后蹬与摆腿的配合，更加注意高重心、高摆大腿，以及后蹬结束瞬间支撑腿膝关节并不完全伸展的屈蹬型技术。

综上所述，短跑的技术演变与其他项目相比变化不大，技术的演变主要是围绕如何在高速奔跑中更加合理地发挥步幅和步频的关系；就途中跑动作结构而言，后蹬与摆动腿技术则是技术发展最敏感的环节。因而，短跑的步幅与步频的最佳组合，以及后蹬与摆动腿技术则是技术研究的关键。

（二）短跑的发展概况

1. 世界上短跑的发展概况

世界上短跑的发展一共可分四个阶段。

第一阶段：这个阶段的特点，主要是靠人的天资，凭运动员的天生素质能力，创造当时的短跑纪录。在训练方面主要受俄国身体练习体系的奠基人列斯加夫特关于“只有完全掌握长时间正确的跑，才能进行快跑，逐渐提高普通跑的跑速，使之达到约 15 s 跑 100 m 的速度”的影响。

第二阶段：即 20 世纪 30 年代到 20 世纪 40 年代末，全年训练，即科学训练的初级阶段，把全年训练划分为三个主要训练阶段——准备期、竞赛期和过渡期。在训练实践中列出了“一般身体训练和专项身体训练”科学系统。

第三阶段：从 20 世纪 50 年代至 20 世纪 60 年代末，这一阶段的特点是大运动量训练。

第四阶段，约在 21 年的时间里，先后出现了许多著名的短跑运动员，其中最著名的当算是美国的卡尔·刘易斯、格里菲斯·乔伊娜和中国台北的纪政。

2. 我国短跑的发展概况

1910 年，清政府在南京举行了第 1 届全国运动会，上海代表黄灏和韦宪章分别获得 100 码和 220 码的第 1 名，成绩分别是 10 s8 和 25 s。440 码的第 1 名为华南组代表郭兆仁获得，成绩 58 s。1933 年在南京举行第 5 届全运会时，刘长春以 10 s7 的成绩创造 100 m 全国纪录，该纪录曾保持 25 年之久。

我国女子参加短跑项目比赛是从 1930 年第 4 届全运会开始，女子比赛项目有 50 m 和 100 m 跑两个项目。哈尔滨运动员孙桂云分别以 7 s4 和 13 s8 的成绩，获两项冠军。

中华人民共和国成立之后，我国田径运动得到普遍的发展。1958 年梁建勋以 10 s6 打破了 10 s7 的全国纪录。进入 20 世纪 60 年代之后，我国男、女短跑项目水平迅速提高，1965 年我国短跑项目进入世界先进行列。短跑运动员陈家全以 10 s 的成绩平了联邦德国阿明·哈里保持的世界纪录。女子短跑运动员贺祖芬以 11 s5 的成绩打破全国 100 m 纪录。

近些年的短跑领域内，不得不提的是我国男子田径队短跑运动员苏炳添。1989 年，苏炳添出生于广东中山市。他在初中时就展现了过人的短跑天赋。2006 年 12 月，苏炳添第一次参加成人组比赛并在全国城市运动会上获得了 100 m 第 5 名。2011 年 9 月 8 日，夺得全国田径锦标赛暨伦敦奥运会达标赛男子 100 m 冠军，并以 10 s16 打破了周伟创造的全国纪录。2012 年 8 月 4 日，在伦敦奥运会上，苏炳添成为中国第一位晋级奥运会男子 100 m 半决赛的短跑选手。2014 年 3 月 8 日，波兰索波特世界室内田径锦标赛，苏炳添成为第一个闯入世界级大赛短跑决赛圈的中国选手，并打破自己保持的全国纪录。2018 年 2 月 6 日，杜塞尔多夫世界室内巡回赛 60 m 比赛，以 6 s43 夺冠，再破亚洲纪录。3 月 3 日，伯明翰世界室内田径锦标赛男子 60 m 决赛，他又以 6 s42 的成绩打破亚洲纪录摘得银牌。

2019 年 2 月 16 日，获得国际田联室内巡回赛伯明翰站男子 60 m 决赛冠军。2019 年 2 月 21 日，国际田联室内巡回赛德国杜塞尔多夫站男子 60 m 决赛，苏炳添以 6 s49 的成绩夺冠。2021 年 8 月 1 日，在东京奥运会男子 100 m 半决赛中，苏炳添跑出 9 s83 的成绩，成功闯入决赛并创造亚洲纪录，成为中国首位闯入奥运男子 100 m 决赛的运动员。

另外，值得一提的还有我国优秀的短跑运动员谢震业，1993 年 8 月出生于浙江绍兴，是浙江大学体育系 2012 级本科生。2010 年 8 月 22 日，谢震业以 21 s22 的成绩夺得青奥会男子 200 m 冠军。2016 年 8 月 15 日，里约奥运 100 m 短跑半决赛中，谢震业跑出 10 s11 的成绩，排名小组第 7，无缘决赛。9 月 3 日，他以 10 s04 夺得 13 届全运会男子 100 m 冠军。2018 年 6 月 20 日，在法国蒙特勒伊举办的田径比赛上，谢震业以 9 s97 的成绩获得男子 100 m 冠军，并刷新了黄种人百米纪录。2019 年 7 月 21 日晚，在国际田联钻石联赛伦敦站男子 200 m 比赛中，谢震业以 19 s88 的惊人成绩获得冠军，并且打破亚洲纪录，成为首个男子 200 m 破 20 s 大关的黄种人选手！

我国还有很多优秀的田径短跑运动员，他们获得的这些亮眼成绩都标志着我国短跑运动的蓬勃发展。

二、现代短跑技术的发展趋势

第一，更加重视短跑技术的规范结构动作。主要表现在跑的技术更加符合运动生物力学，短跑技术表现出效率化和节省化的特点。跑的技术结构形式表现为动作步频高、步幅大、自然平稳，总重心上下起伏小，上下动作配合协调。

第二，更加重视短跑的摆动技术。强调以摆促蹬、摆蹬结合，而摆动时间却占 77.9%，在新的短跑技术观念上要突出摆动技术的重要性。

第三，短跑单步技术的发展趋向是缩短支撑时间，同时亦应缩短腾空时间，增大身体总重心腾起的初速度，减小身体总重心的腾起角。

最后，延长加速跑持续时间和距离。近几年来对许多世界级短跑运动员技术的研究发现，世界高水平短跑的加速跑持续时间和加速距离都在延长。1991 年，东京世界田径锦标赛 100 m 决赛，8 名男子的加速跑距离达到 80 m 左右，而且加速跑的时间达到 8.12 ～ 8.32 s。

三、短跑的教学

（一）教学内容

1. 短跑的特点与价值

短跑既是人们的基本生活技能，又是强身健体的有效手段，更是竞技场上竞争的最高境界。它是田径运动教学大纲规定的重要项目，也是体育专业教学的重点内容。作为强身健体的手段，短跑要求运动员在最短的时间内用最大速度跑完一定距离，这就要求人体的各系统器官，特别是运动系统、神经系统及内脏器官能在很短的时间内完成最大强度的工作。因此，经常进行短跑的练习，能够提高人体各个系统器官的协调性和机能能力，从而实现强身健体的目的。作为竞技场上竞争的最高境界，短跑体现的不仅是成绩和水平的高低，也体现了运动员顽强拼搏、积极进取的精神面貌，更体现了人们崇高健美的良好愿望。

作为基本的生活技能，学生们一般具备，但技术和动作并不一定完善。因此，学习短跑应该是一个纠偏过程。

2. 教学中的重点与难点

教学重点是指学生在做技术动作时，对技术动作效果产生很大影响的关键技术环节。短跑技术教学的重点是途中跑技术。在教学中，要利用学生所具备的自然跑的能力，始终强调自然、放松和富有弹性的大步幅跑进，技术要符合生物力学和解剖学原理，表现出明显的经济性和实效性。

教学难点是指学生在学习完整技术的过程中，比较难学习和掌握的技术动作部分和技术环节。短跑技术教学的难点是蹬摆结合技术。短跑技术的发展更强调摆动技术的重要性。在教学中应该抓好步频高、步幅大、重心上下起伏小，上下肢蹬摆动作配合协调、节奏感强的特点，强度以摆促蹬，蹬摆结合。

（二）教学策略

1. 准备活动

短跑时间短、强度大，对身体的器官机能要求高。为了促进学生尽快掌握技术，在学习短跑技术时，除了常规的准备活动内容外，建议多采用专项内容进行准备活动。专项准备活动内容包括各种关节的活动，内脏器官的适应性练习和跑的专门性练习等。关节活动主要是踝、膝、髋、肩以及各韧带的拉松、舒展性练习，要求练习后各关节有很好的灵活性，各韧带有很好的柔韧性；内脏器官的适应性练习主要是采用快频率的小幅度动作练习以及较短距离的快跑练习，如原地快跑、原地快摆臂、原地快速高抬腿练习和 30 m 左右的快速跑练习等；跑的专门性练习主要指小步跑、高抬腿、后蹬跑、后踢跑等练习。还可运用各种反应性游戏在学习短跑前对学生的反应能力进行训练，使学生从身体、心理两个方面对短跑的学习有所准备和适应。

2. 技术教学

短跑教学应从途中跑开始，然后进行蹲踞式起跑和起跑后加速跑、终点跑、弯道跑及弯道起跑的技术教学。短距离全程跑是学生在素质和技术上的全面体现，应在反复进行提高身体素质和快跑能力的练习以及跑的基本技术教学后进行。

（1）介绍短跑一般知识，帮助学生建立正确的技术概念

讲解短跑的发展概况、项目特点和短跑基本技术，做技术示范。用蹲踞式起跑 60 m，示范完整的短跑技术 1 ～ 2 次，让学生从正面或侧面观察。同时，观看优秀运动员的技术图片、录像。第一次以完整技术示范为主，第二次对关键技术环节进行讲解，甚至可以分解示范，让学生注意关键的技术细节。示范的目的将短跑的完整技术介绍给学生。

（2）学习跑的专门性练习

跑的专门性练习是根据跑的技术动作设计的一些跑的分解动作专门性练习，如高抬腿跑、小步跑、车轮跑、折叠跑、跨步跑等。这些练习对掌握和提高跑的技术非常有帮助。跑的专门性练习不仅可以用于初学者掌握跑的基本技术，而且可以用于改进某技术环节。

通过讲解示范跑的专门性练习动作，慢节奏地领学生做练习，使学生认真体会各个练习动作。

（3）学习直道途中跑技术

讲解直道途中跑技术特点，并做示范，主要讲解适应塑胶跑道的“屈蹬式”短跑技术。“屈蹬式”跑时膝关节角度变化小；蹬伸动作幅度小且速度快；支撑时间短，有利于提高步频；蹬摆动作转换自然、连贯、迅速，有利于提高摆动速度。“屈蹬式”技术使小腿前倾角度及后蹬角小，有利于增加水平分力，减小重心波动，提高跑的实效性，协调步幅与步频的关系，达到节省体力的目的。同时，在高抬腿向前上方摆动时，适当减小髋、膝、踝三个关节充分蹬直的幅度，以加大向前的实效性（图 6-2-1）。

图 6-2-1　直道途中跑技术

（4）学习原地摆臂技术

讲解示范原地摆臂技术要领。身体前后自然直立，两眼平视，半握拳。摆动时以肩为轴，肘关节弯曲，以肘为半径后摆达到最大幅度。摆到最高点时利用肩带反弹力迅速前摆，前摆时手的高度不要超过下颌，前后摆臂时手与躯干之间的空隙要小，避免形成横向摆臂或交叉摆动的错误动作。

根据技术要求原地摆臂数次。两人一组互助练习，相互提出摆动的方向和幅度要求，检查并纠正错误。还可以三人一组定位练习，一位同学练习，其他两位分别站在其前后，用双手给练习者确定摆幅最大的空中位置。练习者不论前摆或后摆都需触到伙伴事先在空中定位的手掌。这样使练习者及时得到正确的反馈，便于练习者及时改正错误技术。

（5）学习加速跑技术

讲解加速跑技术要点，做 1 ～ 2 次加速跑示范。让学生在直道做 30 ～ 80 m 加速跑练习，要求步幅、步频需逐步增加，以步频为主但也需保持适宜的步幅配合，跑后不要急停。

（6）学习蹲踞式起跑技术

先学习安装起跑器（图 6-2-2），再介绍起跑器安装的“接近式”“普通式”“拉长式”三种方式，进行 30 m 蹲踞式起跑示范和讲解，然后让学生分别安装三种起跑器并进行练习，从而选择适合本人情况的起跑器安装方法。

图 6-2-2　起跑器安装图

（7）学习“各就位”“预备”“跑”三声口令的技术动作

“各就位”动作前利用短暂的时间调整一下自己的情绪，放松面部，做几次深呼吸，使心里有个准备。在“各就位”口令之后应站在起跑器前，屈膝下蹲，上体前俯，两手触地；然后将两脚轻轻地靠在起跑器的抵足板上，单膝触地跪在 40 ～ 50 cm 处，注意听“预备”口令。听到“预备”口令后，吸半口气屏住，同时从容地抬起臀部，稍高于肩，身体 70% ～ 80% 的重量主要落在两臂和前腿之间。蹬在前起跑器的腿的大、小腿夹角为 90° ～ 100°，后起跑器的为 120° ～ 130°，两脚掌紧压抵足板。听到枪声或“跑”的口令时，两手迅速推离地面。屈肘做有力的前后摆臂动作，同时两腿迅速蹬离起跑器。

3. 错误的产生原因及纠正方法

（1）起跑时蹬起跑器无力

产生原因：“预备”时臀部抬起的高度过高或过低，或在重心前移时脚未蹬紧起跑器，听到枪声后两臂摆动无力等。

纠正方法：多训练腿部力量，多进行蹬起跑器的跳远、多级跳练习；起跑前做好正确的“预备”动作；枪响后两臂要配合两腿快速有力地前后摆动。

（2）起跑后加速跑上体抬起过早

产生原因：起跑时后蹬角太大，抬头过早，两臂摆动无力，躯干前倾角度不够，腿部力量差，等等。

纠正方法：多训练腿部力量。注意，起跑第一步落点不要太远，两臂要配合用力。

（3）“坐着跑”

产生原因：跑时上体前倾角度太大，含胸塌腰，后蹬不充分，髋部前送不够且急于高抬摆动腿，或髋关节灵活性差等。

纠正方法：应多做后蹬跑和提高髋关节灵活性的练习，跑进时应保持上体正直情况下提腰，注意蹬、摆结合和送髋动作。

（4）跑时动作幅度小、步幅短

产生原因：过分追求步频，后蹬不充分，摆动腿前摆时大、小腿折叠不够且前摆太低。

纠正方法：多进行高抬腿跑、后蹬跑等跑的专门性练习，跑时注意摆动腿前摆时大、小腿的折叠动作和快速大幅度前摆高抬动作。

（5）摆臂紧张或方向错误

产生原因：摆臂习惯不好，肩带力量差，肩部紧张等。

纠正方法：加强肩关节灵活性练习和肩带力量练习，多做原地正确摆臂练习，在慢跑和快跑时体会和改进摆臂技术。

（6）抢跑

产生原因：对起跑的正确技术动作没有掌握；身体重心过分前移，手指力量不足；靠侥幸心理猜枪声，想压着枪声跑。

纠正方法：示范正确的起跑技术，反复讲解起跑的技术要领；限制身体过分前倾，使肩部处在支撑点垂直面的延长线上；加强上肢手臂、手指的力量训练；加强教育，要求学生必须在听到枪声后才能做出反应起跑，不能有侥幸心理去猜测枪响时间。

（7）加速跑中过早抬体减弱了加速质量

产生原因：对起跑后的加速跑技术理解不正确，急于抬起上体；腿部力量差，怕身体前倾而摔倒。

纠正方法：用前倾度较大的站立式起跑姿势来效仿起跑的第一步姿势，在欲摔而不倒的情景下做加速跑；让学生低头猫腰从线下跑过去，或者老师站在侧面手臂侧平举，高度同上，让学生从臂下跑过去；发展和提高腿部力量。

四、短跑运动的训练

（一）短跑核心力量训练研究概述

核心力量训练主要是围绕人体核心区域的肌群及神经肌肉系统进行的以力量和平衡能力为主的训练。核心力量训练与传统的腰腹力量训练相比，不仅可以有效地增加人体躯干肌群的力量，还可以使人体在运动过程中更好地保持身体的平衡稳定性，为四肢的发力提供支持。如今，在康复领域广泛应用的核心力量训练，受到体育工作者的重视，并且已应用在部分运动项目的竞技训练之中。

短跑是一项体能主导类速度性项目，力量素质和速度素质是该项目运动员竞技能力训练的两个至关重要的方面。由于速度素质很大程度上取决于先天因素，所以力量训练成为短跑运动员身体素质训练中的重要部分。因为该项目要求运动员尽可能在最短的时间内跑完全程，下肢的力量训练可以有效地增大蹬地的力量，明显提高短跑成绩。所以，目前国内短跑运动员力量训练主要集中在下肢，而腰腹部位肌群的力量训练却缺少详细和系统的计划。然而传统的以下肢力量训练为主身体素质训练，并不能解决如何在高速运动中保持人体的稳定性、如何在腾空阶段为下肢做“伸髋、扒地”动作提供发力支持、如何最大幅度增大前摆送髋幅度等细节问题。因此，从核心力量训练的作用看，核心力量训练可能会对短跑运动员竞技能力的提高有一定的帮助。

在运用文献资料法和专家访谈法的基础上，对黑龙江省田径训练中心男子短跑队和哈尔滨体育学院田径队两支运动队的运动员进行了为期 10 ～ 12 周核心力量训练。在借鉴国外核心力量训练方法的基础上，结合短跑项目的特点及运动员自身的特点，主要采用了静力性训练方法和动力性训练方法：静力性训练方法主要有卧撑腿臂平伸挺髋、仰卧臂撑挺髋提腿、侧卧臂撑挺髋提腿、侧卧香蕉姿势两头起等，动力性训练方法主要有仰卧抱单膝挺髋、仰卧瑞士球举腿等。

自悉尼奥运会之后，中国奥运军团所得奖牌数趋于饱和，夺金项目的潜力已接近极限。为此，国家体育总局将目光投向田径、游泳和水上项目，并提出“119 工程”，意欲在这三大项上有所突破，从而解决中国奥运军团夺金面过窄这一迫在眉睫的问题。然而，雅典奥运会、北京奥运会过后，中国田径队在伦敦奥运会上仅获 1 枚金牌、4 枚银牌和 4 枚铜牌，与其他奥运会项目相比，田径领域所夺取的份额太少。在认识到我国田径水平与世界田径水平差距的同时，令人坚信的是，在田径项目上挖掘新的金牌增长点，这个方向无疑是正确的。田径项目的突破，不仅是延续奖牌榜上前三甲的保障，也是中国向体育强国迈进中至关重要的一步。只要持之以恒地坚持下去，就一定会迎来收获的季节。

公元前 776 年，古希腊第 1 届古代奥运会就有 100 m 项目，当时的运动员每人用自己“独有”的方式起跑，根本没有技术可言。今天，人们对短跑技术的研究已接近顶峰，人们的短跑成绩已经近乎达到人类能力的极限，但是研究并没有因此停止，而是一直在探索着，努力地寻找着可以提高短跑成绩的每一个因素，继续将短跑成绩推向更高峰。如今，高手之间的竞争已经精确到 0.01 s，甚至是 0.001 s。所以，我们不难发现，对每一项技术的认知、对每一个决定因素的发现，都会带来一种新的训练方法。

为了成绩的提高，短跑技术从最初的“踏步式”跑法，过渡到“迈步式”跑法；随着塑胶跑道的出现，短跑技术再次发生重大飞跃，强调积极“扒地”，蹬摆协调配合。20 世纪 50—70 年代，人们对短跑技术的认识是“力量是基础”，使得“大运动量”的力量训练成为训练的重中之重，普遍采用杠铃来增加运动员的腿部力量。时至今日，基层教练员仍然以杠铃为主要训练手段。在提倡高重心、大步幅、蹬摆结合的短跑新技术的指导下，传统的训练方法显然存在许多弊端。传统的训练方法大多数以膝关节为轴，而现代短跑技术却强调跑动中以髋关节为轴，传统训练方法导致运动员普遍髋关节的灵活性和力量较弱，限制运动员成绩的再提高。因此，发展髋关节的力量成为现在短跑训练中亟待解决的问题。

长期以来，在竞技训练中对肌肉的训练主要集中在四肢的肌肉上，目的是通过增加四肢肌肉的力量直接作用到器械或地面上，提高运动成绩。然而，随着运动员运动水平的不断提高，越来越多的教练员发现，任何一项体育运动都不是某个关节单独运动就可以完成的，而是全身多个关节作为一个完整、协调的系统在共同运动。例如在投掷项目中，虽然最后用力关节在上肢，但是相对更强壮的下肢而言，在投掷前蹬地的反作用力如果能更好地传递到上肢，对运动成绩的影响不言而喻。运动力学同样告诉我们，人体在运动过程中会遵守转动力矩守恒的原理，人体一侧肢体向前运动，另一侧肢体或某部分肢体必然向后运动，保证在整个系统内部力矩平衡。在运动过程中，身体躯干肌传递力量的作用往往被体育工作者忽视，所以在竞技体育的训练中出现四肢的力量训练比重要远远大于躯干肌的训练比重这一现状。20 世纪末，国外医学工作者发现了身体躯干肌的力量训练在康复中的作用。21 世纪初，欧美体育学者将躯干肌的康复训练方法引入竞技体育训练中，提出了核心稳定性（core stability）和核心力量（core strength）两个概念。时至今日，核心力量训练已经在一些体育项目的竞技训练中广泛应用，并且取得了良好的效果。为此，编者希望通过对短跑运动员进行核心力量训练，在前人研究的基础上，从运动训练学、运动生理学、运动解剖学等角度探究短跑运动员的核心力量训练方法，进一步理解核心力量训练的相关理论，继续加深对核心力量训练的认识，并且能引起短跑教练员和运动员对核心力量训练的关注和重视，为运动员竞技能力的提高进献微薄之力。

（二）短跑的素质训练

1. 概念

短跑素质训练指与短跑项目有密切关系，能直接促进运动员掌握短跑技术，提高运动竞赛成绩的专门训练。短跑素质训练的内容和手段，通常由短跑的完整技术、单个动作、动作的某一部分或几个动作之间的衔接动作所决定。训练方法的选择，必须在动作的运动学和动力学特征上、动作的形成及性质和心理定向的基础上，尽可能与短跑专项特点相一致，并且应根据不同年龄阶段而有所侧重。

2. 特点

（1）基础阶段的特点

基础阶段的特点包含：全面提高身体素质；注意发展敏感期训练，控制好量和强度；训练形式多样，避免采用狭窄的专项训练手段、高强度的负荷训练和极限重量的大力量训练；等等。

（2）初级阶段的特点

初级阶段的特点包含：提高身体素质，特别是速度素质；抓好速度力量、速度耐力等专项素质的训练；抓好短跑技术和能力的训练；可以采用较大负荷训练，但注意量和强度的安排要循序渐进；等等。

（3）中级阶段的特点

中级阶段的特点包含：加强短跑能力和技术训练，注重竞赛心理和能力的培养，逐步提高训练负荷的量和强度，等等。

（4）高级阶段的特点

高级阶段的特点包含：个体特征更加明显，专项化更加突出（技术、战术与能力）；以提高训练负荷强度为主，增加比赛次数，控制比赛强度，创造条件发挥最佳成绩；等等。

3. 训练手段与方法

速度不是单一的素质，是集力量、速率、协调、耐力等于一体的复杂组合，包括反应能力、加速能力、保持最高速度能力、力量能力等。其中最有影响的是加速能力和最高速度的保持能力，运动员的水平越高，加速的距离越长，保持高速跑的能力也越强。一名优秀短跑运动员的诞生，需要多年系统科学训练，而训练的核心是负荷，包括内容、力量和强度。

（1）反应能力

①训练要点：用尽可能短的时间打破平衡，快速起动（反应时间一般为 0.10 ～ 0.18 s，起动时间一般为 0.27 ～ 0.36 s）。

②训练方法：原地负重跳起，立定跳远，立定多级跳，跳绳听信号起动，各种听信号起动或听枪声起动。例如，快速做与教练员口令相反的动作：俯卧、仰卧、蹲立、背向听枪声起跑等。

③注意事项：注意练习中技术动作的合理性、安全性（如场地空旷，路线无障碍等）以及起动动作的快捷性。

（2）加速能力

①训练要点：在较短的距离内，尽快发挥最高跑速。加速跑前 2 ～ 4 步主要作用的是速率和后蹬力量，而之后起主导作用的是步频和节奏，训练中适宜的步幅与步频增长以及躯干的逐渐抬起是重点。在速度训练中，除此之外，还要加强中枢神经系统的灵活性和协调性、肌肉的力量、动作的速率等方面练习。

②训练方法：采用 30 ～ 80 m 的起动跑、冲刺跑、行进间跑、接力跑、下坡跑、顺风跑、牵引（引导）跑、段落组合跑（20 m+40 m+60 m+80 m）、重复跑、段落变速跑（20 m 慢跑 +50 m 大步跑 +50 m 快跑）以及各种快频率的专门练习，降低难度练习（仰卧快速上蹬腿，数秒原地快跑，摆臂跳绳等）和跨跳练习等。

③注意事项：速度训练应保持良好的精神状态，一般放在基本训练的前半部分；在训

练中要强调快速，更要强调协调、放松、富有弹性；注意力量和爆发力的同步发展；少儿训练中要控制数量、强度，把握好休息间隔，避免产生过度疲劳。

（3）保持最高速度能力

①训练要点：合理选择练习距离，追求适合个人特点的步幅和步频的最佳比例。

②训练方法：超主项距离的重复跑，如 150 m（10 ～ 15 次），200 m（8 ～ 12 次），300 m（6 ～ 8 次）。还可采用取分段快跑，如 150 m 快跑 +50 m 放松大步跑 +100 m 快跑等。

③注意事项：少儿与成年运动员应有所区别，少儿保持最高速度能力的训练不宜安排过早；各种练习应相互结合、交叉采用，以免形成不良技术定型；间歇时多采用取走和慢跑形式的积极性休息；为避免慢频率的动力定型，训练后应进行几次加速跑或快速跳跃练习；距离越长的练习越要注意后程技术的正确性。

（4）力量能力

①训练要点：包括速度力量和最大力量两种，重点增加爆发力和相对力量，并强调一个“快”字。速度力量的发展，主要是克服自身体重，用负小重量的快跑、跳跃或近似短跑动作结构的专门练习来实现；最大力量的发展主要是通过较大重量的重复练习来实现。

②训练方法：徒手或持小哑铃快摆臂 10 s，俯卧推手击掌（10 ～ 15 次）4 组，快速俯卧撑（20 ～ 30 次）5 组，各种杠铃的练习和联合器械的练习，大腿后群肌肉练习等。

③注意事项：注意全身各部位力量均衡发展；先发展速度力量，后发展最大力量；单个力量练习时间不应超过 10 s；注意运动员承受能力，避免人为伤害事故。

（三）短跑的技术训练

在短跑技术训练中，应加强对身体各部位的正确姿势和跑的协调放松能力的训练，突出对脚的着地方式、蹬伸速度、蹬摆配合、步频与步幅的适宜比例等关键技术训练，加强起跑与起跑后加速跑技术和全程跑节奏训练。

1. 起跑和起跑后加速跑技术训练

（1）训练要点

身体协调放松，便于快速起动；舒适合理，便于发力。有良好的出发初始角度，有良好的第一步技术。

（2）训练方法

第一，不听信号的各种姿势起跑 20 m（8 ～ 12 次）；听信号的各种形式起跑 20 m（8 ～ 12 次）；听口令做“各就位”和“预备”动作，听“预备”口令后，做间隔时间不同的听信号起跑 20 m（8 ～ 10 次）。

第二，多人一组做起跑练习。一个同伴用腿或手顶住肩做起跑动作，另一个同伴用橡皮带在后拉住腰做起跑动作等；增加起跑练习难度，如上坡起跑、用等动拉力器牵住身后起跑、负重起跑等；起跑后最大速度跑、快慢速度变化跑、快速跑接惯性跑等。

2. 途中跑技术训练

（1）训练要点

整体协调、放松、有弹性；快蹬、快摆、快节奏；“扒地”后蹬，折叠高抬要到位；提高相关力量、频率和柔韧性。

（2）训练方法

60～80 m 的加速跑；强化某一跑的动作练习，如负重摆臂、负重抬腿、扶垒后蹬、推人前跑等；各种跨跑低栏练习；各种距离的快跑练习；变换速度的波浪跑、惯性跑、往返跑、放大步跑等，体会跑中的放松技术。

3. 弯道跑技术训练

（1）训练要点

根据圆周运动特点，体会弯道跑技术要求。

（2）训练方法

沿第 6～8 道弯道以最高速度的 80%～90% 的强度跑 50～80 m 加速跑，沿第一弯道以 75% 的强度做 50～80 m 的加速跑，以各种速度做由弯道进直道的加速跑 80～100 m，以各种速度做由直道进弯道的加速跑 80～100 m，以各种速度在弯道上进行 30～50 m 的起跑练习等。

4. 短跑技术训练注意事项

①技术训练是一个不断改进和完善的过程，也是一个长期和不间断的纠偏过程，该过程应贯穿短跑训练的每个阶段。

②短跑技术训练必须因人而异、区别对待，以形成适合运动员个人特点的短跑技术。

③技术训练应与提高身体素质相结合，特别注意发展那些影响技术提高的专项素质。

④短跑技术训练应以完整技术训练为主，对某些薄弱环节，可以在完整技术训练中有重点地加以改进。

⑤技术动作协调放松能力的培养是一个长期而复杂的过程，短跑训练中应特别重视，任何练习的完成都要有协调放松的要求。

⑥短跑技术训练应与实践相结合，通过比赛使技术得到巩固和提高。

（四）短跑赛前训练

1. 赛前训练的特点

①时间上为 4～6 周或 1 个月左右，且每个周期时间不宜太长，训练方法与专项特点、训练水平、比赛条件、主要对手以及前一阶段训练情况密切相关。赛前训练的任务、手段以及负荷的量和强度，应根据训练计划及前一阶段训练实际情况而定。

②负荷上，训练总量明显减少（特别是后两个周期），专项强度增到最高点，训练次数和时间安排不变；在比赛前 3 天，进行量小而强度大（接近或超过比赛强度 3%～10%）且短于专项距离跑的训练。

③赛前训练不应忽视技术训练，应把技术的稳定、动作的协调放松等要求贯穿于赛前训练始终。

④防止运动员过早兴奋，要针对不同类型运动员进行不同的处理。对易兴奋型运动员或第一次参加比赛的运动员，可采用转移注意力的方法（如看电影、听音乐、读书、交谈等），避免其过早兴奋，甚至在赛前 6 h，可进行 20～30 min 的慢跑来调整心态。

2. 赛前训练的安排

训练安排包括负荷、内容与比赛等几个方面，这几个方面是有机相连、互不可分的。

只练不比不行，以赛代练也不行，故训练的安排不单是练多练少的问题，而是要落实到各个具体阶段，哪些内容该多练，哪些该少练，这是更重要的问题。

①总负荷水平下降到平时最大负荷的1/3 ~ 1/2，要有相当强度的刺激，但强度不是越大越好，不要刻意追求强度，最好让其自然出现。

②内容以专项训练为主，目的是熟练技术与节奏，保持和提高专项能力，还要进行专项身体训练，并保持一定比例的一般身体训练。

③大赛前应参加几次热身赛，以检查训练和技术水平，逐步提高竞技状态，但不要求场场比赛都出好成绩，全力以赴对付大赛。

④重视训练后的恢复，原则上是边训练、边恢复，最迟在24 h后要恢复，训练后要注重放松与整理活动，并采取其他有效的恢复措施。

⑤严格作息和生活制度，保证正常睡眠与充足营养。

第三节　接力跑

一、接力跑发展概况

接力跑的起源有很多种说法。一种说法是由非洲黑人接力运送木材演变来的。黑人在茂密的森林砍伐木料后，道路崎岖，运送困难，于是采用了接力的方法。搬运过程中，彼此进行速度比赛，看谁搬得快、运得多。另一种说法是在17世纪时，葡萄牙一艘军舰外出，水兵上岸游玩，发现当地居民聚在一起进行一种有趣的游戏。参赛者分成若干组，每组有两人拿着空坛，比赛开始后，持空坛的人迅速跑到50 m外的水池，将水倒入空坛，然后拿着坛子跑回交给本组第二人，如此循环往复，直至全组跑完，最先跑完者获胜。葡萄牙水兵将这种游戏带回欧洲，并加以改变，以木棒代替空坛，很快就成为学校中的一项活动，以后又演变成为田径运动中的接力赛。还有的人认为接力跑起源于古代奥运会祭祀仪式中的火炬传递。无论是哪一种，它们都是由多人团结协作共同努力来完成的。

接力跑是由跑、传、接棒技术组成的集体径赛项目，它是由赛跑演变而来的。目前，在田径场上进行正式比赛的接力跑项目有男、女4 × 100 m和4 × 400 m接力赛，还有在场外进行的公路接力赛。1908年第4届奥运会上，男子4 × 400 m接力跑被列为正式竞赛项目。1912年，第5届奥运会增加了男子4 × 100 m接力跑项目。1928年和1972年，女子4 × 100 m和4 × 400 m接力跑分别被列为奥运会竞赛项目。

现在男子4 × 100 m接力的纪录，是由博尔特、鲍威尔领衔的牙买加队于2012年8月12日晚在伦敦奥运会上以36 s84创造的；男子4 × 400 m接力跑的世界纪录为2 min 54 s20，由美国队的加罗姆·扬、安东尼奥·佩特格鲁、泰里·华盛顿和迈克尔·约翰逊于1998年7月22日在纽约创造。女子4 × 100 m接力跑的世界纪录为40 s82，由美国运动员埃里森、杰特尔、麦迪逊、奈特在伦敦奥运会上创造。女子4 × 400 m接力跑的世界纪录为3 min15 s17，由苏联运动员莱多夫丝卡娅、娜扎罗娃、彼尼基娜和布赖兹基娜于1988年10月1日在第24届汉城奥运会上创造。

1910年，清代的第1届全国运动会便设立了男子4×100 m的接力跑项目。从1930年第4届全国运动会起，设立了女子4×50 m接力跑项目。当时我国接力跑的水平很低，新中国成立后成绩提高较快。到目前为止，我国男子4×100 m接力跑的纪录为37 s79，由汤星强、谢震业、苏炳添、吴智强于2021年8月16日在东京奥运会上创造。男子4×400 m接力跑的纪录为3 min3 s66，由卢志权、吴磊、杨磊、吴宇昂于2019年4月24日在田径亚锦赛上创造。女子4×100 m接力跑的纪录为42 s23，由四川队的肖琳、李亚丽、刘晓梅和李雪梅于1997年10月23日在上海举行的第8届全国运动会田径比赛中创造。女子4×400 m接力跑的纪录为3 min24 s28，由河北队的安晓红、白晓云、曹春英和马玉芹于1993年9月13日在北京举行的第7届全国运动会田径比赛中创造。2014年10月2日，在仁川亚运会田径男子4×100 m接力的比赛中，由陈时伟、谢震业、苏炳添和张培萌组成的中国队以37 s99破亚洲纪录的成绩夺冠。2015年8月29日，在北京田径世锦赛男子4×100 m决赛中，谢震业、莫有雪、苏炳添、张培萌代表中国队以38 s01的成绩摘银。2017年7月22日，在国际田联钻石联赛摩纳哥站男子4×100 m接力的比赛中，由吴智强、谢震业、苏炳添、张培萌组成的中国队以38 s19的成绩夺冠。2018年，雅加达亚运会田径女子4×100 m接力决赛，葛曼棋、梁小静、韦永丽、袁琦琦获得亚军。2021年8月6日，东京奥运会田径女子4×100 m接力决赛中，葛曼棋、梁小静、黄瑰芬、韦永丽代表中国队出战，以42 s71的赛季最好成绩获得第6名。

接力跑不仅能够有效地发展学生的速度、力量、耐力等身体素质，提高运动技能，培养竞争、合作意识和坚强的意志品质，培养团结协作的集体主义精神，还能加速全身血液循环，增强人体的新陈代谢，改善人体各器官系统的形态构造，提高体能水平。接力跑项目具有趣味性和健身性，符合儿童、青少年的身心发展特点。

随着现代短跑技术的不断完善，短跑成绩的迅速提高和传、接棒技术的不断改进，接力跑的成绩也不断提高。参赛运动员不仅要有好的起跑技术，跑的能力和传、接棒技术，还要有良好的心理素质和团结协作精神。另外，各参赛队挑选最佳出场阵容，在保持高速的状态下顺利、快速完成传、接棒动作，发挥最佳的整体效应也是接力跑成绩提高的关键因素之一。

二、接力跑的发展趋势

为了提高运动成绩，人们对影响接力跑成绩的因素进行了一些科学研究。一方面，随着科学技术的发展，塑胶跑道、合金空心接力棒、起跑器及运动员服装和跑鞋等新型设备运用于比赛中，使运动成绩有了一定的提高。另一方面，对运动员如何确定最适宜的起跑时机使传、接棒队员均能在保持高速的状态下完成传、接棒动作，短跑的绝对速度等个人运动能力，以及相互之间的合作有了更仔细更系统的训练，为成绩的提高打下了良好的基础。另外，运动员的心理因素，身体形态，传、接棒技术对运动成绩也起到举足轻重的作用。因此，改进和完善传、接棒技术；改进运动器材、装备；从起跑技术，跑的能力，身体形态，心理素质，协作精神，传、接棒技术等各个因素选择最佳参赛队员，以争取发挥最佳的整体效应，是取得最快的跑进速度和提高接力跑的成绩的必备条件。

三、接力跑的技术

接力跑是由跑和传、接棒技术组成的集体径赛项目，能培养团结协作的集体主义精神，是发展速度素质的有效手段。它包括 4×100 m 接力跑、4×400 m 接力跑。接力跑的技术基本同短跑，只是传递接力棒时，要求各棒队员之间协调配合，保证在快速跑进中完成传和接棒动作。接力跑成绩的好坏，不仅取决于每个队员单项跑的成绩，而且在很大程度上取决于队员之间的密切配合和传、接棒技术的好坏。接力跑的距离越短，传、接棒技术越难。所以，学习接力跑技术时，应以 4×100 m 接力跑为主。

（一）4×100 m 接力跑技术

1. 起跑

（1）持棒人起跑

跑第 1 棒者通常采用“蹲踞式”起跑，用右手的中指、无名指和小指握住棒的末端，用大拇指和食指分开撑地，接力棒不得触及起跑线或起跑线前面的地面。起跑技术和弯道起跑技术相同。

（2）接棒人起跑

跑第 2～4 棒者用站立式或用手撑地的半蹲踞式起跑姿势，站在自己的起跑线前面或预跑线内，两腿前后开立，两膝弯曲，上体前倾。第 2 与 4 棒运动员站在跑道外侧，左腿在前，右手撑地，身体重心稍向右偏，头转向左后方，目视跑来的同队队员和自己的起动标记。第 3 棒运动员站在跑道内侧，应以右脚在前，用左手撑地，身体重心稍向左偏，头转向右后方，目视跑来的同队队员和自己的标记。当传棒人跑到标记线时，接棒人便应迅速起跑。

2. 传、接棒的方法

传、接棒方法一般有上挑式、下压式和混合式。

（1）上挑式

接棒人的手臂自然向后伸出，掌心向后，拇指与其他四指自然张开，虎口朝下，传棒人将棒由下向前上方送入接棒人的手中。这种方法的优点是：接棒人向后伸手的动作比较自然，容易掌握。缺点是：接棒时只能握在接力棒的中间，待第 3 棒传给第 4 棒时，只能握住棒的前端，容易造成掉棒和影响持棒快跑。

（2）下压式

接棒人的手臂自然向后伸出，手腕内旋，掌心向上，虎口张开朝后，拇指向内，其余四指并拢向外，传棒人将棒的前端从上向下传到接棒人手中。这种方法的优点是：每一棒的接棒人都能握住棒的一端，便于下一次接棒和有利于速度的发挥。缺点是：接棒人后伸的手动作紧张、不自然。

（3）混合式

跑第 1 棒的队员用右手握棒起跑，沿跑道内侧跑，用上挑式将棒传给第 2 棒队员的左手，第 2 棒队员接棒后沿跑道外侧跑，用下压式将棒传给第 3 棒队员的右手，第 3 棒队员沿弯道内侧跑用上挑式将棒传给第 4 棒队员的左手，第 4 棒队员接棒后一直跑过终点。

在 4×100 m 接力跑比赛中，实际运用的传、接棒方法有两种形式，一种是 3 个接力区的传、接棒方法都采用下压式。另一种是采用混合式的传、接棒方法，即在第 1 接力区第 1 棒运动员用上挑式将棒传给第 2 棒运动员；在第 2 接力区，第 2 棒运动员用下压式将棒传给第 3 棒运动员；在第 3 接力区，第 3 棒运动员用上挑式将棒传给第 4 棒运动员。运动员采用哪种传、接棒技术要根据实际情况因人而异，在传、接棒时做到默契、精确、保险、快速。无论运动员采用哪一种传、接棒方法，第 1 与 3 棒运动员均应用右手持棒，沿各自分道中线内侧跑进，将接力棒传给第 2 与 4 棒运动员的左手。第 2 棒运动员左手接棒后，沿分道中线外侧跑进，将接力棒传给第 3 棒运动员的右手。第 4 棒运动员左手接棒后，沿分道中线外侧跑到终点。为了高度集中精力和保持高速，4×100 m 接力练习或比赛时接棒运动员一般应听传棒运动员的信号接棒，而不是用看棒接棒的方式接棒。

3. 传、接棒技术全过程的动作

运动员在接力区传、接棒技术动作主要是指从传、接棒运动员进入预跑区之前的标志点起，到接棒运动员跑到接力区后半段，完成传、接棒动作为止的动作过程。它分为预跑阶段，相对稳定高速阶段和传、接棒 3 个阶段，其中以传、接棒阶段最为重要。传、接棒阶段是指传、接棒运动员各自以不同的速度进入接力区，并不断缩短两人之间的距离，直到传棒运动员将棒安全、平稳、准确、顺利地传递到接棒运动员手中的过程。这一阶段又可细分为靠拢、信号、伸臂、瞄准和交接 5 个阶段。

4. 传、接棒的时机与位置的确定

传、接棒应该在传棒运动员跑速不下降和接棒运动员已达到自己的最高跑速，两人大约相距 1.5 m，跑速相近的瞬间完成。此时的位置约在接力区前沿 15 ～ 17 m 处为宜，因为这时接棒的运动员可以达到自己的最高跑速，也能避免在接力区之外传、接棒而犯规。传、接棒的位置可以通过调整接棒运动员的起动标志线（当传棒运动员跑到此标志线时，接棒人开始起跑）来确定。起动标志线受传棒运动员和接棒运动员的跑速和传、接棒技术熟练程度以及最佳传、接棒时机等因素影响。接力跑运动员应该在反复练习中确定传、接棒的最佳位置和接捧运动员的起动标志线。

5. 棒次的安排和使用原则

4×100 m 接力跑全程由 4 名运动员通力合作共同完成。在安排棒次时应考虑到运动员跑的能力、起跑的能力、对传棒和接棒技术的掌握程度、意志品质、身高等方面的因素，使每位运动员尽量发挥自己的特长。通常情况下，4×100 m 接力各棒次运动员的安排原则为第 1 棒运动员持棒跑 106 ～ 108 m，应安排起跑技术好并善于跑弯道的队员；第 2 棒运动员持棒跑 126 ～ 128 m，应安排速度耐力好并善于传、接棒的队员；第 3 棒运动员持棒跑 126 ～ 128 m，应安排除了具备第 2 棒运动员应具备的条件外，还要善于跑弯道的队员；第 4 棒运动员持棒跑 92 ～ 94 m，要安排短跑成绩最好、同时具备顽强的竞争精神和冲刺能力的队员。

（二）4×400 m 接力跑技术

4×400 m 接力跑的传、接棒技术相对比较简单。但是，由于传棒人在接近接力区时的跑速已经明显下降，所以接棒人应十分注意接棒技术。当传棒人跑近时，接棒人要在慢加速跑中目视传棒人，顺其跑速主动接捧，随后快速跑出。

第 1 棒采用蹲踞式起跑，起跑技术同 4 × 100 m 接力跑的起跑。第 2 棒采用站立式起跑，接棒人上体左转，目视传棒人，要估计好传棒人最后一段跑的速度。如果传棒人最后一段仍然保持较好的跑速，接棒人可以早些起跑；如果传棒人的跑速缓慢，接棒人应晚些起跑并主动接棒。4 × 400 m 接力跑全部的传、接棒过程，一般在 20 m 接力区的前半段或接力区的中间区域内完成。传棒人将棒传出后，应从侧面退出跑道，避免影响其他接力队队员的跑进。4 × 400 m 接力跑多用右手传递接力棒，即第 1 棒队员以右手将棒传给第 2 棒队员的左手，第 2 棒队员跑出后将接力棒换到右手，以后各棒次接力棒均以此法传接。

1. 以左手接棒换到右手的优点

①接棒队员上体左转，在弯道上进行交接棒，有利于接棒队员始终沿着跑道的内侧跑进。

②接棒队员上体左转，面向无人的内道，右肩可以防护其他接力队员的冲撞，使交接棒过程更加安全和准确。

③接棒队员左手接棒，换到右手，在弯道上跑进，会更加自然、有力。

4 × 400 m 接力跑交接棒的另一种形式，是传棒人的左手持棒，传给接棒人的右手。换手的方法是接力队员持棒跑到最后一个直道时将棒换到左手上，然后将接力棒再传给以后棒次的接棒人，第 4 棒队员不换手，一直跑到终点。

2. 队员棒次安排原则

①第 1 棒需要安排具有良好技术的、有利于第 2 棒队员抢到领先跑的主动地位的、能在第一个 400 m 跑中成为领先者的、实力较强的队员。

②第 4 棒应是全队实力最强的队员，应具备良好的战术意识和速度控制能力，以及较好的心理素质，这对接力队获得胜利将起到重要的作用。

③如果 4 × 400 m 接力队，全队实力不平衡，一般可以安排实力列第二位的队员跑第 1 棒，实力次弱的队员跑第 2 棒，实力最弱的队员跑第 3 棒，实力最强的队员跑第 4 棒。

四、接力跑的教学

（一）学习者分析

1. 认知基础

在神经系统发育方面，学生正处于脑细胞建立联系的上升期，沟回增多、加深，神经联络纤维的数量大大增加，联络神经元的结构和皮层细胞的结构机能迅速发展，是智力水平提高、记忆功能增强、抽象思维获得重大发展、分析综合能力明显提高的时期。这对学习接力跑传、接棒技术，理解适宜的传接棒的时机与位置，接棒者对起动时机的判断以及全队顺畅的协同配合等奠定了认知的物质基础。另外，由于接力跑是在跑的基础上发展而来的，而跑又是人类在幼儿期习得的周期性运动，对场地器材要求不高，加之其在中小学开展较普及，而且接力跑在体育专业田径课中又是在短跑项目之后授课，学生对接力跑内容并不陌生，有一定的认知基础。

2. 技能基础

跑是接力跑的主要技术结构，而教学中主要以短距离接力跑为主，因此，短跑的专项身体素质基本能够反映短距离接力跑的专项身体素质。前者的专项身体素质主要有力量素质、速度素质和速度耐力素质等。由于体育专业的学生在中小学体育学习时期是体育基础相对较好的学生，尤其对体育教育专业的学生来讲，这些身体素质在高考的体育加试中已得到检验。因此，学生基本具备学习接力跑的身体素质基础。接力跑的特点与价值使其成为中小学体育教学的常见内容，体育专业的学生在中小学的体育课学习中已经有过各种游戏性质的接力跑的实践和体验，故而有一定的运动技能储备。

3. 情感基础

体育专业的学生一般为 18 ～ 21 岁，处于青少年晚期。从其情感发展的特点来看，随着知识结构的完善，社会经验的丰富以及自我意识、想象能力的发展，他们的情绪体验日益深刻，体验的内容日益广泛，友谊感、道德感、理智感、美感等社会性情感已占主导地位，社会性情感的发展水平程度较高。与人交往时的友谊感，与遵守行为准则规范相关的道德感、与精神文化需要相关的理智感和美感等是他们的主要追求，而接力跑由于团队合作的集体性质赋予其增进友谊、背负责任、提升速度与完美交接、达到学习目标等特点，能够满足学生对社会性情感发展的需要。

（二）教学内容分析

接力跑是由周期性的短跑与非周期性的传、接棒技术构成的，以规定人数、限定距离为特征，并以接力棒为传统工具的团队性竞赛项目。能量代谢类型以磷酸原代谢为主，糖原代谢为辅。生理机能的特点着重表现在神经过程灵活性高，转换速度快。

每个队员为争取团队的胜利而不遗余力地奔跑所呈现出来的流畅速度、棒次之间传接的默契合作或突如其来的变数，造成各队争先恐后的竞速场面，使接力跑充满了较强的同场竞技性、观赏性和戏剧性，有较强的视觉冲击力。

接力跑符合体育专业学生的身心发展特点，深得学生的喜爱。通过接力跑教学能有效地提高中枢神经系统的强度，改善心血管系统和呼吸系统机能；发展学生的力量、速度素质与快速奔跑的能力；增强竞争意识、树立团结协作的观念和培养集体主义精神。接力跑成绩受到第 1 棒队员的起跑速度，各棒次队员的跑速，传、接棒的时机，技术的顺畅程度和棒次安排的战术策略等因素的影响。接力跑教学的重点是使学生掌握在高速奔跑中顺利地完成传接棒的方法；教学难点是接棒人的起动时机和传接棒时机的确定。

（三）教学策略

1. 准备活动

（1）活动关节

①活动肩关节：前后直臂摆动练习、前后屈臂摆动练习。

②活动肘关节：在前后屈臂摆动的基础上，当臂以肩关节为轴后摆至一定高度时，将小臂以肘关节为轴向后甩开。

③活动髋关节：做髋的屈伸练习，大、小腿屈腿，向后高抬大腿至与地面基本平行；

后伸整条腿，将髋关节伸展开；做髋绕环练习，一腿支撑，另一腿大、小腿折叠，做跨栏的过栏动作，两臂、上体协调配合。

④活动膝关节：两腿并拢，体前屈，两手扶住膝关节处，使膝关节向左、右、上、下各个方位运动。

⑤蹲起练习：两腿并拢下蹲，两手扶住膝关节处，两脚跟不离地面，身体微微上下振动。起立后体向前屈，两手扶住膝关节处向后振压。

（2）腿部肌肉拉长练习

静力和动力、原地和行进间相结合的腿部各部位肌肉的拉长练习。

2. 技术教学

（1）学习有关接力跑的基本知识

教师介绍比赛项目、发展趋势、特点、锻炼价值、基本的规则与裁判法等，通过技术挂图讲解接力跑技术和传、接棒技术，讲解要简明扼要、全面系统，突出技术的重点。

（2）学习传、接棒技术

教师讲解上挑式（图 6-3-1）和下压式传、接棒技术（图 6-3-2）的动作要领及其优、缺点。请学生配合教师示范，演示上挑式、下压式传、接棒技术。学生成体操队形散开，在教师统一口令指挥下练习。学生成体操队形散开，前后排 2 人一组，相距 1.3 ～ 1.5 m，传棒者身体的右侧与接棒者身体的左侧相对，在教师统一口令下（或自由）练习，传、接方法及传、接者可互换。

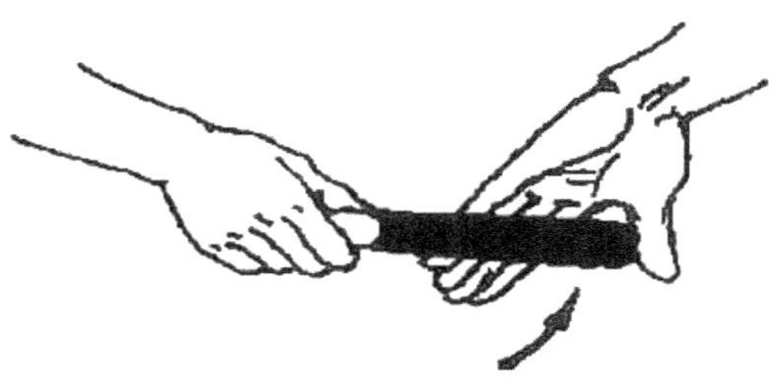

图 6-3-1　上挑式传、接棒技术

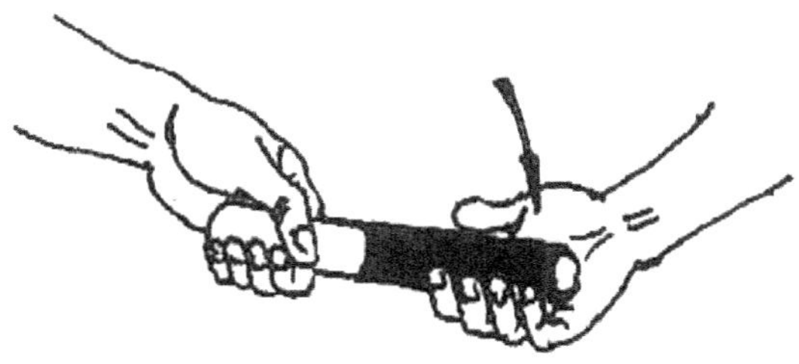

图 6-3-2　下压式传、接棒技术

（3）学习各棒起跑技术

教师讲解并示范各棒起跑技术，让同学们进行第 1 棒弯道蹲踞式起跑技术练习、第 2

与 4 棒直道半蹲踞式或站立式技术练习、第 3 棒弯道半蹲踞式或站立式技术练习。

（4）学习全程接力跑技术

教师讲解各棒棒次安排的策略，进行 4 人成队的接力跑练习。在教师统一口令指挥下，4 人一组高速在接力区内完成传、接棒的成组练习，各棒次可依次轮换。

3. 错误的产生原因及纠正方法

（1）传棒人追不上接棒人

产生原因：接棒人过于紧张，高估传棒人的跑速，起动过早或起跑标志线离接力区过远。

纠正方法：缩短起跑标志线至和接力区的距离，放松情绪，准确判断起动的时机。

（2）传棒人超过接棒人

产生原因：接棒人低估了传棒人的跑速，反应迟缓，起动过晚或起跑标志线离接力区过近。

纠正方法：延长起跑标志线和接力区的距离，全神贯注，准确判断起跑的时机。

（3）接棒人接棒时回头

产生原因：缺乏系统的训练，对顺利完成传、接棒信心不足，精神过于紧张。

纠正方法：在各种跑速下反复练习正确的传、接棒技术，形成动力定型，有把握面对比赛。

（4）传（或接）棒人没有在合理的位置跑进

产生原因：各棒次运动员缺乏合理的站位配合训练。

纠正方法：明确各棒次运动员合理的站位配合，并加强训练。

（5）传棒人持棒臂前送太早

产生原因：传棒人跑到接近传接棒时过于疲劳，担心不能赶上接棒人，或接棒人担心不能及时接到棒。

纠正方法：传棒人根据两人之间的跑速、状态和情况以口令的形式反复进行联系。

（6）掉棒

产生原因：传、接棒动作过于紧张，在接棒人还未做好接棒动作的时候传棒人即开始传棒，或手持棒的部位不正确。

纠正方法：传棒人应在能将棒安全传递到接棒人手中时再传棒，确保正确的传、接棒动作。

五、接力跑运动的训练

（一）接力跑的素质训练

接力跑的素质训练主要包括速度素质训练和心理素质训练。速度素质训练是接力跑训练的核心，也是接力跑训练的重点。运动员所需要的速度素质可分为反应速度、加速度、动作速度和耐力速度。由于速度素质训练的生物学基础类似力量素质训练的生物学基础，所以某些力量素质的训练方法也适用于发展速度素质。不同的是，应使负荷安排更能体现出发展速度的性质与要求。对提高速度素质具有独特作用的训练方法可归纳为外力训练法和比赛训练法。

1. 外力训练法

外力训练法指借助牵引力、风力和重力等外力的作用进行练习的方法，如牵引跑、顺风跑、下坡跑、在活动跑道上跑等。该方法能有效地提高动作的幅度和频率，并能在心理上形成快速动作的意识和速度感。

2. 比赛训练法

比赛训练法指与同等水平的接力队进行比赛的方法，此方法可以调动心理能量，提高速度水平。心理训练的重要任务是使运动员充分发挥意志品质的作用，提高自控能力和抵御外界因素干扰的能力。对于接力跑项目，运动员的心理训练多采用信心鼓励法、形势分析法、呼吸调节法、暗示调节法、模拟训练法、声像调节法、活动调节法、放松调节法等，目的是消除运动员思想上和心理上的紧张情绪，增强运动员的自信心。

（二）接力跑的技术训练

技术训练的任务是要使运动员建立正确的技术动作概念，做到经济、实效，结合个人特点，形成独特的技术风格。技术训练与素质训练是相互促进的，因此，所选用的技术训练方法应具有双向功能。在技术训练中应严格遵循动作技能形成的规律和有关的训练原则。

技术训练的方法应根据训练任务来选择。一般在建立正确动作概念的训练中，多采用分解法、示范法或声像法；在学习和掌握动作技术的训练中，多采用分解法、完整法、重复训练法、比赛训练法或变换条件训练法。此外，还应根据不同训练对象的不同情况选用不同的训练方法。

接力跑的技术训练主要包括起跑技术训练和传、接棒的技术训练。4×100 m 和 4×400 m 接力跑的第一棒起跑技术与短跑起跑技术基本相同。一般情况下，传、接棒的技术训练方法采用重复训练法和比赛训练法。

（三）接力跑的赛前训练

赛前训练是指重大比赛前专门安排的训练，旨在使运动员的身体、技术、专项能力和心理等方面在比赛期间处于最佳状态，使之能在大赛中取得优秀的运动成绩。

比赛成绩是多年训练的结果，训练本身就是为比赛作准备，赛前训练是多年训练的一个组成部分。大赛前训练的任务，不在于继续提高运动员的潜在能力，而是要把获得的能力通过赛前训练逐渐地表现出来并趋向平衡，在比赛期间达到最高水平。

赛前训练时间一般为 4 ～ 6 周，可分为前（2 ～ 3 周）、后（2 ～ 3 周）两个阶段。在前一阶段中负荷量约为平常训练最高负荷量的 50% ～ 60%，最高负荷强度控制在 90% 左右，基本上是边训练边休息，不使疲劳感过多积累。训练内容包括速度、速度耐力、专项身体素质，同时也进行一些一般身体训练，强调技术正确、放松、轻快。后一阶段基本上是前一阶段的重复，对前一阶段暴露出来的问题进行一定的修正，负荷量继续下降，约为最高负荷量的 40% ～ 50%，强度控制在 90% 以下，短距离的 30 m、60 m 跑强度可稍大，一定要严格控制 100 m 以上距离的强度。因为大强度的专项训练会引起神经系统的高度兴奋，容易引起疲劳，在比赛前不易恢复，同时也容易造成肌肉损伤。在赛前阶段，中枢神经系统应保持适当的工作水平，使其在比赛时达到最高工作水平。

赛前阶段应该进行轻松的训练，要十分重视训练后的恢复，科学安排作息制度，保证营养，保证充足的睡眠。适应性和检查性比赛是赛前训练的一个重要组成部分，主要目的是完善比赛技术和提高战术能力，可根据具体任务和运动员的训练水平来安排。最后一次检查性比赛最好在大赛前 7 ～ 10 天进行，此时应避免受伤，预防由于频繁比赛而导致灵敏性下降和专项兴奋性下降的状况。

第四节　跨栏跑

一、跨栏跑运动的发展概况

跨栏跑是一项有着悠久历史的运动项目，其渊源可以追溯到上古时代。那时，我们的祖先为了生活和生存，在追捕猎物或在躲避猛兽袭击时，常常需要在快速的奔跑中越过一些天然的障碍物，这就是最原始的跨栏跑。

17—18 世纪的英国，牧业发达，牧童们常常越过羊圈，跳进跳出，相互追逐嬉戏。在节日里，牧童们经常举行跳跃羊圈的游戏，比谁跳得快。后来，他们把栅栏移到平地上，设置成若干个与羊圈高度相近的障碍物，看谁能跨过栏杆跑在前头，这便是跨栏跑的前身。这种游戏后来便演化为跨栏比赛。

1864 年，英国牛津大学与剑桥大学进行了一场田径赛，首次设立了跨栏项目，距离为 120 码，运动员要跨过 10 个间隔相等的障碍物，形如羊圈栅栏，每个高 106.68 cm。剑桥大学的丹尼尔取得优胜，成绩是 17 s75，这就是最初的跨栏跑比赛，标志着现代跨栏跑项目的诞生。

当时的跨栏跑技术与其称为“跨栏”，不如称为“跳栏”。当时的过栏技术大体是这样的：前腿屈膝上体挺直，两臂左右横张，后腿顺拖而过，腾空时间较长。英国选手克鲁母于 1866 年将技术进行了些改进，他在过栏时第一次将摆动腿伸直，上体微向前倾。1891—1894 年，跨栏跑的技术虽然没有多大的改进，但是美国选手威廉思和贝思先后以 15 s8 和 15 s6 闯进了“16 s 大关”。

19 世纪之前，可以认为是跨栏跑的起源与雏形时期，开始形成并设立了跨栏跑项目。虽然这个时期的跨栏跑技术比较粗糙，但标志着现代跨栏运动的开始，并为以后的发展打下了良好的基础。

跨栏虽然起源于英国，但真正得到发展并形成技术风格却是在美国。20 世纪 30 年代以后，美国跨栏技术得到改进和发展，各个时期的优秀选手都对跨栏技术加以改革使之趋于完善，这个项目也就成了美国的传统优势项目。

19 世纪末，美国运动员克伦次莱因完善了直腿前跨和单臂前摆的技术，成为现代跨栏技术的基础。在跨栏史上，他被称为“现代跨栏运动之父”，1898 年在芝加哥运动会上，他取得了 15 s2 的好成绩。在 1900 年的第 2 届奥运会 110 m 栏跑上，他以 15 s4 夺得冠军。1907 年，美国的史密森把过栏技术发展为上体半屈，结果在翌年的奥运会上获得冠军，成绩为 15 s 整，为 110 m 栏第一个正式的世界纪录。

到 1916 年，过栏姿势已发展为上体前倾接近过栏架。加拿大选手汤普森于 1920 年发明了过栏时双臂前摆的姿势，并创造了 14 s8 的世界纪录，第一个突破 15 s 大关。这一纪录保持了多年才被打破。这时的栏架采用轻便的“L”型栏，运动员能更多地考虑速度，较少受伤。

1936 年，美国的运动员汤思对跨栏技术进行了很大的改革。他过栏时把摆动腿抬得很高，这对过栏落地的第一步有很大的作用。他用这种技术在 1936 年的奥运会上夺得冠军之后，又在奥斯陆创造了 13 s7 的世界纪录。后来美国运动员奥尔科特以起跨腿迅速前拉的动作，进一步改进了跨栏技术。他在 1941 年平了汤思的世界纪录。

20 世纪 40 年代后期，出现了一位优秀跨栏运动员，几乎影响了所有的跨栏选手，他就是美国俄亥俄州的鲍德温华莱士学院学生哈里森・笛拉德。笛拉德是具有非凡速度的短跑运动员，他的短跑技术曾受欧文斯的指导，酷似欧文斯的风格。在跨栏中，他的起跨腿迅速前拉落地的同时，让摆动腿完成更长的弧型摆动，这种技术被称作“特别突出的起跨腿式”。笛拉德把他的短跑技术和他的跨栏技术相结合，于 1946 年以 13 s6 创造了 120 码栏的世界纪录。

联邦德国运动员劳尔在 20 世纪 50 年代以后把跨栏跑技术提高到新水平。他将起跨腿屈膝前拉，形成一种“剪刀型”的过栏技术。20 世纪 70 年代，跨栏跑项目人才辈出，首先是美国的米尔本，他的技术被称为“摆动式”；然后是法国的德绿，他以“综合型”技术见长。到 1979 年，美国的内赫米塔使跨栏技术臻于完善。

从 110 m 栏世界纪录的进展来看，突破 15 s 用了 12 年，突破 14 s 用了 16 年，而突破 13 s 大关用了 45 年。随着成绩的不断提高，要想进一步取得成绩的大幅度突破也变得越来越难。在这一时期，随着运动生物力学、运动训练学科等学科理论研究的进展和实践应用的不断深入，该项目运动成绩的提高是显著的。

400 m 栏的设立相对较晚。这一项目一设立就被美国人占据了优势，并且长期为美国人所垄断。在历史上 17 个手计时和 5 个电动计时的世界纪录中，美国选手保持的数目为 16 个，可以看出美国运动员对该项目的垄断是十分明显的。当时，400 m 栏实力较强的国家还有联邦德国、塞内加尔、瑞典、牙买加、尼日利亚等国，但总体上还是美国一枝独秀。对 400 m 栏有着重要影响作用的是美国选手哈丁和 20 世纪 50 年代中期的戴维思。400 m 栏的成绩进展也是比较快的，1983 年的世界第 50 名已经相当于 1971 年的世界第 10 名水平，这与当时的跨栏技术的改进和速度耐力训练的提高有着极为密切的关系。

20 世纪初，开始有了女子跨栏比赛。当时的跨栏距离没有统一的规定，最初是 60 码、4 个栏架，后来发展为 120 码、10 个栏架，栏架的高度从 61 cm 到 75 cm，没有明确的规定。1926 年，国际田联确定了女子跨栏比赛距离为 80 m、8 个栏架，每个栏架高度为 76.2 cm；从起跑线到第一栏架的距离为 12 m，每个栏架的距离为 8 m。1932 年，洛杉矶奥运会女子跨栏被正式列入比赛项目。1969 年，女子 80 m 栏改为 100 m 栏、10 个栏架，栏架高度为 84 cm，栏架之间的距离为 8.50 m。1972 年在慕尼黑奥运会上，100 m 栏列为正式比赛项目。相比而言，女子 400 m 栏发展的时间较短，与男子 400 m 栏的发展相比，迟了将近一个世纪。1984 年，洛杉矶奥运会首次把女子 400 m 栏列入比赛项目。

20 世纪 70 年代初，伴随着跨栏步起跨腿的充分折叠，“膝高、踝低、勾脚尖”的主功提拉过栏使起跨腿的“侧平拉滑过”的被动过栏技术逐渐被淘汰。由于起跨腿技术的改进，加快了过栏动作，随之又出现了摆动腿的“跨栏”新技术，而使过栏技术由“跨”栏过渡到了“跑”栏。

针对“跨”栏技术向“跑”栏技术的演变，我们可以作如下的一点分析与比较：其一，摆动腿下栏由强调“鞭打”动作（大腿带动小腿前抛下压，着地点离重心投影点较远），变成大腿积极下压，小腿直接下踩，在离重心投影点较近的地方扒地，使下栏更快，以便缩短“跨栏步”；其二，栏上上体大幅度前倾与摆臂，改进为上体适当前倾与大幅度摆臂，又改进为上体适当前倾与近似跑的摆臂，使全程跑中身体重心运动轨迹平直，减少上下起伏，使“跨栏步”趋于跑一个大步；其三，起跨腿提拉过栏动作由向后远伸，膝盖外展，大、小腿折叠，变成起跨腿小腿直接收向大腿，靠近髋部向前提拉，使下栏第一步达到必要的步长和步速，栏间 3 步均匀化，即栏间 3 步步长相差不大。此时过栏动作更接近跑步动作，跨栏跑的成绩更接近于平跑的成绩。

通过上述的比较可以看出：跨栏跑项目在训练、技术方面的突破，使现代跨栏运动水平迅速提高。当今的跨栏技术已经向短平快的方向发展，运动员在整个比赛之中频率更快，协调性更高，成绩也有了大幅度的提高。1993 年，英国的杰克逊以 12 s91 的成绩创造了当时的男子 110 m 栏的世界纪录。现在女子 100 m 栏的世界纪录已达 12 s12。特别值得一提的是我国优秀跨栏运动员刘翔在 2004 年雅典奥运会上以 12 s91 的成绩打破 12 s93 的奥运会纪录，这是我国乃至亚洲唯一在短直道项目上战胜欧美选手并获金牌的运动员。另外还有我国优秀的田径运动员史冬鹏，他主攻 110 m 跨栏，在 2001 年青年比赛中排名世界第一，在 2002 年牙买加金斯敦举行的世界青年田径锦标赛中夺得了 110 m 栏的亚军。2010 年 5 月 23 日，他在国际田联钻石联赛上海站的成绩为 13 s39，比刘翔快 0.01 s，获季军。同年 11 月 24 日，史冬鹏获得广州亚运会 110 m 栏银牌。

重视吸收现代跨栏跑的先进技术并和运动员的个人特点相结合是当今跨栏跑的发展趋势，同时努力提高平跑速度和跑跨结合的能力，跨栏步和栏间跑的技术更加连贯，缩小跑与跨在动作外形、速度变化、肌肉用力转换等方面的差别确有从“跨栏”向“跑栏”发展的趋势。现代跨栏跑全程技术显示出最快栏周期时间短、速度快，最快栏周期出现时间早、持续距离长的特点。

二、跨栏跑技术发展的趋势

当今跨栏跑运动已达到了较高水平，这些都是人类锲而不舍、勇于探索、付出艰辛代价的成果。创新是跨栏跑技术发展的强大动力。从最初的跳栏，运动员取胜的主要因素是勇敢、身体素质好、过栏时跳得快，到美国运动员克伦茨莱因率先对过栏技术进行了探索和改进，“直线前跨和单臂前导”的过栏技术逐步成熟和完善，也正是在这个时候，“跳栏跑”才真正成为“跨栏跑”。之后，新的跨栏技术不断创新，如“双臂前导”技术、“摆动腿迅速落地动作”技术、“起跨腿迅速前拉”技术等等；这些技术的创新也是人类勇于开拓、不断进取的映照，大大促进了跨栏运动的迅速发展。

当前，在科学选材与科学训练的前提下，跨栏跑技术表现为跨栏步幅趋于缩短，技术更加简练实用，跑跨结合能力强，栏间跑重心高、节奏快。这些均表现出跨栏向跑栏过渡的特征。2006年，我国运动员刘翔在国际田联超级大奖赛洛桑站以12 s88的成绩打破世界纪录，就是跨栏跑概念更新的成功例证。可以预计，在进一步完善跨栏跑技术的基础上，能充分发挥运动员个体潜能、适应运动员个人技术特点、能够十分明显地表现出跨栏跑整体性的新型技术，将是跨栏跑技术的发展趋势。

利用跨栏跑项目性质特征，对运动员进行人文素质教育也是田径运动文化的重要组成部分。跨栏跑项目是需要在快速奔跑中连续跨越数个垂直障碍栏架的极限运动。作为竞赛的参与者，运动员在竞技较量的过程中，体会着疲劳、冒险、失败、疼痛、胜利、喜悦等来自竞赛的真实感受，在自我发现、自我挖掘、自我否定中逐步成熟起来，这中间蕴含着丰富的生物学、心理学和美学教育。我国优秀跨栏运动员刘翔在雅典奥运会上的精彩演绎，不仅能够振奋民族精神，激发人民群众的爱国热情和民族自豪感，更让刘翔成为青少年的偶像，使他们用运动员的行为和精神鼓励、鞭策自己。

三、跨栏跑的技术分析

（一）现代跨栏跑技术概述

跨栏跑是集速度、力量、柔韧性、灵敏性、协调性、耐力为一体的项目。它技术性强，竞争激烈，颇具观赏性。随着人们对跨栏跑训练水平、场地器材以及科技水平的认识不断增加，跨栏跑项目越来越受到人们的关注和重视，跨栏跑技术的发展也日趋完善，运动成绩有了很大的提高。

现代跨栏跑技术主要是围绕栏架的变化和竞赛规则的变化而发展的。栏架的变革大大消除了运动员的心理障碍，规则的不断完善激发了运动员勇于拼搏进取的精神。20世纪60—70年代塑胶跑道的出现也直接促进跨栏跑技术水平的提高。跨栏跑技术经历了自然跨跳、跨栏技术改进、跨栏技术与跑速结合、跨栏技术完善提高四个阶段，从自然跨跳阶段的跳跃过栏技术发展到跨栏技术改进阶段的摆动腿伸展前摆过栏、起跨腿蹬地、起跨腿弯曲、膝关节经体侧向前提拉、加大上体前倾角度、积极前伸摆动腿异侧臂技术。这些技术的出现降低了栏上身体重心的腾起高度，加快了摆动腿和起跨腿的过栏速度。跨栏跑技术由此基本成型。同时人们为了减少竞赛规则的限制对跨栏技术的影响，对比赛的规则进行修改，打消了运动员怕碰倒栏架造成成绩无效的思想顾虑。随着跨栏跑技术的不断完善，世界上许多运动员开始注意到，运动成绩的提高不能仅限于运动技术的改进，提高跑的速度并与过栏技术结合起来是获得优异成绩的重要途径。因此，在跨栏技术与跑速结合阶段发展出跨栏跑技术：起跨时，摆动腿高抬，下栏更加积极，身体重心上升不高，平跑速度快；过栏时，采用充分前倾上体的“折刀式”过栏技术，充分体现了技术与速度的完美结合。近几十年来，世界各国运动员为提高跨栏跑技术水平进行了不懈努力，虽然跨栏跑技术未发生本质性的变化，但技术动作上更加向实效性发展：起跨攻栏积极，过栏剪绞速度加快，身体腾空后立即下压已高抬的摆动腿，下栏后迅速与栏间跑紧密结合，全程跑技术连贯、节奏感强。

许多世界优秀运动员及时吸收现代跨栏跑的先进技术，同时注意发挥和适应运动员的个人特点，创造新的具有个人技术风格的跨栏跑技术。在重视科学选材的同时，更加注重提高平跑速度与跨栏相结合的能力，缩小了跨与跑在动作外形、速度变化、肌肉用力转换等方面的差别，不仅从缩短过栏时间上下功夫，而且更重视提高下栏后的速度，跨栏步与栏间跑衔接更加连贯，跨栏周期速度快、节奏性强，出现了由跨栏向跑栏发展的趋势。

（二）跨栏跑技术特点与分析

1. 跨栏跑技术特点

跨栏跑项目有直道跨栏项目和弯道跨栏项目。在经历了跨栏跑发展的 4 个阶段后，到目前跨栏跑技术已形成了它特有的技术风格和特点。

（1）速度成为跨栏跑技术的灵魂

随着跨栏向跑栏技术发展过渡，人们对跑的要求越来越高，跑与跨的动作区别也在逐步缩小，运动员跨栏跑的平均速度与运动员平跑的平均速度逐渐接近，跨栏跑的成绩更接近于平跑成绩。因此跨栏跑技术的发展对跨栏跑运动员的速度要求也越来越高，速度将成为优秀跨栏运动员的灵魂。

（2）"远起跨，近下栏"的特点逐步形成

现代过栏技术"远起跨，近下栏"这一特点是随着运动员的身高和身体素质的提高而出现的。起跨和下栏技术是整个跨栏跑技术中两个重要的技术环节。起跨是指从起跨腿踏上起跨点至蹬离地面止这一过程。起跨的任务是保持较高的水平速度，为迅速过栏创造更大的腾起初速度和适宜的腾起角度。正确的起跨攻栏技术是掌握好过栏技术的关键。优秀运动员的起跨距离为 2.00 ～ 2.20 m。

下栏着地是指从人体腾空过栏身体重心达到最高点开始，到摆动腿积极下压着地支撑这一动作过程。摆动腿积极有力的下压动作缩短了跨栏跑的腾空距离，减少了腾空时间，减少了运动员水平速度的损失，有效地缩短了过栏时间，提高了运动员的过栏速度，加快了上体的移动速度，使身体重心迅速赶上并超过支撑腿，而且还能保证过栏后获得较高的身体重心位置。优秀运动员的下栏着地点距离栏架约为 1.50 m，着地角度约为 78°左右。

（3）栏间跑的步幅以及栏间步与跨栏步趋于均匀化

由于摆动腿下栏的速度明显加快，腾空时间减少，起跨腿小腿直接收向大腿，折叠后靠拢向前提拉的动作使下栏的第一步达到必要的步幅与步速，使得整个跨栏跑的水平速度得到较好的保持，并非常连贯地由跨转入到快速跑进。过栏动作就像跑 3 步后接连跑一个大步一样，跑与跨结合紧密，使得栏间跑的步子与跨栏步相对接近达到均匀化，而栏间 3 步的距离也由小、大、中趋向均匀化。

（4）全程跑技术连贯，节奏感强

全程跑的任务是把跨栏跑各部分技术合理地连接起来，使运动员的技术和体能都能得到最大限度地发挥，以取得最好的运动成绩。由于全程跑中运动员要跨越 10 个栏架，尤其是起跑到第一栏、最后一栏至终点，运动员跑的速度不断发生变化。虽然近年来跨栏周期的最高速度没有很大的突破，但是全程高速跑的能力得到了提高，优秀运动员的过栏技术日趋完善，水平速度损失减少，全程跨栏跑技术更自然、流畅，这对改善全程跨栏跑的节奏和提高跨栏成绩都起到十分重要的作用。

2. 跨栏跑技术分析

跨栏跑项目有男子 110 m 栏、400 m 栏与女子 100 m 栏、400 m 栏。跨栏跑的技术可以分为起跑至第一栏技术、途中跑技术和终点冲刺跑技术。为了便于进行跨栏跑的技术分析，我们将跨栏技术分为直道跨栏跑技术和弯道跨栏跑技术。

（1）直道跨栏跑技术

直道跨栏跑项目有男子 110 米栏、女子 100 m 栏。110 m 栏运动员一般用 50 ～ 52 步跑完全程，起跑至第一栏用 7 ～ 8 步，栏间跑 3 步，最后一个栏至终点用 6 ～ 7 步。110 m 跨栏跑的栏架高度为 106.7 cm，栏间距离为 9.14 m，起跑线至第一栏的距离为 13.72 m，全程设有 10 个栏架。100 米栏运动员一般用 49 ～ 50 步跑完全程，100 m 跨栏跑的栏架高度为 84 cm，栏间距离为 8.50 m，起跑线至第一栏的距离为 13 m，全程设有 10 个栏架。

①过栏技术：过栏的任务是使身体迅速越过栏架，为栏间跑创造条件。过栏是从起跨脚踏上起跨点后攻栏开始，到摆动腿积极下压脚接触地面止，这一技术也称为跨栏步技术。通常跨栏步技术分为起跨攻栏、腾空过栏、下栏着地 3 个阶段。110 m 栏跨栏步步幅通常为 3.30 ～ 3.50 m，100 m 栏跨栏步步幅通常为 2.80 ～ 3.10 m。

②栏间跑技术：栏间跑技术是指从摆动腿下栏着地到下一栏起跨点之间的跑动技术。它的任务是尽可能加快栏间跑的节奏，提高跑速，为顺利跨过下一栏创造有利条件。

栏间跑的实际距离除去跨栏步的距离外，只有 5.50 ～ 5.70 m，栏间 3 步的步幅比例一般为小、大、中，随着现代跨栏跑技术的不断发展，栏间跑的步幅趋于均匀化。栏间跑的第一步与跨栏步的积极下栏动作有密切关系，为使跑与跨动作结合紧密，下栏着地时，支撑腿脚掌必须充分后蹬，起跨腿快速向前带髋提拉。第三步的动作与起跨攻栏阶段技术紧密相连，为获得合理的起跨点，获得较好的过栏速度，第三步的步幅比第二步短 15 cm 左右，而速度达到最高。因此整个栏间跑技术必须保持高重心，身体重心上下起伏小，跑得轻松、有弹性，直线性好，通过加快步频和改进跑的节奏来实现提高栏间跑速度的目的。

③全程跨栏跑技术：任务是合理地将过栏技术与栏间跑技术结合起来，保证以正确的节奏和最快的速度跨越全部的栏架。

跨栏全程跑是一个整体，但它的每一个阶段技术要求又各不相同。起跑至第一栏步点要准，步幅与速度逐渐增加。全程的前三栏属于加速阶段，第四至第六栏速度达到最高，以后呈下降趋势。因此后程应注意尽量使动作不变形，避免速度下降过快。最后一栏过栏时两臂积极用力摆动并配合下肢蹬地，像短跑那样奋力冲向终点。

（2）弯道跨栏跑技术

弯道跨栏包括男子、女子 400 m 栏。400 m 栏栏架相对较低（男子 91.4 cm，女子 76 cm），但栏间距离相对较长。起跑至第一栏为 45 m，栏间距离为 35 m，全程设 10 个栏架，最后一个栏架至终点距离为 40 m。由于栏架相对较低，过栏不是十分困难，但对运动员跨栏的节奏、速度、耐力以及意志品质都要求较高。

①起跑至第一栏技术：采用蹲踞式起跑，起跑器的安装与 400 m 短跑相同。起跑至第一栏的步数固定，一般男子采用 22 ～ 23 步，女子采用 23 ～ 25 步，但必须保持步幅的稳定性和准确性，为顺利跨过第一栏和跑好全程奠定基础。

②过栏技术：400 m 栏过栏技术与 110 m 栏过栏技术没有实质上的差异。由于栏架相对较低，在跨 400 m 栏的时候，起跨蹬地力量、上体前倾幅度和摆臂幅度、起跨腿的提拉幅度都较直道跨栏项目要小。

400 m 栏除了跨直道栏以外，还必须在弯道上跨越栏架。跨弯道栏时，为了克服人体向前做直线运动的惯性，必须适当改变身体姿势以及后蹬和前摆的方向以产生向心力，克服离心力，使人体能顺利过栏。由于弯道过栏技术的要求，一般来说右腿起跨比左腿起跨有利，它可以利用向心力顺利过栏而不失去身体的平衡。右腿起跨时，要求用前脚掌的内侧蹬地，左腿屈膝攻栏时前摆稍向左前方，右手臂向左前方伸出，左臂屈肘向右后方摆动，右肩高于左肩，腾空后摆动腿从栏架的左上角过栏。下栏着地时，左脚用前脚掌外侧在靠近左侧分道线处落地，右腿提拉时向左前方用力，整个身体向左倾斜；左腿起跨时，栏前 3 步必须沿跑道中间跑进，并从跑道中间向右方向起跨，最后一步用左脚的前脚掌外侧落地起跨，稍向左前方蹬地，右腿屈膝向左前方攻摆，膝关节内扣，脚尖稍内转，腾空后小腿前摆过栏时要从栏架右端栏顶过栏，以免起跨腿从栏架外越过而造成犯规。

③栏间跑技术：由于栏间距离固定，要求跨栏时有较好的节奏，栏间步数固定，步幅准确，并能准确无误地踏上起跨点。栏间男子一般跑 13 ～ 15 步，女子 15 ～ 17 步。好的栏间跑技术表现为跑速均匀、节奏准确、动作轻松、向前跑的效果好。

栏间跑一般有相同节奏跑和混合节奏跑两种。相同节奏跑是指全程栏间跑均采用相同的步数跑完全程。混合节奏跑是指不同的距离采用不同的步数跑完。由于相同节奏跑技术要求较高，优秀运动员一般选用这种方法，而混合节奏跑可以解决后半程由于体力不支而导致的速度下降、步幅减小的问题，保证全程栏间跑节奏的相对稳定。栏间步数与栏间节奏的建立，必须结合个人训练水平、运动能力，不能刻意模仿，更不可在临场比赛时随意改变。

④终点冲刺和全程体力分配：由于弯道跨栏距离相对较长，全程体力的分配对提高栏间跑节奏和全程跑的成绩有较大的影响。全程匀速跑对保持栏间跑节奏和顺利过栏比较有利。全程跨栏时前半程与后半程的所用时间相差 2 s 左右。从最后一栏至终点还有 40 m 距离，运动员已相当疲劳，此时要注意保持正确的技术动作，加强摆臂和抬腿，顽强地冲向终点。

四、跨栏跑的教学

（一）教学内容分析

1. 跨栏跑项目的特点与价值

跨栏跑是速度快、强度大、节奏性强、技术复杂的运动项目，对于运动员各项身体素质以及正确掌握技术都有较高的要求，利于培养学生顽强的意志，增强学生的自信心。

跨栏跑技术练习能够很好地发展学生的速度、力量、耐力、柔韧性和灵敏性等身体素质，为其他项目的学习提供良好的身体条件并对其他理论学习与应用有较好的促进作用。

2. 教学中的重点与难点

①重点：起跑到第一栏技术，跨栏步技术，尤其是快速攻栏及两腿、上下肢的配合技术。

②难点：跨栏步与栏间跑的衔接，跨栏步和下栏后身体的平衡。

（二）教学策略

1. 准备活动

跨栏跑是田径运动项目中技术性较强，对身体条件以及素质要求较高，节奏性较强的项目之一。为了充分利用课堂教学时间，促进学生尽快掌握跨栏技术，准备活动中除了采用常规活动内容外，建议多采用专项性练习内容。

教师利用教材、网络资源创编相关内容，采用讲解示范等方法组织学生进行身体各部位的活动练习。专项准备活动主要结合专项技术要求进行设计，以下肢（跨栏步）的专门性练习为主，比如髋关节柔韧性练习，利用肋木与栏架进行起跨腿的提拉、摆动腿蹬地与积极下压的练习，徒手或利用栏架原地、行进间跨栏的诱导练习和各种压腿练习等，贴近技术特点，促进学生对技术的掌握。

2. 技术教学

在教学过程中，通常以跨栏步、栏间跑、蹲踞式起跑后加速跑过第一栏和下第十栏后的终点跑四个环节进行教学。在教学的初期，以学习跨栏步和栏间跑相结合的技术为重点。在以前的教学中多采用分解教学法。在近年的跨栏教学中，教学顺序有所改变，突出跑跨结合的能力，以先教栏间跑为主。在教学上也采用了先完整后分解的方法，以提高学生的跑跨能力，当学生体会了跨栏跑的正确动作路线后便可直接过栏。在实际教学中，可以根据不同学生的具体情况来选择栏架的高度和栏间的距离，降低难度，易于学生掌握技术。

（1）介绍跨栏跑的一般知识，建立跨栏跑的完整技术概念

简要介绍跨栏跑的特点、比赛项目和锻炼价值等。示范跨栏跑技术，用站立式起跑过 2 ～ 3 个栏，结合示范或通过图片讲解跨栏跑的基本技术，也可边演示边讲解，使学生形成正确的动作表象，帮助学生建立正确的跨栏跑技术概念。教师示范时不要强调速度，而要求动作轻松，让学生感到轻松自如，帮助学生克服恐惧心理。

（2）学习跨栏步技术

①学习摆动腿过栏技术。做原地摆动腿过栏练习，伸直的支撑腿以前脚掌支撑地面，上体正直或稍前倾，摆动腿屈膝高抬，带髋向前，然后大腿积极下压，膝关节放松，小腿随惯性摆出，在身体重心投影点稍前方着地。走步或慢跑中做摆动腿过栏练习，走步或慢跑 3 ～ 5 步做一次，动作熟练后 1 步做一次，练习速度逐渐加快，动作自然放松。走步或慢跑中做栏侧摆动腿过栏练习，在摆动腿靠近栏架一侧，走或慢跑至栏架侧后方约 1 m 处以起跨腿着地，摆动腿屈膝高抬，小腿迅速向栏架上方摆出，然后大、小腿积极下压，直腿下落用前脚掌支撑。动作熟练后跑速可加快，连续过 3 ～ 4 栏。

②学习起跨腿过栏技术。手扶肋木做起跨腿提拉练习，起跨腿靠近栏架一侧站立，栏架横放，距肋木 1 m 左右，两手扶肋木，上体前倾，两眼平视。开始起跨腿伸直向后摆至最远处，接着屈膝外展经腋下向前上方提拉过栏，要求展髋、抬膝有较大的幅度，

减小身体扭转幅度，练习速度由慢到快。栏架也可以纵放或栏板前端略高于后端，起跨腿沿栏板向前提拉，膝提拉到身体正前方，小腿自然下垂。走步中做起跨腿过栏练习。走 3 ～ 5 步摆动腿做出过栏动作并着地，起跨腿离地后，大、小腿折叠外展，经体侧在栏架上方向前提拉过栏，上体稍前倾，要求起跨腿大腿提拉到身体正前方。慢跑或快跑中在栏侧做起跨腿过栏练习。在起跨腿靠近栏架的一侧慢跑或快跑，当跑至离栏架 1.5 ～ 2 m 处，摆动腿攻摆，起跨腿离地后大、小腿折叠外展经体侧在栏架上方迅速向前提拉。摆动腿着地后，起跨腿向前提举迈出下栏后的第一步，并继续跑进，要求起跨腿充分蹬地，迅速提拉过栏，摆动腿协调配合。过 3 ～ 5 个栏，栏间距离 7 ～ 8 m，先走动中做，后慢跑中做。

③学习过栏时，两腿的剪绞动作和上下肢配合动作。所谓剪绞动作，就是在腾空阶段，摆动腿迅速主动下压着地的同时，起跨腿迅速提拉过栏的两腿积极配合的动作。上、下肢的协调配合有利于缩短腾空时间，尽快重新获得支撑。原地做跨栏步模仿练习。原地自然站立，摆动腿屈膝高抬大腿，随之前摆小腿，用前脚掌落地、摆动腿下落的同时，起跨腿蹬离地面后屈膝外展，经体侧向前提拉落地。

原地摆动腿过栏练习：面对栏架起跨腿支撑站立（离栏 30 ～ 40 cm），上体正直，将摆动腿屈膝置于栏板上，小腿放松下垂；然后摆动腿直腿摆起，起跨腿蹬离地面；接着摆动腿下压用前脚掌落地，同时起跨腿迅速向前提拉过栏。

慢跑中做跨栏步练习：慢跑中，摆动腿屈膝向前上方摆出，接着大腿下压以前脚掌落地，同时起跨腿蹬离地面，屈膝外展经体侧向前提拉到身体正前方，要求两臂协调配合。开始练习时跑 3 步做一次，熟练后可 1 步做一次。

高抬腿跑从栏侧或栏上过栏：身体保持高重心，向前高抬腿跑至栏前约 1 m 处起跨，练习时要求腾空时间短，两腿剪绞速度快，上下肢配合协调，下栏后继续高抬腿跑准备跨越下一栏。

栏间跑一步连续过栏：栏间距离 3 ～ 3.5 m（据学生能力而定），用较快的速度跑向第一栏。过栏时，两腿和两臂协调配合，下栏后跑一步接着跨下一个栏可先做栏侧跑一步连续过栏的练习，再过渡到栏上过栏。

3. 错误的产生原因及纠正方法

（1）跳栏

产生原因：起跨时身体重心低，并且靠后；起跨点近，怕栏；上体直，摆动腿踢腿上摆。

纠正方法：在起跨点摆放标志；降低栏架高度，消除怕栏思想；掌握摆动腿屈腿摆动攻栏技术。

（2）摆动腿直腿过栏或盘腿绕栏

产生原因：动作概念不清；摆动腿前摆时大、小腿折叠不够；小腿过早前伸，柔韧性差。

纠正方法：讲清摆动腿屈膝前摆的原理和技术；反复做屈腿前摆模仿练习；反复做摆动腿栏侧过栏练习，要求大、小腿折叠前摆。

（3）腾空后两腿动作消极

产生原因：起跨腿蹬地不充分，过早提拉起跨腿；髋关节灵活性差；摆动不积极，上体直，两臂配合不协调。

纠正方法：反复练习起跨腿栏侧过栏技术，强调充分蹬直起跨腿再迅速提拉过栏；适当加长起跨距离；提升髋关节灵活性和柔韧性。

（4）下栏时身体失去平衡，动作停顿

产生原因：过栏时起跨腿拖在后面；摆动腿脚掌着地时，起跨腿提拉不到位；摆动腿下压不积极，身体重心落后；上下肢配合不协调，上体扭转，起跨腿同侧肩落后。

纠正方法：多做各种跨栏专门练习，多做上下肢协调配合模仿练习，提高髋关节的灵活性，强调两臂动作的控制使提拉过栏时和落地后维持平衡。

（5）栏间第一步太小，影响栏间跑的节奏

产生原因：重心在后，下栏停顿；起跨腿提拉过早，两腿落地的时间差小；摆动腿下栏支撑不好，起跨腿提拉不到位。

纠正方法：栏间跑第一步着地处放一个标志物，反复练习，增大下栏第一步；栏侧起跨腿过双重栏架；发展摆动腿支撑力量。

（6）蹲踞式起跑至第一栏起跨点不准确、不积极

产生原因：对蹲踞式起跑技术掌握不好；起跑加速不够；起跑后第一步太小；起跑至第一栏的节奏不稳定，自信心不强。

纠正方法：改进起跑技术，反复练习起跑后 8 步节奏；摆放 8 步步幅标志，降低第一栏高度，建立自信心。

（7）全程跑节奏不稳定

产生原因：直道跨栏跑时不能用 3 步跑完全程，弯道栏全程节奏前快后慢，体力分配不均；全程栏练习较少，节奏感不强；跑跨能力差，专项耐力差。

纠正方法：增加全程栏练习次数，提高练习的强度；反复练习，教师用击掌让学生建立正确的全程跑节奏感。

五、跨栏跑的训练

（一）跨栏跑的技术训练

跨栏跑技术训练的主要目的是使跨栏跑技术尽量合理和准确。

1. 跨栏跑的技术要求

①起跑：提高两腿蹬离起跑器的力量和速度，积极加速过第一栏，力争第三栏前后达到最高速度。

②过栏：栏前尽量快跑，迅速提脚起跨；攻栏动作充分、有力；加快两腿剪绞过栏速度；下栏着地快并与栏间跑衔接好；起跨和下栏着地都保持较合理的身体支撑姿势（图 6-4-1）。

图 6-4-1　过栏技术动作

③栏间跑：下栏与栏间跑第一步衔接紧密；步幅适宜，节奏合理；缩短栏间各步的支撑时间；减小过栏和栏间跑时身体重心的上下起伏；步子要有弹性。

④全程跑：提高跑跨结合能力和连续快速过栏的能力，注意动作的直线性、平衡性和节奏感。

2. 跨栏跑的主要训练手段

在跨栏跑的训练中，可以通过如下手段进行练习：双臂支撑，做起跨腿从栏侧过栏练习；原地做摆动腿练习；模仿过栏时的摆臂动作；坐在垫子上模仿跨栏时腿和手臂的配合动作；在悬垂中，体会跨栏时的动作；手扶肋木，做跨栏练习；上一步跨过栏架；做栏间一步的过栏练习；跑动中模仿跨栏练习；跨过最低的栏架（0.40 ～ 0.50 m）和跨过最高的栏架（0.90 ～ 1.14 m）。

（二）跨栏跑的素质训练

跨栏跑运动员要具有较好的速度、力量、耐力、柔韧性等身体素质。从跨栏跑多年训练的效果看，速度、柔韧性对跨栏技术和成绩的影响极大。

1. 速度训练的内容与方法

（1）提高平跑速度的主要手段

①原地加速跑，加速到适当距离（或保持一段速度）后减速。

②从走开始做行进间加速跑，加速到适当距离后逐渐减速，或者保持一段距离后再逐渐减速。

上述手段不仅有助于速度的提高，而且还有利于改进技术和节奏。另外，计时跑、短距离冲刺跑、重复跑、变速跑、标志跑、让距跑等，也是提高平跑速度的有效手段。所有这些练习都要求跑时提高身体重心，步子富有弹性，节奏好，在保证足够步幅的前提下加快步频。

（2）提高跨栏跑跑速及过栏速度的主要手段

①缩短栏间距离，控制步幅。这个练习有助于提高过栏速度，克服靠冲力过栏的问题。

美国优秀跨栏运动员内赫米亚经常练习栏间距为 7.769 m 的高频率跑过栏，民主德国运动员蒙克尔特练习 5 步栏，栏间距为 10.8 m。

②先加大跨栏难度，随后减轻难度。如先逆风跨栏，接着改为顺风跨栏（风速不大）；先加大栏间距离，然后缩短栏间距离练习跨栏。

③进行加长起跑距离的跨栏跑练习，110 m 栏起跑 19 ～ 20 m。

④最高速度跨栏跑行进间计时，计下从下第三栏到下第四栏之间的时间。世界优秀运动员一个跨栏周期最短为 1 s 或稍多些。这一指标表示运动员跨栏的绝对速度。这个练习要在运动员身体情况、技术情况最好时进行。

⑤下坡跑转为平跑后过栏。从 5° 以下的斜坡跑道上端，向坡下跑 12 ～ 16 m（8 ～ 10 步），然后在平道上依惯性跑两步过栏，栏间距离可适当缩短些。这个练习有助于打破已有动作，同时提高速度并建立新的节奏。

⑥采用缩短栏间距、降低栏架高度的方法以提高栏间跑的速度。栏距一般缩短至 8.00 ～ 8.80 m，栏高为 0.726 ～ 1.067 m，大多采用 1 m 高的栏架。

⑦采用加长栏间距离的方法以提高栏间跑速度。栏距延长至 12 m、15 m 等，栏间跑 5 步或 7 步，栏高 1 m 或 1.067 m。⑥⑦两种方法可以混合使用，长短距离都要练习，不要只练一种，栏架可设置 4 到 10 架。

⑧采用平跑的方法提高栏间跑速度。在放置栏架的地方放置标志物，按标志物进行练习，可提高、改进栏间跑节奏。

⑨用变换节奏跑和模拟节奏跑的方法形成稳定的栏间节奏。

⑩采用原地快速绕栏、原地高抬腿跑和行进间高抬腿跑过栏的练习方法，以提高动作频率。

（3）速度耐力训练的主要手段

①重复跑 110 m、150 m、200 m、300 m。

②变速跑。200 m 以内快慢跑交替。

③重复跨栏跑。起跑过 8 ～ 12 个栏若干次，每次跨栏后慢跑返回起点，接着重新跨栏。栏架高度和栏间距离根据运动员的具体情况而定。

（4）速度力量训练的主要手段

①各种发展加速度、最高速度的跑。

②跳跃练习：采用立定跳远、立定三级跳远、多级跳远、15 m 助跑跳远、跨步跳、5 ～ 10 级蛙跳、20 ～ 30 m 计时单足跳、单足交换腿跳、跳台阶（负重或不负重，要求运动员必须用前脚掌支撑，跳台阶 3 ～ 10 个，高度 40 ～ 100 cm）、5 ～ 10 栏的连续跳栏练习（栏高 0.90 ～ 1.00 m，栏距 1 ～ 2 m）。

③连续单腿跳栏：不仅能提高速度和支撑力量，对发展动作的协调性、节奏感、平衡感也有帮助。

2. 柔韧性训练的主要手段

①结合过栏技术提高柔韧性的练习：跨栏坐，跨栏坐向侧、向后转体，垫上肩肘倒立模仿跨栏步的空中剪绞动作。

②结合力量训练提高柔韧性的练习：前后抛实心球，握哑铃体前屈身起，负沙袋大幅度摆腿，弓箭步压腿和换腿跳，等等。

③纵向和横向劈叉，支撑压腿，等等。

六、跨栏跑的赛前训练

要使运动员在重大比赛中表现出最佳的竞技状态，赛前阶段的训练安排是至关重要的一环。赛前阶段安排负荷时应考虑赛前阶段前一阶段负荷的大小、离比赛开始的时间长短以及本阶段内预定的总负荷 3 个因素。赛前阶段以一个月计算，按周安排。这个时期的主要任务是获得最好的运动成绩，提高跨栏跑的速度水平。

这个时期非常重要。在本时期中，运动员应逐渐地适应训练和比赛的条件。因此，在训练中，要充分利用赛前准备时期的各种手段，在最快速度和接近最快速度的情况下形成合理的动作结构。

在这个时期，跨栏运动员的运动素质必须在用力最大和速度最快的情况下去发展。运动员的专项速度和专项耐力要达到自己的最高指标。一般来说，赛前以专项练习为主，多采用准备期结束阶段所采用的练习内容，并适当增加突出强度的专项手段。

第五节　中长跑

一、中长跑运动的发展概况

中、长距离跑（简称中长跑）是 800 m 到 10 000 m 之间距离的跑。通常进行的中跑比赛项目有男、女 800 m 和 1 500 m，长跑比赛项目有男、女 5 000 m 和 10 000 m。除此之外，国际田联还承认 1 000 m、2 000 m、3 000 m 等项目的世界纪录。中长跑是一种以有氧代谢为主的耐力性和周期性的运动。

中长跑运动最早产生于古希腊，古希腊阿尔菲斯河岸的山崖峭壁上刻着："你想聪明吗？跑步吧！你想健壮吗？跑步吧！你想健美吗？跑步吧！"可见当时人们已把跑步作为强身健体的手段了。在我国战国时期，也有以长跑来选拔和训练士兵的记载。

中长跑项目的比赛最早也产生于古希腊，在第 14 届古代奥运会上就有中跑项目比赛。当时的中跑项目比赛是在 192.27 m 的直道上进行的，终点处设立一根标杆，运动员跑到终点时要绕过标杆再跑回来。长跑在第 15 届古代奥运会上被列为正式比赛项目，指在跑道上多次往返跑。因此，当时的中长跑比赛可称之为"往返跑"比赛。跑的距离为 6 ～ 24 个直道距离。

近代中长跑运动起源于英国。18 世纪初，英国有些穷人为了挣钱糊口，经常在一些重大节日里为观众表演赛跑。这种职业性中长跑引起了群众的极大兴趣。因此，后来许多人并不是为了赚钱也加入中长跑运动的行列。到 19 世纪中叶，中长跑运动已经得到较为广泛的发展。

近代中长跑传入中国是在鸦片战争以后。1906 年的京师大学堂第二次运动会设立了男子 600 m 和 800 m 比赛。在 1910 年清代第 1 届全国运动会上，中长跑仅设男子 880 码。1948 年民国第 7 届全国运动会，中长跑项目男子仅有 800 m、1 500 m 和 10 000 m。在 20 世纪 70 年代，随着国际田联逐渐把女子中长跑列入比赛项目，我国也开始增加了女子中长跑项目，20 世纪 60—80 年代，世界中长跑的成绩突飞猛进，我国男子长跑在 80 年代进步较快，但没有大的突破，女子中长跑则进步突出。在 1993 年，曲云霞和王军霞分别打破 1 500 m、10 000 m 世界纪录，令世界田径界刮目相看。在 1996 年奥运会上，"东方神鹿"王军霞获得了女子 5 000 m 金牌和女子 10 000 m 的银牌。在 2004 年雅典奥运会上，邢慧娜在女子 10 000 m 中夺得金牌。

中长跑技术是在长期的运动实践中发展起来的。现代奥运会以前，人们没有重视研究和改进中长跑的技术。在 20 世纪 30 年代，就出现了用前脚掌外侧先着地过渡到全脚掌着地的方法。第二次世界大战后，又出现了用前脚掌着地，摆动腿积极下压，脚着地距身体重心投影点较近，形成"扒地"动作，适当缩短步幅，加快步频的跑法。

二、中长跑技术的发展趋势

当前中长跑技术在保留了传统的实效性和经济性的基础上，更加合理。过去高大运动员采用大步幅跑的技术，矮小运动员采用高频跑技术的模式已被打破。例如，1992 年奥运会 3 000 m 决赛中，独联体选手罗曼诺婕个子很矮，而且途中跑也是高频跑技术，故实力并不占优势，但在最后 100 m 处突然加大步幅跑，以有力的冲刺跑战胜其同胞，以 0.81 s 的微弱优势险胜而获金牌。

高频跑节奏感强、经济省力，其特点表现为上体平稳，身体重心上下起伏小，躯干前倾角度易保持，摆臂动作轻松自然，多余动作少。两脚落在同一条线上，上下肢配合协调，重心投影点与着地脚距离较近，身体由着地到腾空位移较快，因而很适合中长距离的途中跑技术。其不足之处表现为步幅相对较小，容易造成身体重心过高，膝关节蹬伸不充分，影响了大腿积极前摆，使大、小腿折叠幅度过小，影响了腿部中小肌群的交替放松程度，因而单步实效性差，不利于发挥速度。一般情况下，内脏器官功能好的运动员适合采用高频跑，腿部力量强的运动员增大步幅较为适宜。因此，在保持较高步频的条件下，适当增加步幅（掌握变速跑、冲刺跑、疲劳时不变形等技术）的跑法是目前中长跑的发展趋势。中长跑技术新的发展趋势，特点强调局部肌肉群的力量，重视脚的着地缓冲技术，保持脚掌肌肉及踝关节的功能状态，加快末端关节的用力速度，使脚的"扒地"动作更加积极。

三、中长跑基本技术动作

（一）起跑和起跑后的加速跑

1. 起跑

中长距离跑一般采用站立式起跑，也有采用半蹲踞式起跑的。站立式起跑：听到"各就位"口令时，先做一两次深呼吸，轻松走或慢跑到起跑线后，两脚前后开立，有力的脚在前，脚尖紧靠起跑线后沿，前脚跟和后脚尖之间的距离约为一个脚掌长，两脚左右间距约为半个脚掌长（15 ～ 20 cm）。体重大部分落在前脚掌上，后脚用脚尖支撑站立。两腿弯曲，上体前倾，头部稍抬，眼看前面 7 ～ 8 m 处，身体保持稳定，集中注意力听枪声或“跑”的口令。这时两臂的姿势有两种：一种是前腿的异侧臂在前，同侧臂在体侧；另一种是两臂在体前自然下垂。听到枪声或“跑”的口令时，两脚用力蹬地，后腿蹬地后迅速前摆，前腿充分蹬直，两臂配合两腿动作做快而有力地摆动，使身体迅速向前冲出。半蹲踞式起跑：一手的拇指与其他四指呈人字形撑于起跑线后，另一臂在体侧，体重主要落在前腿和支撑臂上。

2. 起跑后的加速跑

上体前倾角度加大，摆腿、摆臂和后蹬的动作都应迅速而积极（图 6-5-1）。加速跑的距离主要根据项目、个人特点与比赛情况而定，一般 800 m 要跑到下弯道才结束，1 500 m 跑到直道末才结束，然后进入匀速而有节奏的途中跑。

图 6-5-1　起跑后的加速跑

（二）途中跑

途中跑是中长跑的主要部分，因此，掌握途中跑的技术是极其重要的。

1. 上体姿势

上体自然挺直，适度前倾 5° 左右，跑的距离愈长，上体前倾角度愈小，胸要微微向前挺出，腹部微微后收，头部自然与上体成一直线，颈部肌肉放松，眼平视。尽量避免上体左右转动或扭动，否则会破坏跑的直线性，影响跑的速度。后蹬时髋前送，以提高后蹬效果。

2. 摆臂动作

臂的摆动应和上体及腿部动作协调一致。正确摆臂能维持身体平衡，并有助于腿的后蹬。中长跑时，两臂稍离开躯干，肘关节自然弯曲，半握拳，两肩下沉，肩带放松，以肩为轴前后自然摆动，前摆稍向内，后摆稍向外，摆幅要适当，前不露肘、后不露手。摆臂动作幅度的大小应随跑速的大小而变化，感到疲劳时，可改为低臂摆动，以减轻疲劳程度。

3. 腿部动作

跑速的快慢取决于步幅和步频。

（1）后蹬和前摆

当身体重心移过支撑点以后，支撑腿就进入了后蹬阶段。当摆动腿通过身体垂直部位继续向前摆动时，支撑腿的各关节要迅速伸直。后蹬时各关节要充分伸直，以伸展髋关节开始，在摆动腿积极前摆的配合下向前送髋，腰稍向前挺，此时膝关节、踝关节也积极蹬直，这样能够适当减小后蹬角度，获得与人体运动方向一致的更大水平分力，推动人体更快地向前移动。在后蹬结束时，后蹬腿完全伸直，上体、臀部与后蹬腿几乎成一直线，摆动腿的小腿与蹬地腿成平衡状态。

（2）腾空

后蹬腿蹬离地面后，人体进入腾空阶段。其任务是最大限度地放松蹬地腿的肌肉，并积极省力地将大腿向前上方摆出。当后蹬腿的大腿向前上方摆动时，膝关节的有关肌肉群放松，小腿顺惯性与大腿自然折叠。当摆动腿的大腿摆至与地面垂直时，骨盆向摆动腿一侧下降，摆动腿的膝关节低于支撑腿的膝关节。这样摆动腿一侧的膝关节比较放松，使肌肉用力与放松交替控制得好。

（3）落地

当大腿膝盖摆到最高位置后开始下压时，膝关节也随之自然伸直，用前脚掌做“扒地式”的着地。当脚与地面接触之后，膝关节和踝关节弯曲，脚跟适度下沉，脚着地点更靠近重心投影点，落在重心投影点前一脚左右的地方。跑时可用脚掌外侧着地过渡到全脚掌，也可用全脚掌着地，着地动作要柔和而有弹性，两脚应沿着直线落地。

（三）弯道跑

中长跑一半以上的距离在弯道上进行的，为了克服沿弯道跑进时产生的离心力，在跑进时，身体需适当向左倾斜，跑速越快向左倾斜的程度相应加大。摆臂时，右臂向前摆的幅度稍大，前摆时稍向内，左臂后摆幅度稍大。摆动腿前摆时，右膝应稍向内扣，左膝稍向外展。脚着地时，右腿用前脚掌内侧着地，左腿用前掌外侧着地。弯道跑时，应靠近跑道的内沿，以免多跑距离。超越对手最好不要在弯道上进行。

（四）终点跑

终点跑是在到达终点前的一段加速跑，动作要求基本上和短跑相同。这时运动员已处在疲劳状态，应动员全部力量，以顽强意志冲向终点。跑的动作应该是摆臂加快而用力，加强腿的后蹬与前摆。终点跑距离的长短，应根据个人余力、场上情况和战术要求而定。一般来说，800 m 跑可在最后 200 ～ 250 m 开始加速并逐渐过渡到冲刺跑，1 500 m 可在最后 300 ～ 400 m 逐步加速。

四、中长跑的特点与技术分析

（一）中长跑的特点

1. 中长跑的供能特点

中长跑对速度耐力要求较高，运动员必须具备用较高速度跑完全程的能力，才能取得优异成绩。中长跑是以耐力为主的项目，随着运动水平的提高，比赛日趋激烈，对速度的要求越来越高，运动员平均速度快和冲刺能力强，才有可能在比赛中获胜。中跑的无氧代谢和有氧代谢所占比例：800 m 约为 70% 和 30%，1 500 m 各约为 50%。中长跑属于极限强度的项目，比赛后程的氧债和血液中的血乳酸大量增加。所以，中跑运动员必须具备承受后半程高浓度血乳酸的能力，必须具有很强的心肺系统机能。长跑以有氧代谢为主，有氧代谢和无氧代谢的比例：5 000 m 约为 80% 和 20%，10 000 m 约为 90% 和 10%。因此，长跑运动员应具备很大的肺通气量和高水平的最大吸氧量，需有很强的心血管系统和呼吸系统的机能。

2. 中长跑的技术特点

在跑的过程中，掌握正确的技术，尽量提高肌肉用力和放松的能力，跑得轻松协调，身体重心平稳，直线性好，有良好的节奏，合理地分配体力，并完全达到动作自动化。

技术结构：上体正直或稍前倾，后蹬结束时，后蹬腿的关节几乎伸直，摆动腿前摆，小腿要适度折叠，大腿摆到前面要有一定高度，用全脚掌着地。

（二）中跑的技术分析

1. 后蹬与前摆相结合的技术

后蹬是人体重心向前运动的主要动力来源。后蹬的力量及蹬速的大小和方向决定了人体重心向前运动的速度；而快速有力的前摆可增加后蹬的力量，直接影响后蹬的效果。因此跑时两腿蹬、摆结合的技术是中长跑的关键。

当身体重心移过支撑点垂直面时，支撑腿应积极送髋，快速蹬伸髋、膝、踝三关节，特别是伸髋与伸踝。因为伸髋可使髋关节前的大腿屈肌群的肌肉拉长，为快速收缩用力和大腿前摆创造有利条件。若后蹬角度过大其支撑反作用力的向前水平分力就小，使跑速减慢。所以在保证合理技术的前提下，适当减小后蹬角度是改进技术、提高跑速的有效方法。

后蹬的开始也是摆动腿积极前摆的开始。摆动腿屈膝积极前摆，并带动同侧髋前送，有利于身体重心前移。同时由于拉长了大腿伸肌群为摆动腿的积极下压创造了有利条件。大腿前摆时，小腿放松，大、小腿自然折叠，后蹬结束的瞬间也是前摆达到最高点之时。后蹬时产生的支撑反作用力的方向应与跑的方向一致。与此相对应，摆动腿的前摆也应以膝关节领先，保证摆的方向正直向前，否则会影响后蹬的方向。

因此，必须保证两脚和两膝的动作与跑的方向一致。“八字脚”或两腿前摆时外翻，必然破坏跑的直线性，削弱蹬摆的效果。

2. 腾空阶段的主要技术

支撑腿后蹬结束离地后，人体进入腾空阶段，此时应充分放松小腿肌肉，使膝关节前摆，小腿快速而自然折叠，形成以大腿长度为半径的摆动过程。这是腾空阶段的技术关键，它有利于缩短摆动半径，加快摆动速度，并可加强另一侧支撑腿的后蹬效果。人体腾空后，由于惯性作用，这时参与工作的肌群应适度放松（尤其是两腿的肌肉），使紧张用力的肌肉得到短暂的休息。这一放松有利于减小毛细血管的压力，使更多的血液流入肌肉，为人体供应充足的氧和能量物质；同时使静脉血管充分舒张，增加回心血液，带走代谢物，避免因废物堆积而造成肌肉过早疲劳。中跑运动员必须具有肌肉用力和放松交替的能力，这样才能减少能量消耗，以较快的速度跑完全程。

3. 着地缓冲技术

着地缓冲技术的主要任务是减少地面对人体的冲击力，减少水平速度的损失，为尽快转入后蹬创造有利条件。当摆动腿摆动到一定高度后，大腿应积极下压，小腿顺势前摆，此时要防止小腿远伸而形成消极制动式落地动作。当小腿下伸时，由于膝关节结构功能的阻抗，膝关节是弯曲的，着地腿的膝关节和足跟的连线几乎垂直于地面，随着大腿下压，小腿形成积极的“扒地”动作，这对完成着地缓冲动作有积极作用，也是现代中跑技术的特点之一。

脚着地时应用前脚掌外侧先着地，然后随着缓冲动作转为全脚掌着地。因为阻碍人体前进的力主要是支撑反作用力的向后水平分力，所以，着地点距身体重心投影点近些（20 ～ 30 cm）能减小这个分力，有利于减少水平速度的损失。脚着地时，脚尖应正对跑进方向，两脚内缘落地点应在一条直线上，这样能较好地保持跑的直线性。

脚着地后，大腿前侧肌群和小腿后侧肌群做积极而协调的退让工作，在外观上表现为屈髋、屈膝和屈踝完成缓冲动作。这些肌群及时的退让工作，一方面能减缓着地的制动力，另一方面使得这些肌群得到预先的拉长，为后蹬创造有利条件。缓冲时间的长短是衡量跑的技术又一重要标志，应尽量缩短缓冲时间。

在整个支撑阶段，缓冲时间和后蹬时间的比例为 1 ∶ 1.5 ～ 1 ∶ 2。踝关节与脚掌的支撑作用，使积极的落地动作顺序延续，髋部较小下沉，身体重心能在较高位置，较快地通过垂直支撑部位，较早地进入后支撑阶段。为此，在跑的训练中，除了要发展蹬、摆的力量外，还要注意发展脚掌肌的力量和踝关节的柔韧性。这可使运动员从着地缓冲阶段迅速过渡到后蹬阶段，缩短缓冲时间，提高步频；同时亦利于取得后蹬腿伸踝及脚趾屈伸的“末节”用力，从而更充分地发挥蹬、摆产生的前进动力。

（三）长跑的技术分析

长跑的技术要求基本上和中跑相似，但在用力程度、动作速度和幅度等方面小于中跑，长跑时脚在着地前大腿积极下压，膝关节弯曲程度比中跑稍大，以前脚掌和脚外侧有弹性地着地。有效的蹬、摆技术的特点是后蹬腿 3 个关节快速伸展，同时摆动腿向前摆出，并带动髋部前送，此时后蹬角为 55° 左右。蹬摆的速度和幅度均比中跑小。后蹬结束后，人体进入腾空阶段，腿部肌肉放松，大、小腿折叠，屈腿前摆。在支撑时期，当摆动腿大腿稍超过支撑点上方时，摆动腿弯曲程度最大。摆动腿的这种弯曲是在对抗肌放松情况下的自然弯曲。

长跑运动员的呼吸节奏是长跑运动的特点之一，呼吸节奏取决于个人特点和跑的速度。在正常跑速时，3 步 1 呼、3 步 1 吸；随着跑速的增加可改为 2 步 1 呼、2 步 1 吸；在终点冲刺时有的运动员 1 步 1 呼、1 步 1 吸。呼吸节奏应与跑的节奏相配合。

总之，长跑技术动作必须自然、协调、放松，必须具有较稳定的跑的节奏，必须具备在全程始终保持正确技术的能力，即使是在最后冲刺阶段十分疲劳的情况下，也要保持动作不变形。

五、中长跑的教学

（一）教学内容分析

1. 中长跑介绍

中长跑是以有氧代谢为主的耐力性、周期性运动项目，经常参与中长跑锻炼能提高心肺功能、呼吸系统和心血管机能水平。现代医学观察和研究证明，中长跑具有预防和治疗某些慢性疾病、增强体质、提高健康水平的作用。

2. 中长跑技术教学中的重点与难点

重点：掌握中长跑的途中跑技术。

难点：途中跑时蹬与摆的配合、呼吸节奏的协调配合。

（二）教学策略

1. 准备活动

（1）一般性准备活动

一般性准备活动的目的是热身，消除肌肉、关节的黏滞性，增加肌肉、韧带的弹性与伸展性，通常安排各类辅助练习、诱导练习等，采用慢跑、拉长等练习方法，为专门性准备活动作热身准备。

（2）专门性准备活动

专门性准备活动的主要目的是去除内脏器官惰性，使内脏器官达到较高机能水平状态，通常采用各类辅助与诱导性练习及一些专门性练习，着重发展在接下来正常工作中使用的关节与肌肉，使之尽早进入工作状态。专门性准备活动具有针对性，是一般性准备活动的补充与延伸。通常采用以下手段进行练习。

①慢跑 800 ～ 2000 m 或慢跑 10 ～ 20 min。

②伸展性活动：体前屈、弓箭步、侧压腿、体转、体侧、扩胸、振臂等。

③柔韧性练习：踝、膝、髋、腰、肩、颈等部位的屈、伸和绕环的练习。

④跑的专门性练习：小步跑、半高抬腿跑、后蹬跑。

⑤加速跑：直道、弯道的加速跑。

2. 技术教学

（1）建立正确的技术概念

明确学习目标，介绍中长跑的概况，让学生初步了解、体会完整技术。介绍中长跑的发展状况、锻炼价值、学习意义。讲解要有鼓动性，具有教育意义。要善于在课堂上调动学生的积极性和自觉性。教学中多用实证阐明锻炼的价值、生理效应和学习意义。通过以下手段来介绍中长跑的步骤和要点。

①讲解示范中长跑的技术要点。

②学生根据自己的实际情况，用最大的强度跑完规定的距离。

③教师示范要以某个专项的节奏跑为例，要有起跑和冲刺跑的技术。

④学生要及时了解自己跑的特点、跑的能力、呼吸方法、体力分配、跑的节奏感和速度感。

（2）学习途中跑技术

①结合示范（或图片等直观教具）讲解途中跑技术，让学生了解途中跑技术的要求、方法和要领。

②中等以下速度匀速跑 80 ～ 100 m。

③中等以下速度到中等以上速度加速跑 80 ～ 100 m。通过反复做上述练习，体会和初步掌握中长跑途中跑时的腿部动作、躯干姿势和摆臂动作，注意呼吸和步伐的配合，掌握中长跑的呼吸方法。

④变速跑（或走、跑交替）：100 m 中速跑 +100 m 慢跑（或走）；200 m 中速跑 +100 ～ 200 m 慢跑（或走）；300 m 中速跑 +100 ～ 200 m 慢跑（或走）。变速跑总距离：男生 1 500 ～ 2 000 m，女生 800 ～ 1 000 m。跑时要控制好跑速，注意跑的动作和呼吸方法的正确性。

注意以培养学生节奏感为前提，使肌肉活动达到相应的节奏，主要以信号做引导，在基本定型以后让学生自己练习。

（3）学习站立式起跑和起跑后加速跑技术

通过以下方法来教学站立式起跑和起跑后加速跑技术：

①结合示范（或图片等直观教具）讲解站立式起跑和起跑后加速跑技术，让学生了解技术要求、方法和要领。

②以组为单位，在起跑线后做站立式起跑“各就位”口令后的起跑预备姿势若干次，让学生体会站立式起跑时两脚位置和身体各部位的姿势。

③以组为单位，在起跑线后的集合线站好，听“各就位”和“跑”的口令，按站立式起跑和起跑后加速跑的技术，做站立式起跑 30 ～ 80 m。

④以中等速度重复跑 200 m、300 m 或 400 m。由站立式起跑出发进行中等速度的重复跑，要求起跑动作正确，跑时动作轻松、自然，跑速均匀，呼吸和步伐配合协调，并注意培养学生的速度感觉。跑的总距离：男生 1 200 ～ 1 500 m，女生 600 ～ 800 m。

（4）学习终点跑技术和掌握全程跑技术

通过以下手段和方法来使学生学习终点跑技术和掌握全程跑技术。

①讲解终点跑和全程跑技术的要求。

②按水平分组，由站立式起跑出发，进行 200 m、400 m 或 600 m 的中等速度重复跑，在最后 50 ～ 150 m 处开始适当加速，冲刺跑过终点。跑的总距离：男生 1 200 ～ 1 500 m，女生 600 ～ 800 m。

③按水平分组，由站立式起跑出发，进行男生 1 200 m 和女生 600 m 的中等速度匀速跑，在最后 100 ～ 200 m 处开始适当加速，冲刺跑过终点。

④按个人体力分配方案，男生 1 200 ～ 1 00 m、女生 600 ～ 800 m。

⑤全程跑，组织教学测验并进行技评。测验距离：男生 1 500 m，女生 800 m。

3. 错误的产生原因及纠正方法

（1）脚落地重，没有弹性，八字脚，绷脚尖着地

产生原因：脚着地的方法不正确，脚掌、踝关节力量差。

纠正方法：反复练习正确着地方法，加强对小腿肌肉、关节力量的练习，两脚内缘沿直线或跑道线跑，从小步跑过渡到加速跑练习。

（2）大腿抬得太低，脚掌着地生硬，前蹬过于用力

产生原因：髂腰肌力量较弱；大腿后部肌肉伸展性差，脚掌着地时不是从上向下，而是小腿向前鞭打着地。

纠正方法：发展髂腰肌力量；做高抬腿练习，要求摆动腿向前方伸出；反复小步跑练习，强调小腿不要向前鞭打，而是从上向下运动，注意脚着地离身体中心投影点不要太远。

（3）坐着跑，后蹬效果不好，大腿前摆不高，方向不正

产生原因：对蹬、摆动作的概念理解不清，腿部、腰腹力量及髋关节灵活性差。

纠正方法：明确动作概念，体会蹬、摆角度；做后蹬跑、跨步跳、高抬腿跑、支撑跑练习；发展腰腹肌力量，改善髋、膝、踝等关节的灵活性。

（4）上体过于前倾，含胸，头前探，上体后仰，头后仰，身体左右摇晃

产生原因：动作概念不清，颈部、肩部和臀部肌肉紧张。

纠正方法：让学生明确技术概念；教师用语言强调技术要点，要求背部、颈部肌肉放松；肩下沉、放松，两臂前后放松摆动；做增强上肌力量和肩关节灵活性的辅助练习。

（5）呼吸方法不正确，跑的节奏性差

产生原因：呼吸要领掌握不好，在长时间、大强度跑时，呼吸功能跟不上机体的需要；机力分配不合理，没有形成固定的跑动节奏和稳定的步幅和频率。

纠正方法：讲解呼吸节奏的重要性，由慢跑过渡到快跑，让学生练习呼吸和跑动的配合；采取规定时间分段跑的方法，培养节奏感和在跑动中控制体力的能力。

六、中长跑的训练

（一）中长跑的专项素质训练

1. 耐力训练

耐力是中长跑运动员应具备的重要素质。耐力一般理解为在一定时间内，运动员持续跑的能力。耐力可分为一般耐力与专项耐力。

（1）一般耐力

一般耐力指有氧训练能力，即时间长、速度慢、强度小的跑的能力。有氧训练是通过走、跑以及伴随着其他条件来进行的训练。时间与速度有一定比例关系，如跑 2 h 要求每 5 min 跑 1 km，跑 1 h 则要求每 4 min 跑 1 km。

（2）专项耐力

专项耐力指运动员在整个跑程中保持始终如一高速度的能力。专项耐力对于中长跑运动员是至关重要的。专项耐力训练可称为无氧训练。专项耐力训练中，强度要求一般采用以下两种方法。

①比赛速度要求法：先按某项预计的比赛成绩求出该项中的每 100 m 平均成绩，在运用时，只要将该成绩乘以所跑段落的百米数，所得出的时间即为该段的比赛速度强度。如预计 1 500 m 比赛成绩为 4 min，训练时以比赛速度跑 800 m 的强度为（4 min ÷ 15）× 8=2 min8 s。

②自然强度要求法：自然强度是指教练员只提出技术上或体力上的要求而没有提出具体数值的强度要求。采用这种方法必须是当运动员具有较高的训练自觉性和训练水平时才能得到较好的效果。这种方法一般是在训练阶段转换（如冬季转入春季）时，为了适应环境、气候变化或其他特殊情况时采用。

（3）发展耐力训练的主要方法

一般耐力与专项耐力训练采用的手段和训练形式是一样的，不同之处在于跑的时间、间歇时间、重复次数以及运动的情况和强度等。一般耐力训练的强度通常为79%，而专项耐力训练的强度为80%～94%。如发展一般耐力，用20×400 m，强度为79%以下，休息慢跑200 m。发展专项耐力，用3×（2×400 m），强度80%～94%，慢跑200 m，每组之间休息7 min。

①持续跑：持续跑通常在公路上进行，基本特点是距离长、匀速跑。初学者一次课要跑15～20 min。优秀运动员一周要跑140～160 km（现已达到每周200 km以上），一次课的跑量要达到12～20 km，强度相对也要高一些。如要求3 min20 s～4 min20 s跑1 km，心率在170次 / min左右，也可在最后1～2 km采用无氧与有氧混合训练和无氧训练的方法。

②法特莱克跑：又称速度游戏。主要特点是在野外自然地域里进行较长时间的既不规定加速跑速度和距离，也不限制慢跑时间的任意变速跑。法特莱克跑可作为不同水平心率（130～180次 / min）的有氧能力训练手段，在加速跑时还可发展无氧代谢能力。法特莱克跑时间为30 min～2 h，可根据跑的速度和加速跑的长短而定。这种方法要贯彻全年，冬春宜多采用。此方法对1 500 m至5 000 m跑的项目较为有效，而跑10 000 m以上的运动员，不常采用此手段。800 m跑运动员也不宜采用这种大运动量的训练方法。

③重复跑：重复跑是发展速度和专项耐力的重要手段，可以培养跑的速度感和节奏感，比赛期采用较多。在训练中可使用变化距离或相同距离的重复跑训练。例如：5×200 m，休息5 min；或者2×150 m/21 s，休息3 min；3×200 m/27 s，休息5 min；2×150 m/20 s，休息3 min。距离可以改变，但总的强度要接近，同时距离的变化不宜过大。采用重复跑练习，选择的段落应短于专项距离。例如，800 m跑运动员，以400～600 m为主；1 500 m跑运动员，以700～1 200 m为主；3 000 m跑运动员，以1 000～2 000 m为主；5 000 m跑运动员，以1 000～4 000 m为主；10 000 m跑运动员，以1 000～6 000 m为主。

④间歇跑：间歇跑训练法很重要，特别是对400 m跑运动员、800 m跑运动员的作用较好。间歇训练法的实施是较为困难的，教练员只有真正地掌握了这种方法，并对运动员有了清楚的了解之后才能实施。该方法的特点：第一，有节奏的交替，有相对的间歇。此方法虽可使运动员身体得到一定的恢复，但不能完全恢复。第二，训练强度不同。有与比赛强度相同的，也有大于或小于比赛强度的。第三，运动量大。间歇跑与持续跑、重复跑的区别在于训练的休息时间：间歇跑的休息时间短，体力不能充分恢复，而且间歇时间相同，也不允许完全恢复。例如，6×200 m/27 s，每个间歇慢跑200 m，当脉搏恢复到120～130次 / min就开始下一次的练习。

2. 速度训练

速度训练是提高中长跑运动成绩的核心。如800 m跑男子世界纪录为1 min41 s11，全程平均速度为 6.70 m/ s。由此可知，800 m 跑运动员的训练应建立在速度（无氧）训练的基础上。

速度有 3 种表现形式：一是绝对速度，指 30 ～ 60 m 行进跑的速度；二是基础速度，指 100 m 跑的速度；三是相对速度，即短于专项距离的段落速度，如 800 m，计取段落 400 ～ 600 m；1 500 m，计取段落 800 ～ 1 200 m；5 000 m，计取段落 3 000 m；10 000 m，计取段落 5 000 m。了解运动员的相对速度水平是确定训练指标的主要参考依据。速度训练的主要方法如下。

①跑的专门练习：30 ～ 100 m 的加速跑、快速跑、变速跑、阶梯跑练习。

②借助外力短距离跑（如顺风跑，牵引跑，下坡跑，在活动跑道上跑等）。

③其他各种速度练习和素质性游戏，力量及弹跳力的练习，比赛训练法等。

上述所谈速度训练的方法和手段在运动员青年和成年期都应采用。我们应在运动员的青少年时期就抓紧速度训练，这种速度训练应在整个训练过程中进行。速度训练课的安排，冬天应每周 1 次，冬天到夏天的过渡期每周安排两次，在比赛季节每个周期（两个星期）安排 3 次。

3. 力量训练

（1）力量训练的特点

根据中长跑的特点，力量训练应以发展力量耐力为主，躯干和两臂的力量为辅。因此，练习要求次数多，距离长。

（2）力量训练的主要方法与手段

①发展腿部和踝关节力量的练习包括：徒手全蹲（50 ～ 100 次）×（3 ～ 4 组），徒手半蹲（50 ～ 100 次）×（3 ～ 4 组），弓箭步交换腿跳（100 ～ 150 次）×（3 ～ 4 组），行进间单足交换跳 100 m×（3 ～ 4 组），单足跳、跨步跳组合练习（100 ～ 200 m）×（3 ～ 4 组），多级跨步跳 10 级 ～ 7 级 ～ 5 级 ～ 3 级，后蹬跑（100 ～ 300 m）×（3 ～ 4 组）。

②发展抬腿肌群和躯干力量的练习包括：仰卧直膝向上抬腿（20 ～ 30 次）×（3 ～ 4 组），立卧撑（30 ～ 60 次）×（3 ～ 4 组），仰卧抱头交换腿收腹练习（20 ～ 30 次）×（3 ～ 4 组），俯卧撑交换屈膝收腿练习（20 ～ 30 次）×（3 ～ 4 组），俯卧撑（3 ～ 4 组），各种抛、掷实心球的练习。

（二）中长跑技术训练

1. 中长跑技术训练的特点

中长跑运动员要想在跑的途中尽量节省体力，适宜地发挥身体素质的作用，合理的技术是关键。中长跑的技术训练主要是和大量跑的练习结合在一起的，因此必须在全年各阶段跑的训练中始终强调跑的技术要求，充分运用教学原则和手段，帮助青少年运动员早日掌握正确的中长跑技术。

在技术训练中要重视基本技术，要善于学习别人的先进技术，要根据技术原理和个人特点，创造性地学习和掌握新技术。每个人的身体形态、身体素质和习惯不同，在技术训练中要充分发挥个人特点，按适合自己的先进技术模式进行训练。步幅与步频，腾空与支撑，呼吸与跑的节奏，上、下肢配合等，都是中长跑技术练习不应忽视的方面。只有处理好其内在关系，才能节省体力，使中长跑技术合理化。在全年训练中，准备期着重基本技术和改进技术的训练，竞赛期着重完整技术的训练。

2. 中长跑技术训练的主要方法

技术训练要贯穿于训练工作的始终。掌握技术或改进技术细节，应在大量跑的练习中进行，还可根据运动员的技术情况，利用小步跑、高抬腿跑、后蹬跑等跑的专门性练习改进技术，提高腿部力量和灵敏协调性。此外，加速跑、支撑高抬腿跑、二人并列同步跑、跨步跳、多级跳、原地摆臂等练习，也是改进技术的有效方法。

（三）中长跑的赛前训练

运动员要想在比赛中取得优异成绩，必须要有较高的训练水平，但这还不够，还要有一个科学的赛前安排，才能把竞技状态调整至最好，以期在大赛中达到最佳水平。

赛前训练安排主要有两种：减量调整型和量大质高型。减量调整型又分减量降质类和减量增质类。无论哪一类，目的都是消除较长时间训练所积累的疲劳，迅速改善机能状况，充分利用超量恢复，改善竞技状态。

减量调整型的赛前训练安排是，进行较长时间（以 10 周以上为宜）的系统训练，训练可分为加大运动量、保持运动量、减量调整 3 个阶段。前两个阶段是整个训练周期最重要的部分，决定着调整阶段时间的长短。这样的训练安排为大多数教练员所采用。它的好处是训练节奏明显，比较容易掌握。我国优秀的马拉松运动员许亮曾于 1986 年 3 月以 2 h13 min32 s 创造了全国最好成绩。他的赛前训练安排是典型的减量调整型。

量大质高型的赛前训练安排，是指赛前两三周安排较大的运动量，并保持高质量高强度的训练，使人体处于较高负荷的刺激之下。大多数运动员在赛前几天稍有调整，有的运动员则不做调整。这样安排有一定的运动量和强度的刺激，运动员心里比较踏实，机能状态比较稳定，适合不能长时间系统训练的运动员。缺点是运动量和强度大小不易掌握。如果前一阶段训练有疲劳积累，这种安排容易造成过度训练而导致比赛失败。但是不少的教练员和运动员用此种方法获得了成功。单长明在第 5 届全运会的比赛前安排突出地表现了量大质高的特点。

赛前高原训练是让运动员在外环境缺氧的情况下进行训练，这对刺激运动员的造血功能，增强其血液运输功能和氧气向组织的弥散功能有重要意义。高原（海拔 1 600 ～ 2 300 m）训练的头 3 天为适应阶段，进行较慢速度的越野跑和少量的力量、柔韧性训练。从第 4 天开始转入系统正规的训练，训练量可增加到平原训练的水平。高原训练一般为 3 ～ 4 周，“下山”后第 3 ～ 7 天参加比赛，能显示出高原训练的优势和发挥出最佳能力。

马俊仁教练创造的三氧综合训练法是在赛前的一个阶段里，一次课先跑 20 000 m 以上的越野跑，前半程是有氧训练，后半程加快跑速进入混合代谢训练，跑回田径场进行反复跑：800 m 专项的运动员用比赛速度跑 800 m×（2 ～ 3 次），1 500 m 运动员跑 1 500 m×（1 ～ 2 次）。临赛前，在 20 多 km 的越野跑后，800 m 跑运动员用全力跑 200 m×（4 ～ 5 次），1 500 m 运动员跑 300 m×（3 ～ 4 次）。这种训练法收到了明显的效果。

第六节　障碍跑

一、障碍跑运动的发展概况

障碍跑是从越野跑时需要跨越境沟和灌木林的技能逐渐演变和发展起来的。19 世纪中叶，在英国学校运动会中开始有了障碍跑项目比赛。随后，这个项目逐渐在其他国家开展起来。但是，长时期以来，障碍跑项目比赛的场地、距离、障碍物种类和设置都很不规范，也没有固定、统一的竞赛规则。障碍跑运动的发展可分为四个阶段。

（一）第一阶段（1920 年以前）

那时障碍跑的距离不定，障碍栏架的摆放和栏架间的距离也是随意安排。最早的障碍栏架是用其他物品代替，比赛的地点是在公路或越野跑的路线上，以后有时也在田径场地上进行。1837 年，在英国乐格比城高等学校运动会上首次举行了障碍跑比赛。随后，这个项目逐渐在其他国家开展起来。

第 2 届奥运会（1900 年）首先把障碍跑列为比赛项目，设立了 2 500 m 和 4 000 m 两项。2 500 m 障碍跑冠军是加拿大人乔治・奥顿，成绩为 7 min34 s4；英国的约里默获得了 4 000 m 障碍跑的金牌（12 min58 s4）。

第 3 届奥运会（1904 年）取消了 4 000 m 障碍跑，第一次使用了 3 000 m 障碍跑的名称，但实际比赛距离是 2 500 m，美国的詹・莱特伯迪以 7 min39 s8 摘走了桂冠。

第 4 届奥运会（1908 年）将障碍跑距离增加为 3 200 m。

第 5 届奥运会，东道主没有设这个项目。

（二）第二阶段（1920—1953 年）

第 7 届奥运会（1920 年）首次举行名副其实的 3 000 m 障碍跑比赛，这个距离从此固定下来。英国运动员珀霍奇以 10 min0 s4 的成绩获得冠军，创造了第一个奥运会纪录。

1924—1936 年共举行 4 届奥运会，芬兰人垄断了这个项目的金牌：1924 年（第 8 届）是弗里托拉（9 min33 s6），1928 年（第 9 届）是特・劳科拉（9 min21 s8），1932 年和 1936 年两届奥运会冠军为弗・伊索霍洛（10 min33 s4、9 min3 s8）。但在 1932 年奥运会时，裁判员将距离丈量错了，不是 3 000 m，而是 3 460 m，弗・伊索霍洛的成绩为 10 min33 s4，按 3 000 m 算，成绩应为 9 minl4 s6。

第二次世界大战后，在伦敦举行的第 14 届奥运会（1948 年），瑞典人包揽了 3 000 m 障碍跑的前三名，特・肖斯特兰德获得冠军，成绩为 9 min4 s6。第 15 届奥运会 3 000 m 障碍跑冠军为美国人格・阿申菲捷尔（8 min45 s4）。

（三）第三阶段（1954—1967 年）

1954 年国际田联决定，障碍跑由在公路或越野跑的路线上改为在田径场地进行，并从这一年开始承认世界纪录。这一决定推动了障碍跑运动的发展，水平迅速提高。

这一阶段，3000 m 障碍跑的世界纪录和奥运会冠军为欧洲运动员所垄断。3 000 m 障碍跑虽然很早就被列入奥运会比赛项目，但它是最晚承认世界纪录的男子项目。1954 年 8 月，匈牙利运动员山罗日纽伊创造出 8 min49 s6 的成绩，被国际田联批准为第一个世界纪录。但在这以前，美国人霍阿申菲尔特和芬兰人奥林腾帕，分别创造了 8 min55 s4 和 8 min44 s4 的好成绩，国际田联也承认，却没有将它们批准为世界纪录。

20 世纪 50 年代初到 20 世纪 60 年代末，3 000 m 障碍跑的世界纪录为欧洲运动员所垄断。在奥运会比赛中基本上是欧洲人占绝对优势。苏联、波兰、芬兰和比利时的运动员曾多次打破该项的世界纪录。其中突出的是波兰人兹克希什科维雅克（8 min30 s4，1961 年）、比利时人加罗兰茨（8 min26 s4，1965 年）、芬兰人约·库哈（8 min24 s2，1968 年）和苏联运动员弗杜廷（8 min22 s2，1969 年）。

我国障碍跑运动开展得很晚，1956 年在第 16 届奥运会选拔赛上设立了这个项目，田秀东获得冠军，并创造了该项第一个全国纪录，成绩为 9 min53 s6。20 世纪 50 年代末陈有才将全国纪录提高到 9 min20 s6。20 世纪 60 年代先后由孙克宜（9 min14 s，1961 年）、朴芳初（9 min3 s，1961 年）、冀成文（8 min57 s7，1966 年）突破全国纪录，但与世界水平有较大差距。

（四）第四阶段（1968 年至今）

非洲障碍跑运动水平迅速崛起，突破欧洲人垄断地位，形成肯尼亚一枝独秀的局面。

1968 年墨西哥城第 19 届奥运会 3 000 m 障碍比赛的冠亚军分别是肯尼亚运动员比沃特（8 min51 s2）和科戈。欧洲人被震惊了，有人还认为是偶然现象，认为欧洲人不适应高原地带的气候。1972 年，慕尼黑第 20 届奥运会，许多人都在注视 3 000 m 障碍跑的比赛，并为欧洲人鼓劲加油，比赛结果还是肯尼亚的运动员凯诺获胜（8 min23 s64），可见肯尼亚在墨西哥城的胜利绝非偶然。

肯尼亚的吉普乔在 1972 年获得奥运会亚军后，就开始向欧洲人垄断多年的 3 000 m 障碍跑的世界纪录发起冲击。1973 年在赫尔辛基的两次比赛中，他先后以 8 min19 s8 和 8 min14 s 两次打破世界纪录。

1976 年，蒙特利尔第 21 届奥运会，因为非洲集体抵制奥运会，肯尼亚失去争夺的机会，瑞典的格尔德鲁德获得冠军，成绩为 8 min8 s2，创世界和奥运会纪录，他曾 4 次打破该项世界纪录。1980 年，莫斯科第 22 届奥运会，肯尼亚因故未能派选手参赛，波兰的马利诺夫斯基获得冠军，成绩为 8 min9 s70。

格尔德鲁德和马利诺夫斯基的知名度，均不如肯尼亚的亨利·罗诺。他在 1978 年连续打破 300 m、5 000 m、10 000 m 和 3000 m 障碍的世界纪录，有人把这一年称为“罗诺年”。他创造的 3 000 m 障碍跑世界纪录为 8 min5 s4。

第 23—27 届奥运会 3000 m 障碍的冠军均为肯尼亚运动员蝉联：第 23 届科里尔，8 min11 s80；第 24 届卡里乌基，8 min5 s51；第 25 届伯里尔，8 min8 s94；第 26 届凯特尔，8 min7 s12；第 27 届罗本·科斯吉，8 min21 s43。其中第 25 届奥运会肯尼亚运动员包揽了前三名，第 24、26、27 届奥运会的冠亚军也均为肯尼亚运动员夺走。

从 1978 年到 2000 年，3 000 m 障碍的世界纪录都是由肯尼亚运动员保持的。科埃奇打破了保持 11 年之久的世界纪录（8 min05 s35，1989 年）；基普塔努伊又将世界纪录提高到 8 min2 s08（1992 年）和 7 min59 s18（1995 年），是第一位突破 8 分大关的人；保・巴乌塞伊创造出 20 世纪最高的世界纪录（7 min55 s72，1997 年）。在 1999 年，3000 m 障碍的世界排名中，前 10 名中肯尼亚占 8 席，前三名是保・巴马塞伊、罗本・科斯吉、博伊特。

3 000 m 障碍跑的训练，是与长跑训练同步推进的，所以 3000 m 障碍跑的优异成绩也都是长跑运动员创造的。现代 3 000 m 障碍跑的训练特点更趋向专项化、科学化。肯尼亚就组织了一些运动员专门进行 3 000 m 障碍跑的训练。

近年来，有些国家正在进行女子障碍跑的训练和比赛。美国从 1996 年就开始组织女子 3 000 m 障碍跑的比赛，并进行了女子障碍栏架的高度和水池深度的研究。国际田联已宣布 2000 年 1 月 1 日是女子障碍跑成为正式世界比赛项目的时间。女子障碍跑随着国际田联的承认，已在许多国家开展起来。2001 年，国际田径大奖赛荷兰亨格洛站于 6 月 4 日进行了女子 3000 m 障碍跑的比赛，罗马尼亚的卡桑德拉以 9 min45 s12 获得冠军；同年 7 月 10 日，在尼斯站的田径大奖赛上，波兰的巴克又以 9 min25 s31 夺魁，并创造了世界最好成绩。2002 年 4 月 13 日，国际田联在内罗毕宣布，2005 年世界田径锦标赛将增添这个项目的比赛。2002 年，国际田联规则已将女子 3 000 m 障碍跑列为承认世界纪录的项目。

我国在新中国成立前没有开展过 3 000 m 障碍跑项目的比赛。新中国成立后，直到 1956 年才首次将这一项目列为全国比赛的项目。第一个全国纪录由北京体育学院的田秀东创造，成绩为 9 min53 s6。由于我国在这个项目上起步较晚，再加上我国男子中长跑水平与国际水平有一定差距，所以这个项目的成绩还很不理想。

我国在 20 世纪 70 年代吸收外国的训练经验，结合我国运动员的实际，研究并改进了 3 000 m 障碍的训练方法，有些省市相继组建 3 000 m 障碍跑专项训练队，运动水平得以提高。20 世纪 70 年代，李文亮创造了 8 min47 s1 的全国纪录。20 世纪 80 年代，王占奎以 8 min39 s61（1981 年）打破全国纪录；程守国把全国纪录提高到 8 min37 s33（1986 年）。20 世纪 90 年代，高树海以 8 min34 s32（1991 年）打破全国纪录；孙日鹏在第 7 届全运会上又把全国纪录提高到 8 min24 s87（1993 年），并获得冠军；在第 8 届全运会上，孙日鹏又夺得冠军，并创造出 20 世纪我国的最高纪录 8 minl0 s46（1997 年），将全国纪录提高了 14 s41，缩短了与世界水平的差距。

3 000 m 障碍跑很长时期以来基本上是由中长跑运动员兼跑。但是，当人们认识到 3 000 米障碍跑不应是中长跑的附属项目以后，这种局面已经在改变。当今国际上，3 000 m 障碍跑项目从选材到训练，已经更加向专项化和科学化方向发展。

二、3 000 m障碍跑技术分析

3 000 m障碍跑的起跑、起跑后加速跑、障碍间跑、终点跑技术与中长距离跑技术基本相同。因此，本节主要叙述跨越障碍栏架和水池的技术。

（一）跨越障碍栏架的技术

障碍栏架高0.914 m，宽3.96 m，栏架横木截面为0.127 m见方，全重80～100 kg。越过障碍栏架的方法有“跨栏法”和“踏上跳下法”两种。

1. 跨栏法

跨栏法（图6-6-1）是一种理想的快速越过障碍栏架的方法，优秀运动员都采用这种方法。其技术与400 m栏技术基本相同，但由于3000 m障碍跑距离长，速度比400 m栏慢，再加障碍栏架横木比普通栏板厚，因此起跨点较近，一般为1.50～1.70 m。另外，起跨蹬地角度比跨400 m栏略大，身体重心略高，起跨腿向前提拉动作也稍慢。整个跨越障碍栏架动作，应比400 m栏过栏动作省力和自然。

图6-6-1　跨栏法

2. 踏上跳下法

踏上跳下法（图6-6-2）是一种比较简单、省力的越过障碍栏架的方法，但速度比跨栏法慢一些，适合初学者或运动员疲劳时采用。这种方法起跨点很近，一般为1.00～1.30 m。起跨后用摆动腿前脚掌或掌心踏上栏顶横木，上体前倾并迅速屈膝防止身体重心升高。当身体重心移过支撑点时，支撑腿再迅速做蹬离障碍栏架动作，另一条腿向前迈出用前脚掌首先着地，然后继续向前跑进。应注意蹬离栏架动作不要用全力进行，也不应过分追求下栏架的远度。整个踏上跳下动作应做得轻快、柔和。

图 6-6-2　踏上跳下法

（二）跨越水池的技术

跨越水池是 3 000 m 障碍跑中最困难的动作，其技术也最复杂。因为运动员要先踏上障碍栏架，再由栏架上跳起，越过 3.66 m 长的水池。因此，掌握正确的跨越水池的技术在 3 000 m 障碍跑中非常重要。

当距离水池 15 m 左右时，运动员应加快跑速，并通过目测调整步伐，以便准确地踏上起跨点，起跨点距离障碍栏架 1.20 ～ 1.40 m。一般用力量较弱的腿起跨，用有力的腿踏上栏顶横木，以利于集中力量跨越 3.66 m 长的水池。

起跨时，蹬地腿迅速蹬直，摆动腿屈膝向前上方摆起，用前脚掌或掌心踏上栏顶横木。上栏架后上体要加大前倾角度，并迅速屈膝，以缓冲对障碍栏架的冲力和为跨越水池做好准备。与此同时，起跨腿迅速屈膝向支撑腿靠拢。当重心移过障碍栏架时，支撑腿开始做蹬离障碍栏架动作。这时，摆动腿屈膝迅速向前上方摆出，两臂也提肩前摆（或摆动腿异侧臂前摆），上体适度前倾，支撑腿迅速有力地蹬离障碍栏架。蹬离障碍栏架后，稍向前上方腾起并在空中成"腾空步"姿势，然后后腿向前腿靠近，接着前腿稍下压，膝关节自然伸直。着地时，上体仍要适当前倾，后腿屈膝迅速前摆，使身体重心尽快移过支撑点，迅速迈出跨越水池后的第一步继续向前跑进。应尽量省力地跨越过水池或在浅水处落地，这样既可减少体力的消耗，又能减少水平速度的损失。

近些年来，少数优秀运动员在跑前几圈时，用直接跨越的方法越过水池。采用这种方法时，运动员在距离水池 10 ～ 15 m 时跑速要加快，然后像跨越障碍栏架一样越过水池。采用这种方法，虽然能提高跨越水池的速度，但体力消耗增大，对运动员的身体训练水平要求也更高。

（三）3 000 m 障碍跑技术特点分析

3 000 m 障碍跑的起跑、起跑后加速跑、障碍间跑和终点跑技术，虽然与中长距离跑技术基本相同，但由于跑进中需要有规律地越过障碍，因此它与一般的平跑技术有所差异。在跑进中，要始终有越过障碍的思想准备，尤其在接近障碍栏架和水池时，要注意根据自己的判断，及时调整好步伐，以便能准确地踏上适宜的起跨点并顺利地越过各个障碍。

3 000 m 障碍跑的障碍栏架高度（0.914 m）虽然与 400 m 栏栏架高度相同，采用跨栏法越过障碍栏架时的技术与跨 400 m 栏技术也基本相似。但由于 3 000 m 障碍跑不分道跑，再加上起跑到第一个障碍和各障碍之间的距离都较远，这就决定了 3 000 m 障碍跑的起跑到第一个障碍栏架和其后的障碍栏架之间不可能像跨栏跑那样用固定的步数去跑。因此，一方面要培养运动员的目测能力，以便做好越过障碍栏架前最后几步的调整，准确踏上起跨点；另一方面要求运动员掌握两腿都能起跨越过障碍栏架的技术，以保持跑的正确节奏和避免降低越过障碍栏架的速度。

3 000 m 障碍跑中跨越水池的技术不仅是最复杂的技术，而且消耗体力也较大。因此，如何做到既能顺利越过水池、保持跑速，又能尽量减少体力的消耗，就成为 3 000 m 障碍跑跨越水池技术的关键和难点。运动员要根据自身情况掌握好跨越水池时适宜的身体重心腾起角。身体重心腾起角过大，可能会跨不出 3.66 m 的水池和影响继续跑进的速度；身体重心腾起角太小，同样可能会跨不出水池和影响继续跑进的速度。因此，运动员应通过反复实践，确定符合自身条件的跨越水池的身体重心腾起角。

3 000 m 障碍跑从距离来看属于中距离跑项目，但其体力和能量消耗比长跑项目还要大。因此，在全程跑时，一是要掌握好适合个人特点的节奏，二是要合理分配好体力。优秀运动员后半程与前半程的速度相差不是很大。

三、3 000 m 障碍跑的教学

当运动员具备了良好的身体训练水平，并取得中长跑的较好成绩，就可以进行障碍跑的教学和训练。在体育院校的田径教学中，障碍跑的教学应安排在中长跑和跨栏跑的技术教学之后。

（一）建立 3 000 m 障碍跑的技术概念

为了让学生了解障碍跑的知识，教师要讲解 3 000 m 障碍跑的特点和规则、介绍 3 000 m 障碍跑的比赛场地和障碍设置，利用技术图片、录像等直观教具，讲解跨越障碍栏架和水池的基本方法。

（二）用踏上跳下法过障碍栏架的技术

方法手段包括：在慢跑到中速跑时利用跳箱做踏上跳下练习。跳箱的角度由低逐渐升到男子 85 ～ 90 cm，女子 65 ～ 70 cm；中速跑时踏上障碍栏架，跳下并继续向前跑 10 ～ 15 m；中速跑时用踏上跳下法过 3 ～ 4 个障碍栏架，栏间 30 ～ 40 m，用不习惯的一条腿踏上。

（三）用跨栏法跨越障碍栏架的技术

方法手段包括：复习跨栏跑的技术，两条腿轮流起跨攻栏；慢跑到中速跑跨过 4 ～ 6 个普通栏架。栏高：男子 91.4 cm，女子 67.2 cm。栏间距离：男子 9.50 ～ 10.00 m，女子 9.00 ～ 9.50 m。栏间跑 4 步。学习、掌握两条腿轮流起跨的技术；反复用中速跑跨过障碍栏架，要求左右腿轮流起跨攻栏；用中速跑跨过 3 ～ 4 个障碍栏架，栏间 30 ～ 40 m。哪条腿能踏上起跨点就用哪条腿起跨。

（四）跨越障碍栏架和水池的技术

方法手段包括：缩小场地，越过 1 ～ 2 个障碍栏架和水池；在水池的前后 30 ～ 40 m 处，各放置一个障碍栏架。反复进行越过障碍栏架 + 水池 + 障碍栏架的练习。跑的速度由中速度逐渐提高到个人障碍跑比赛的平均速度；距离 200 m，反复做越过 3 个障碍栏架和水池的练习。障碍栏架和水池间的距离缩短并不等；根据学生在技术动作上存在的问题，教师要分别对待，选择有效手段纠正学生的错误，使学生能掌握正确的技术。

四、3 000 m 障碍跑的训练

（一）3 000 m 障碍跑的素质训练

3 000 m 障碍跑的素质训练与中长跑和跨栏跑训练有很多相似之处，主要应训练耐力、速度、力量等专项素质。

1. 耐力素质训练

3000 m 障碍跑的耐力训练包括一般耐力训练和专项耐力训练两种。

（1）一般耐力训练

一般耐力训练主要是为了增强内脏器官功能，提高跑的能力和人体有氧代谢的能力，为专项耐力训练打下坚实的基础。发展一般耐力主要通过时间长、强度不大的持续跑练习，跑时心率控制在 150 次 / min 左右，速度约 1 km/4 min，距离由每次跑 5 000 m 左右逐渐增加到每次跑 15 000 m 左右。

（2）专项耐力训练

专项耐力是 3 000 m 障碍跑运动员最重要最关键的身体素质，它对提高 3 000 m 障碍跑的运动成绩至关重要。发展专项耐力，除了采用中长跑运动员训练经常采用的强度较大（约最大强度的 80% ～ 90%）的重复跑、间歇跑及法特莱克跑等以外，还可以在 3 000 m 障碍场地上做 1 ～ 3 圈的重复跑和间歇跑来发展 3 000 m 障碍跑运动员的专项耐力。

3 000 m 障碍跑的耐力训练，在全年训练的准备期，应以发展一般耐力为主；进入春季训练阶段，应逐渐增加专项耐力训练的比重；在比赛期，则主要应抓好发展专项耐力的训练。

2. 速度素质训练

速度素质同样应成为 3 000 m 障碍跑运动员的专项身体素质，因为，假如一个 3 000 m 障碍跑运动员的 100 m 平跑成绩仅为 13 s 左右，那么他的 3 000 m 障碍跑专项就很难达到理想的好成绩。因此，要十分重视 3 000 m 障碍跑运动员的速度素质训练。

3 000 m 障碍跑运动员所需要的速度，主要是平跑的位移速度。可以采用发展短跑运动员位移速度所采用的重复跑进行练习，其特点是跑的距离短（一般为 30 ～ 100 m），跑的速度要快（用最大速度），每次跑之间的间歇时间同短跑练习时的基本要求（一般以心率恢复到 110 ～ 120 次 / min 为依据）。发展速度素质的训练，要安排在精力较充沛的时候。一次训练课中的速度训练，通常都安排在准备活动之后。

3 000 m 障碍跑的速度训练，主要应安排在全年训练的准备期。在比赛期，虽然由于专项训练内容的增加而速度训练有所减少，但仍然应注意保持一定的发展速度的训练量。

3. 力量素质训练

3 000 m 障碍跑运动员所需的力量有两种，一种是跨越障碍栏架和水池所需的快速力量；另一种是保持 3 000 m 距离持续跑所需要的耐力力量。发展快速力量主要采用短跑、跨栏跑运动员发展快速力量所采用的各种练习，如大强度的单足跳、跨步跳、蛙跳、跳深以及大重量的挺举、抓举、负重蹲跳起等练习。发展耐力力量主要采用强度较小、持续时间较长的小跳、跨步跳、负轻重量的跳、举杠铃和持哑铃摆臂等。3 000 m 障碍跑的力量训练，主要应安排在全年训练的准备期。在力量训练中所采用的运动负荷，应根据不同运动员的力量基础、承受负荷的能力而定。

（二）3 000 m 障碍跑的赛前训练

3 000 m 障碍跑的赛前训练与比赛，与中长距离跑项目有很多相似之处，下面简要阐述其主要的特点。

3 000 m 障碍跑赛前训练的任务是使运动员达到最高的训练水平并进入比赛状态。为此，要加强专项耐力的训练，完善跨越障碍栏架和水池的技术，进一步培养速度感和形成适合个人特点的跑的节奏，精通 3 000 m 障碍跑的比赛战术，以及加强参加比赛所需的心理品质的培养等。

安排和调整好运动负荷，在 3 000 m 障碍跑赛前训练中至关重要。此期间运动负荷安排的特点是负荷量不断下降而负荷强度不断增加。负荷量下降主要是发展一般耐力的跑的量下降，强度不大的中速跑在此期间只作为保持一般耐力水平和休息调整的手段。强度增加则主要体现在提高专项耐力的训练上，强度很大的间歇跑和重复跑（包括在 3 000 m 障碍跑场地上进行的间歇跑和重复跑），是 3 000 m 障碍跑赛前训练的主要内容。

在赛前两周左右，应进入赛前调整。此期间应进一步减少负荷量，并根据参赛运动员的情况制订战术方案。在赛前 5 ～ 6 天进行一次大强度的训练后，应积极休息并熟悉比赛场地，以便运动员以充沛的体力和跃跃欲试的心理状态投入比赛中去。

第七节　马拉松跑

一、马拉松跑的发展概况

马拉松（marathon）长跑是国际上非常普及的长跑比赛项目，全程距离 26 英里 385 码，折合为 42.195 km，也有说法为 42.193 km，分为全程马拉松、半程马拉松和四分马拉松。以全程马拉松比赛最为普及，一般提及马拉松，即指全程马拉松。

马拉松赛是一项长跑比赛项目，这个比赛项目的起源要从公元前 490 年 9 月 12 日发生的一场战役讲起。这场战役是波斯人和雅典人在离雅典不远的马拉松海边发生的，史称希波战争，雅典人最终获得了反侵略的胜利。为了让故乡人民尽快知道胜利的喜讯，统帅 m 勒狄派一个叫菲迪皮茨的士兵回去报信。菲迪皮茨是个有名的“飞毛腿”，为了让故乡人早知道好消息，他一个劲地快跑，当他跑到雅典时，已上气不接下气，激动地喊道："欢乐吧，雅典人，我们胜利了"说完，就倒在地上死了。为了纪念这一事件，在1896年举行的现代第1届奥林匹克运动会上，设立了马拉松赛跑这个项目，把当年菲迪皮茨送信跑的里程作为赛跑的距离。马拉松原为希腊的一个地名，在雅典东北30 km，其名源出腓尼基语marathus，意即"多茴香的"，因古代此地生长众多茴香树而得名。体育运动中的马拉松赛跑就得名于此。

1896年举行首届奥运会时，顾拜旦采纳了历史学家布莱尔以这一事件设立一个比赛项目的建议，并定名为"马拉松"。比赛沿用当年菲迪皮茨所跑的路线，距离约为40.2 km。此后十几年，马拉松跑的距离一直保持在40 km左右。1908年第4届奥运会在伦敦举行时，为方便英国王室人员观看马拉松赛，特意将起点设在温莎宫的阳台下，终点设在奥林匹克运动场内，起点到终点的距离经丈量为26英里385码，折合成42.195 km。国际田联后来将该距离确定为马拉松跑的标准距离。女子马拉松开展较晚，直到1984年第23届奥运会才被正式列入比赛项目。

1896年首届奥运会后，马拉松赛在世界各地广泛举行，美国从1897年起举行波士顿马拉松赛，至2000年已举办了104届，成为世界上历史最悠久的马拉松赛。马拉松在公路上举行，可采用起、终点在同一地点的往返路线或起、终点不在同一地点的单程路线。比赛时，沿途必须摆放标有已跑距离的千米牌，并要每隔5 km设一个饮料站提供饮料，两个饮料站之间设一个用水站，提供饮水或用水。赛前需经身体健康检查，合格者方可报名参加比赛。

中国史上第1届马拉松比赛在南京举办。自近代体育传入中国后，中国有记录的首届马拉松比赛的赛道位于南京与镇江之间。赛道的最后一段路程，即南京的中山门到新模范马路这一段。

二、马拉松跑的训练重点

大运动量是马拉松训练的传统特点，这也是马拉松运动项目本身特点所决定的，因此，在训练实践中教练员必须重视大运动量的训练。然而，随着马拉松成绩的不断提高，当今单靠大运动量训练就能取得比赛优势并获得优异成绩的时代已经成为过去。因此，提高训练强度，注重训练效率已经成为当今马拉松跑训练的一个重要特点。研究表明，当今的马拉松跑训练出现了两种引人注目的发展趋势：首先，训练负荷从大运动量向大强度方向转化，负荷量逐渐下降，强度逐渐增大；其次，大运动量和大强度相结合，两者同时变化，同时达到最大值。田麦久研究得出耐力项目训练中负荷强度的提高比提高训练量对训练效果更重要，所以在保证训练量的同时，强度的安排也必须科学合理，且要保证超量恢复。陈广认为每周进行大运动量的次最大强度训练，能够通过增加毛细血管和线粒体的数量来提高耐力水平，所以高强度训练对于提高最大摄氧量更加有效。另有研究把肯尼亚马拉松运动员与我国马拉松运动员的训练强度进行了对比，发现肯尼亚马拉松运动员采用更高的平均强度训练，并且能够在许多5 000 m以上距离项目的比赛过程中保持更高的最大摄氧量百分比，并且肯尼亚运动员在最大强度练习之后，具有较低的血乳酸浓度，而且在进行重复性股四头肌等长收缩练习过程中，出现疲劳的时间也较晚。这表明肯尼亚运动员长跑之所以领先，与他们能承受更高训练强度有关。由此可见注重提高训练强度，可以更有效地提高运动员的耐力水平，可以有效地提高最大摄氧量。因此，合理地提高训练强度、注重训练效果是目前马拉松跑的训练重点。

三、马拉松跑制胜的核心因素

在马拉松比赛中，运动员能否取得优异成绩受到诸多因素的制约和影响，如速度、耐力、力量等，但是在比赛全程中，速度分配是否合理则具有决定性的作用。有研究表明，世界优秀马拉松跑运动员在比赛中均呈匀速跑特征。这是因为马拉松跑运动员在比赛中采用匀速跑是比较科学的方案，采用匀速跑可保持机体有氧代谢过程的稳定，合理地使用能量，避免乳酸大量堆积，节省体力，减少消耗，提高成绩。采用匀速跑是运动员发挥水平，创造好成绩的最佳选择。由此可见，马拉松跑比赛中，在赛前制订合理的速度分配方案，并且在赛中高效地实施，使自己的速度接近匀速跑，成为运动员取胜的核心因素。

有研究表明，马拉松跑的成绩与运动员的年龄、身高、体重、身体质量指数等相关性较低，而与 5 000 m、10 000 m 和半程马拉松跑的成绩高度相关。通常情况下，相对女子运动员，男子运动员的力量和速度均有显著优势。由此可见，绝对力量以及绝对速度对马拉松跑项目的影响并不是很大。综上所述，马拉松跑属于典型的耐力型项目，脂肪有氧氧化供能的速率以及功率，是运动员跑进速度的保证。

第七章　定向越野的教学与训练

定向越野运动是一项自然环境体育项目。它教会你如何在大自然中把握自己，爱护自然，遵守郊野公园守则。它是不需任何花费的群众性体育项目，所需的只是一张好的定向地图和一个指北针。本章分别从定向越野概述、定向越野的基本技能、定向越野的地形知识与地图制作、定向越野的教学训练与安全以及定向运动竞赛与活动的组织五个方面进行了阐述。

第一节　定向越野概述

一、定向越野的定义

定向越野是参加者利用一张详细而精确的地图和一个指北针，按规定的顺序独立地寻找若干个标绘在地图上的地面检查点，并以最短的时间到达所有点标的项目，跑完全程的运动员为胜。定向越野通常在森林、郊外和城市公园里进行，也可在大学校园里进行。定向越野又称为“定向运动”“定向跑”“野外定向”“识图越野”等。

在定向越野比赛中，每一条标准的定向路线都包括一个起点（用三角表示）、一个终点（用双圆圈表示）和一系列点标（用单圆圈表示）。这些点标已在地图上用阿拉伯数字标明。

在实际地形中，一个红色和白色相间的点标旗标志着运动员应该找到的点的位置。为了证实已经找到了点，运动员必须在到达的每一个点标处使用打卡器打卡，且不同的打卡器打出的针孔不同。今天，电子打卡系统已被广泛使用，它不仅能证实是否按顺序正确到访，还能记录到访时间。点标与点标之间的路线并不指定或固定，运动员可以自己作出选择。这种路线选择能力以及借助地图和指北针在森林和公园辨明方向并以最快速度按顺序到达目的地的能力便是定向运动的精髓所在。

定向越野，是与中国人民解放军军事训练科目“按图行进”非常相似的一项活动。这项活动既可以在森林、郊外和城市公园里进行，也可以在面积较大的学校校园里进行。不同的野外区域适合不同的野外定向活动群体，它是一项融趣味性、知识性、竞争性和健身性于一体的新潮别致的智慧型军事体育运动。

二、定向越野的意义和作用

定向越野是一项非常健康的智慧型体育项目，是智力与体力并重的运动。它不仅能强健体魄，而且能培养人独立思考、独立解决所遇到困难的能力及在体力和智力受到压力下迅速反应、果断决定的能力，还有助于在世界范围内建立起强大的社交网络。

定向越野是一项广交朋友的社交性体育项目。在这里，不论男女老少、文化背景、社会地位，可相互交流，共享人生。因此，定向运动吸引了全世界各个阶层、各个年龄段人们的广泛参与。

定向越野能够有效地培养人们独立思考、独立分析、独立解决问题的能力，培养人们在体力和智力受到压力的野外环境中迅速做出反应的能力、果断决定对策的能力和一定的野外生存能力。定向越野适应了现时我国大中小学由应试教育向素质教育转变的教育理念，在锻炼青少年体魄的同时，培养和提高了他们的活学活用能力、快速思维能力和判断能力。

三、定向越野在国内外的发展简况

资料记载：19 世纪末 20 世纪初，欧洲北部斯堪的纳维亚半岛广阔而崎岖不平的土地上覆盖着一望无际的森林，散布着无数的湖泊，城镇、村庄稀疏散落，人们的交通主要是依靠那些隐现在林中湖畔的弯弯曲曲的小路。在这样的地理环境中生活，理所当然地要比别的地方更需要地图和指北针，否则，要想穿越那茫茫林海是十分困难的。正因为如此，那些经常在斯堪的纳维亚半岛山林中行动的军队，就必须具备在山林地辨别方向、选择道路和越野行进的能力。只有具备了这种能力，他们才能完成保卫国家的重任。这也使他们成为开展定向运动的先驱。定向运动起源于瑞典，最初只是一项军事体育活动。

1918 年，瑞典一位名叫吉兰特的童子军领袖组织了一次叫作“寻宝游戏”的活动，引起参加者的极大兴趣，这便是定向运动的雏形。由于这个活动组织方法简便，不仅对提高野外判定方向的能力及学习使用地图有好处，还能够培养和锻炼人的顽强精神，提高人的智力与体力水平。开展定向运动并不需要像其他体育项目那样在场地与器材上支付大量经费。它的娱乐性与实用性兼备，因此日益受到军队的重视，并且很快地在民间流传开来。

“定向”这两个字在 1886 年首次使用，意思是在地图和指北针的帮助下，越过不被人所知的地带。真正的定向比赛于 1895 年在瑞典斯德哥尔摩和挪威奥斯陆的军营区举行，标志着定向运动作为一种体育比赛项目的诞生，距今已有百年历史。

定向运动本身作为一种体育项目开展是从 21 世纪初在北欧开始的。到 20 世纪 30 年代，已在芬兰、挪威、瑞典、丹麦立足。1932 年，举行了第一次世界定向运动比赛。1961 年，国际定向联合会（以下简称“国际定联”）在丹麦哥本哈根成立。国际定联是世界定向运动的行政实体，是国际体育联合会总会之一。定向运动也是国际承认的奥林匹克体育项目。

在瑞典，约 1 000 万人口中就有 100 多万积极的定向运动员和 100 多万业余爱好者。全国有几百个定向俱乐部，每年组织 1000 多场正式定向比赛。瑞典国王是定向运动最权威的支持者和保护人，众多政界要人、商业巨头、媒体名人也为定向运动的钟爱者和积极参与者。所有瑞典学校学生及军队服役人员必须学习定向运动，这是一门必修课程，是教育和训练的一部分。对许多瑞典人来说，定向运动已成为一种生活方式。

我国的定向运动起始于20世纪70年代末期。当时，我国的体育报刊上陆续刊登了一些介绍国外定向运动情况的文章，国际定向运动特有的锻炼价值和实用性，逐渐引起了国内体育部门和军事部门的注意。作为定向运动基本技术之一的利用地图按方位角行进的训练，是中国人民解放军的常规军事训练课目之一。

定向运动在我国按国际标准正式作为一项体育活动开展训练和比赛是在1983年。1983年3月10日，中国人民解放军体育学院首次在广州白云山组织了一次“定向越野试验比赛”。这次比赛虽然准备时间短暂，又缺乏组织经验，但由于定向运动自身的特点，比赛进行得很顺利并取得了良好成绩——取得第一名的运动员王清林仅用了2 h 28 min 11 s，就在大雨中完成了设于山地密林中的10 km比赛路程，这显示了定向运动在我国的适用性和巨大的发展潜力。其后，一些军队院校也相继举办了这样的比赛。郑州的测绘学院还举办了难度较大的夜间定向比赛，并将其列为该院每年举办的运动会项目。

1983年7月，北京市测绘学会在举办青少年测绘夏令营时，组织一百多名15～17岁的中学生在北京密云举行了一次定向越野比赛，受到了营员的欢迎，从而激发了大家对这个运动项目的极大兴趣。

1986年4月30日，中国人民解放军体育学院在举办该院第4届运动会定向越野比赛的同时，依靠社会的力量集资举行了“广州首届白云杯定向越野比赛”，在我国首次实现了完全依靠自己的技术力量组织面向社会的定向越野“公开赛”，为我国今后开展定向运动的宣传、普及工作提供了有益的经验。随着我国经济的发展和文化生活水平的提高以及体育事业的发展，定向运动这一适应我国人民身体素质的十分有益的体育活动，必将更广泛地在我国开展起来。

1994年，在北京举行了第1届全国定向锦标赛。通过赛会扩大了定向越野参加者队伍，提高了定向越野水平，健全了定向越野各项组织机构，推动了地图、指北针等器材的生产与革新。各省、市和各地区都根据不同的野外环境、现有条件和参加的群体，组织不同形式、不同项目、不同级别的定向越野比赛，推动了定向越野运动在我国的普及和发展。

定向运动是一项时尚体育运动，既能锻炼参加者的智力、体力，又能使参加者获得广泛的自然情趣，还能丰富参加者的业余文化生活。因此，定向运动得到了广大时尚体育爱好者的认可和喜爱，在民间流行很快，开展的范围很广泛。举办定向越野比赛活动具有重要的社会意义。

第二节　定向越野的基本技能

在定向越野运动中，我们所要掌握的不仅仅是基础知识和技术，更重要的是基础运动技能，知识与技术是技能的养料。我们要切实地在把握技术的基础上拓展技能，从而提高自己的运动水平，在实际的定向运动中，实践比赛是培养和提高定向运动技能的最有效的途径。

一、定向运动技能分类

定向运动技能可分为精确定向技能和概略定向技能。

（一）精确定向技能

精确定向技能是利用户外复杂地物地貌进行定向的一种技能，通常在短距离的路段或长距离路段的最后部分使用。在实施精确定向技能时，选手一般可以借助指北针仔细瞄准目标方向，从“进攻点”接近检查点，并只需要判读预定直线方向的地物地貌，读地图相对容易些。另外，由于实施精确定向技能区域的地貌一般较为细碎而复杂，读地图的地形范围较小，从而要求选手集中注意力进行分析思考，这样就限制了奔跑的速度。我们通常用步测结果确定行进距离。地物地貌很细碎，所以容易出现偏差，需要尽力瞄准方向，尽可能地读出周围的特征地物，从图中量出从站立点到检查点的实地距离，并用步测估算出行进的距离。

（二）概略定向技能

概略定向技能就是利用野外的地物地貌朝着大型地物特征点，或沿明显“扶手”（线形地物地貌）进行定向的技能。使用该技能时，选手可以对图上的地物地貌进行简化处理，忽略不重要的地物地貌，只需留下一些突出的对定向有用的大型地物地貌。在这个阶段，需要边奔跑边读地图，同时不断调整地图的方位，并不断确认周围地形，留心地形细部特征，但不要把时间浪费在核实地形上。学会超前读图、概括地形、运动中读图和记图是十分必要的。

二、定向运动技能培养

根据定向运动过程结构，分阶段对定向技能进行培养。

（一）出发点技能的培养

出发点的技能对定向比赛非常重要，在这个阶段选手必须调整好心态，在拿到地图后准确、迅速地标定好地图、浏览全图，根据图上标给定向路线弄清基本走向，明确出发点与终点之间的关系；迅速进行地图与实地对照，贯彻好路线选择原则，即“有路不越野”“走高不走低”“遇障提前绕”“就近不就远”四大原则；选准适合个人情况的出发点到达 1 号检查点的具体运动路线。简而言之，出发阶段的任务：标定地图，了解路线走向，按四大路线选择原则选择好路线，想办法走上大路，然后迅速奔向目标点。

（二）途中技能的培养

虽然参赛者的水平不一、采用的技能有所不同，但均表现出两项基本技能：一是随时标定地图，一般依明显地物地貌点标定或者根据指北针标定；二是明确站立点在地图上的位置，做到“人在实地走，指在图中移”。其具体运动技能主要有七种：一是分段运动法，比如，参赛者在 3 号检查点上，就根据图上 3 号与 4 号检查点的位置，将运动路线分成到达辅助目标鞍部再到达山脊西侧独立房，再到达小高山为准的三段。这样前进，既可把握好行进方向，又能随时明确站立点在图上的位置，并能减少读图时间，加快运动速度。二是连续运动法，在分段运动法基础上，在未达到某一个辅助目标前，边跑边从图上分析下一段能通视地域内的地形，考虑选择下一个辅助目标及具体的路线，因而不需要在辅助目标上做停留来寻找检查点，形成连贯性运动。三是路段记忆法（连续记忆法），将最佳路线记在脑中，运动中按所记忆的路线行进，并在到达某一检查点以前又将下一路段的路线记在脑中，以便到达检查点时又能立即离开，连续寻找下一个检查点，如此循环。四是依扶手运动法，扶手一般指道路沟渠、高压线、通风线等线状地物地貌。例如，从第 4 号检查点出发，先沿小径运动，看到高压线向右再沿高压线前进，其特征只用扶手控制运动方向。五是依点运动法，是指用明显的地物地貌点，用分段运动法和连续运动法寻找检查点，其特征是用点来控制运动方向。六是提前绕行法，这种方法是在检查点之间有大的障碍时用的，提前想好绕行方法，将绕行时间缩到最短。七是测步法，在起伏不大、无道路、有植被覆盖、通视较差时使用，首先确定前进方向，测出站立点到目标点的距离，并换算成复步数，边记下复步数边接近目标点，直至找到检查点。

（三）检查点技能的培养

定向运动的核心问题是检查点的找寻，在定向运动中，尽快找到检查点至关重要。选手寻找检查点的重要原则：当接近检查点时，要在地图上分析，确定下一段最佳运动路线，熟悉路线两侧地形，对检查点的实地位置做到心中有数，争取一次“捕捉”成功，并在“捕捉”成功之后，迅速打卡快速离开，避免为他人指示目标。接近检查点的技能通常主要有四种：一是简化法，即抓住靠近检查点附近的地形地貌的主要特征，快速接近检查点，利用小山丘脚作为明显特征地物并当作接近检查点的“扶手”。二是放大法，选择一侧进行接近更容易发现检查点，从右侧接近检查点最容易。因为从右侧最容易看见小路末端（检查点所在位置）。三是偏向瞄准法，即当检查点在扶手地物上或一侧，并且运动方向与扶手地物的交角较适宜时，根据地形条件，有意向左或向右偏离检查点。运动时，以该线状地物为攻击目标。当运动到该地物时，再向右或向左沿扶手寻找检查点，为了避开灌木丛或其他一些类似地区，用指北针瞄向岔口的一边。当到达小路时，向右转沿小路即可到达检查点。四是顺延法，即顺着通向检查点的地物到达检查点。

（四）终点技能的培养

当找到最后一个检查点时，根据出发时明确的出发点与终点的关系，依据已选择的最佳运动路线或组织者的规定必经路线，结合自己的体力状况，以最快速度向终点运动。接近终点时要进行最后的冲刺。

三、定向运动智能培养

定向运动是一项富于挑战性且独立性极强的运动，要求参与者在体能极度消耗的情况下，从起点到终点都必须独立地作出所有抉择，独立地处理在运动过程中出现的任何问题，不断地回答“我在哪儿，我去哪儿，我如何选择，如何跑进”的问题，必须合理使用指北针，进行读图和判别。与人进行追逐时，落后者难免会有一些心理上的落差，因此定向运动对参与者在智能上也有独特的要求。定向智能通常可以归结为从事定向运动所需要的地理学、测绘学等基础学科知识，以及视觉反应与鉴别能力、独立思考分析能力、决策与判断能力、方位感知能力、心理调整能力、集中注意力能力等，定向运动智能培养一般包括定向基础知识的培养和定向专项能力的培养两部分。

（一）定向基础知识的培养

通过理论学习掌握定向运动所需要的地理学、测绘学等基础学科知识，同时通过各种实践训练来巩固定向运动的基础学科知识。

（二）定向专项能力的培养

定向专项能力主要包括视觉反应与鉴别能力、独立思考分析能力、决策与判断能力、方位感知能力、心理调整能力、集中注意力能力等。下面介绍几种培养与提高这些能力的方法。

第一，采用书面形式训练，即采用侧重于认知能力的测试，从智力、知识技能、能力倾向角度出发，并以定向运动专业知识和与定向运动密切相关的学科知识为主要素材，用题目多、时间少的方式训练学生的紧迫感。

第二，进行图上定向智能实践练习，即在规定时间内，在定向地图上快速完成一条或几条定向比赛路线并对路线选择、运用战术作出分析，然后放下地图进行回忆。

第三，进行实地定向智能练习，安排不同比例尺的定向地图，在地形地貌比较细碎、明显地物较少的地带或林地，设置较多点标并形成较多交叉路线的定向路线进行练习，实践的范围可根据需要调整，但必须使练习者不断地思考。

第四，举行模拟定向训练赛。

第三节　定向越野的地形知识与地图制作

一、与地形相结合的越野技术知识

在定向越野跑中，运动员会经常遇到不同的地形、不同的环境，要在这些不同的条件下，提高跑的效率，就应该采用与之相适应的奔跑技术。通常情况下，比赛区域内可能会有道路、草地、上坡、下坡、树林等各种通道和地形地貌。在这些地段上行进时，可以参考以下越野跑技术知识。

（一）较平坦道路跑的技术知识

运动员在定向越野跑中，若行进路线上有较平坦的道路，则尽量在道路上选择较平坦的地方奔跑，并采取与马拉松式或中、长距离跑基本相同的技术。

（二）草地道路跑的技术知识

运动员在定向越野跑中，若行进路线上有草地小路，则应尽量用全脚掌着地，并要随时注意观察面前的路面，避免陷进坑洼或被草丛中的石块、枯枝碰伤腿脚，应该采用适宜草地的越野跑方式。

（三）上坡道路跑的技术知识

运动员在定向越野跑中，若行进路线遇到上坡道路，则应抬高大腿、减小步幅，同时注意用前脚掌抓地，上体前倾使重心落于适当位置，并采用适宜上坡的越野跑方式。若行进路线上遇到较陡的斜坡，则应采用“之”字形小跑或走的越野跑方式。当斜坡过陡时，则应采用以单手或双手辅助攀登的越野方式。

（四）下坡道路跑的技术知识

运动员在定向越野跑中，若行进路线上遇到下坡道路，则应采用上体稍后倾的姿势，以全脚掌或脚跟着地的方式跑下坡。若所遇到的下坡较陡或坡面较滑，则可以采用侧身侧脚掌着地的方式下坡。当坡面过陡过滑时，应采用蹲撑状或蹲坐状的姿势，以手撑地或牵拉住蒿草、树枝等方式下坡。下到离坡底 10 m 左右时，可以顺下坡趋势快速奔跑至平地。

（五）坡地下跳跑的技术知识

运动员在定向越野跑中，若遇到坡地需要下跳，则应尽量降低高度缓冲落地速度，保护肢体安全。若从 1.5 m 以下的高度下跳，可以采用跨步跳的动作跳下（站在高处的支撑腿要弯曲，另一腿要向前下方伸出；两脚着地时，要以深蹲来缓冲落地的冲击力），两脚可以稍微前后分开，以便于接连继续前跑。若从 1.5 m 以上的高度下跳，应根据实地的情况采用坐地双手撑跳下或侧身单手撑跳下的方法，尽量设法降低下跳的高度，两脚着地时应立即深曲双腿缓冲落地的冲击力。当冲击力过大时，可以用扶地团身滚动来减缓冲击力，并借滚动之势起身接连继续前跑。

（六）树林中跑的技术知识

运动员在定向越野跑中，若行进路线上遇到树林，则应尽量选择树林稀疏之径，并应注意用一手或双手护住脸面，防止被树林的枝叶刮伤眼睛及脸部；同时要注意脚前的小树丛、杂草及藤蔓等植被，不要被其绊倒，以保持正常的行进速度。

（七）复杂地形跑的技术知识

运动员在定向越野跑中，若行进路线上遇到小的壕坑、沟渠、矮的灌木丛及倒伏的树林，可以在增加跑速后，用大步跨跳或跳远的技术越过障碍物，跨越落地时，要注意屈腿减缓冲击力；同时上体应稍向前倾，既要保护好腰部，又要便于继续前跑。若遇到的是 2.5 ～ 4 m 的沟渠，则需要采用 15 ～ 25 m 的跳远加速跑来增加大步跨跳或跳远的初速度，以保证能完全跳过，落地时要保持前倾趋势，防止后仰倒地。若遇到的是矮障碍物或倒伏的树林，可以从其上踏越。若遇到的是 2 m 以内的围栏或土堰等障碍物，则可以采用正面助跑蹲跳或以一手支撑或双手支撑翻越的方法越过。若遇到的是独木桥等狭窄悬空的障碍物，则可以采用脚尖外展的外八字脚形跑过，以保持身形稳定。当这类障碍物较长时，应平稳地走过，以避免因跑动失衡而跌落。

二、地图制作

（一）制作定向地图涉及的知识

第一，地质地貌学。想要正确地表现出不同类型的地貌及其图形特点，需要知道地貌的成因。

第二，绘图学。地图是由各种符号组成的。我们需要了解它们的构成、色彩、表达方式、绘制特点与要求。

第三，地图编制与印刷的常识。地图对地形的表示方法是一个完整的技术、艺术体系。因此，制作地图的过程就必须是一个遵循制图客观规律的独特的工艺流程，并采用科学的理论和先进的技术手段。

第四，测绘学。没有任何现成的地图完全适用于定向运动。定向地图是一种大比例尺的专题地形图，掌握基本的测绘技术就成为制作定向地图的先决条件。

第五，定向运动基本知识。

第六，国际定向运动地图规范。

第七，各类、各级定向运动比赛的规则。

第八，定向运动线路设计的原理与原则。

（二）工作性质与环境对制图人的要求

1. 强健的生理和心理状态

野外测图是制作定向地图的关键，也是最基础的工作。若想从事这项工作，不仅需要具有较多的经验、较强的专业能力，还必须具备“异于常人”的性格、意志、心理和体能。

在定向这个行业中，再没有谁的特殊性比得上测绘定向地图的人。长期孤身一人在寂静无声的丛林中上上下下、兜兜转转，脑力与体力经常透支，特别是不可避免地要忍受地理环境、季节气候甚至是野生动物带来的身心压力。

2. 耐心细致、条理清晰的行事风格

定向运动员能够轻易地觉察 1/10 以上的距离误差。这需要定向制图人在野外修测、室内绘图期间，所绘制、处理的各种地物地貌都必须保证误差在距离的 0.5/10 以内。唯有这样，才能在经过印刷等后期工序之后，将地图上的距离误差控制在 1/10 以内。

这种精致的要求还体现在对地面上各种物体的理解与表现方面。任何因知识欠缺与疏忽大意而带来的错误或者遗漏，都必然会直接地让地图使用者受到损害。

是否能够在野外荒芜杂乱、混沌不清的环境中保持头脑清醒，快速地辨明主次轻重，始终按顺序、有条理地开展工作，既关系到工作的效率，更决定了错漏的多少，以及最终成图的质量。

3. 丰富的野外趋利避害的常识

测图人需要防备的灾祸有天灾、毒草木、瘴气、毒蛇、山（崖）崩、深地坑（井）、山火、暴风雨、雷电、洪水、车祸、火灾（旅社）、食物中毒、猎人的圈套（陷阱、兽夹）、水尽粮绝、被劫、与当地人的利益冲突等。

4. 熟练的操作电脑和利用互联网的能力

现代地图的制作早已经完全脱离了手工的时代。由于定向运动地图的高时效性与高国际化，其设计、绘制、排版、印刷、修改、保管、传输（供应）都需要依赖电脑和网络技术的支持。熟悉常用的图像处理与绘图软件，特别是定向地图专用制图软件，并且能够操作扫描仪、打印机等输入与输出设备，这些都是定向制图人必须具备的能力。如果定向制图人还具有美术编辑与设计的能力，那他就可以为定向地图的制作锦上添花，使他的作品最终成为技术与艺术的结晶。

（三）制作地图的基础步骤

1. 区域的选择

如果想要在公园或校园里举行定向比赛，那么什么样的地形适合比赛呢？如果要制图，哪些地形适合呢？通常来说，这类区域包括：单个学校或多个校园连在一起的教育园区；中小型的公园；具有足够丰富且能够被标识在地图上的物体的区域，这些物体为人造物体、小径、水系、植被及建筑物等；没有主干道穿越当中的区域；能够明显区分边界的区域等。

此外制作地图的区域取决于赛事的目的。如果只是为了举行一场练习赛或者友谊赛，那么地图所需的区域的面积范围在 400 m × 400 m 左右就足够了；如果是为了举办一场具有一定规模的赛事，那么选取 1 000 m × 1 500 m 的区域，就足够完成一张 A4 纸大小且比例为 1 : 5000 的地图了。

2. 获得该区域的使用许可

在地图开始制作之前，还有一个十分重要的环节不能够被忽略，那就是获得场地所有者的使用许可。那么，我们应该找哪些部门去获得许可呢？通常情况下，我们可以根据场地的不同情况前往学校的主管部门、公园的园林管理处、公共绿地所在地区的街道管理部门等。

3. 获得底图

定向地图制作的本质是在一张实地底图的基础上，在对所需的区域进行实地测绘之后，将各种符合定向比赛所需要的地理信息添加到底图上。因此，计划制作地图区域的底图对于定向地图的制作来说是必不可少的。那么向谁去要这样的底图呢？一般来说，在校园中，从学校的基建处就可以获得这样的底图，公园管理处一般都会有公园的底图，而公共绿地的底图可以从该地区的测绘部门处获得。我们认为合适的底图包括以下几种。

第一，测量图，包括城市、道路、水利、绿化建设领域使用的规划及已竣工区域的大比例的地形图资料，它们的比例尺从 1 : 200 到 1 : 5000 不等。

第二，航拍地图，这种航空拍摄的地图，目前已覆盖我国的大部分领土区域。

第三，旧的定向地图，有一定年限的定向地图也是很好的底图资料。

4. 比例尺的选取

比例尺的选取可以根据场地的大小及赛事活动的目的而定，一般在 1∶3 000～1∶7 500。

公园地图的大小最好为 A4～A3，比例尺可以在 1∶5 000 或 1∶7 500 或 1∶10 000 中选择。

校园地图的大小最好不超过 A4 大小，比例尺一般比较大，可以为 1∶1 000、1∶2 000、1∶3 000、1∶4 000 或 1∶5 000。

5. 决定地图的色彩

当前，我们一般采用 OCAD 软件来完成地图的后期绘制工作，OCAD 软件使彩色地图的制作变得十分简单。地图的印制需要花费一定的资金，所以赛事的组织者可以根据自身的经济情况及赛事的规模来决定比赛地图的色彩。对于一般的学校俱乐部来说，彩色地图的印制需要的费用会比较昂贵，操作起来比较困难，我们建议采用黑白地图；另外，在组织具有一定规模及经济条件的赛事时，彩色地图以其丰富的信息量显示出优越性，不但能使运动员读图更为清晰，而且也能确保比赛的公正性。

第四节　定向越野的教学训练与安全

一、定向越野的教学训练

（一）定向越野训练计划及其作用

训练计划是对未来训练过程预先作出的理论设计，是运动训练过程中的一个重要环节。其作用主要表现在以下三个方面。

第一，规划了由个体的现实状态向目标状态转移的通路，使运动训练过程的所有参与者了解如何训练，这样便有可能完成训练目标，使对于训练成果所进行的预测能够得以实现。并且围绕着所制订的训练计划的贯彻与实施，统一教练员、运动训练个体、科学工作者等所有训练过程参与者的认识和行动。

第二，通过制订运动训练计划，把训练过程的目标具体化为若干独立而又彼此联系的训练任务和形式，并进一步具体化为若干按特定要求进行的练习。个体逐一地去完成这些练习，实现各个课次的训练任务和要求，就会一步步地逼近和完成训练的目标。

第三，通过制订和实施运动训练计划，对“诊断”“指标”等环节的状况做出适宜的评定，是保证运动训练过程顺利进行和完成的重要条件之一。

（二）定向运动训练计划的类型

根据不同的标准，可以对运动训练计划进行不同的分类。按运动训练计划时间跨度的大小，可将其分为多年训练计划、年度训练计划、阶段训练计划、周训练计划及课训练计划五种。多年训练计划及年度训练计划主要用于系统地安排较长时间的训练，属于远景规划。这种计划的内容是框架式的，也不要求过于详尽，它在实施过程中也必然较为稳定。周训练计划与课训练计划都是训练实践的具体计划，并且在训练中也可能有较多的变化。

（三）不同时期的各训练阶段

准备时期各个阶段的安排，一般是从重复进行适应恢复性小周期开始的，而后进行加量周期。在这个时期用得最多的是 3 周适应恢复性小周期和 1 个减量小周期的训练结构。在基础训练阶段，采用 2 ～ 3 周加量或力量小周期和 1 个减量小周期的训练结构。前 2 ～ 3 个小周期的总跑量逐渐增加，而减量小周期的跑量明显减少。如果运动员跑的训练负荷量还未达到最高值，则可采用 3 周加量和 1 周减量的小周期的训练结构。

在准备冬季比赛时，可采用下列形式，3 周的训练结构：加量小周期、强度小周期、减量或诱导的小周期。4 周的训练结构：1 周加量、2 周强度和 1 周减量周期。在赛前训练阶段，综合运用加量和强度小周期，然后进行一个减量周期。

竞赛期各阶段的安排一般与比赛之间的间隔有关。实践表明，在中长跑运动员竞赛日程表中，重大比赛之间的间隔为 2 ～ 6 周。如果在 6 个月的准备时期中，制订的训练大纲相同，那么比赛期的训练大纲就是多种多样的。从一次重大比赛到另一次重大比赛之间的训练要拟定计划，因此竞赛期可分为若干训练阶段。

赛前阶段的训练结构取决于它的时间长短，如果比赛之间间隔 1 周，则应安排减量或诱导的小周期。训练课中采用恢复性的越野跑、慢跑和任意加速跑。间隔时间为 1.5 周时，可在前几次比赛的 3 ～ 4 天后，在运动场进行 1 ～ 2 次紧张的训练。2 周的赛前训练阶段，是由 1 个强度小周期和 1 个诱导小周期组成的。如果前面的比赛很紧张，那么比赛后的前 3 天进行减量训练。3 周的赛前训练阶段，是由 2 个强度小周期和 1 个诱导小周期组成的。4 周的赛前阶段，由 1 个适应恢复性或加量小周期、2 个强度小周期和 1 个诱导小周期组成。科学研究证明，进行极限负荷训练后，个体需要 72 ～ 96 h 才能完全恢复。因此，极限负荷训练每周不得超过 2 次。

在一星期的小周期中，运动员的工作能力提高到周末，因此最大的负荷和比赛安排在周五或周六。但是，这种小周期也可另行安排，以便使最高工作能力出现在一周必需的日子里。然而在这种情况下，训练安排的主要原则仍是大、中、小运动量交替进行。大运动量训练可安排在周二、周三或周五，周一、周五或周六，也可把大运动量安排在周一、周三、周五或周二、周四、周六，并与中、小运动量交替进行。

周末可能是休息日，在这一天只进行早操、轻松的恢复性的训练或散步。有时还要在周四或周六安排一次减量日。但是，在休息日也应尽量在早晨进行恢复性的慢跑。

在准备重大比赛时，建议按照即将举行比赛的日期安排小周期的训练。如果短距离赛在周五，接力赛在周六，而长距离赛在周日，那么在这些比赛前 4 ～ 6 周的相应日期应进行大运动量训练，而在其前、后应进行小运动量训练。

二、定向越野的安全

（一）野外迷路的自救方法

在野外环境中活动，如果对地形和环境不熟悉，很容易在东游西逛中迷路。这时则需要利用指北针、钟表、自然景象、植物、地物及周围的环境来帮助自己判别方向，尽快寻找到露营地和回归家园的正确路线。

1. 利用指北针判定方向

如果随身携带着指北针，则应将指北针水平放置好，等待转动的磁针稳定后，涂有黑色和有夜光剂的一端所指的方向就是北方。将一张上北下南、左西右东的地图与稳定后的指北针放在一起，则很容易帮助自己判定方向。

2. 利用太阳直接判定方向

太阳每天都是有规律地东升西落。早晨 6 点左右，太阳在东方；上午 10 点，太阳位于东南方；中午 12 点左右，太阳位于正南方；下午 4 点，太阳位于西南方；傍晚 6 点左右，太阳位于西方。如果我们清晨出发，太阳照在自己的脸上，那自己就是往东走；如果太阳照在自己的背上，人影在自己正前方，那就是往西走；下午则正好相反。正午，朝着太阳走，就是往南走；背着太阳走，就是往北走。

3. 利用物体的影子判定方向

在北半球晴朗的天气里，找一个细而直长的物体，将其垂直竖立于一块较平坦的空地上，取一个石块等标记物放在阳光下物体影子的顶点 A 处。十几分钟以后，物体影子的顶点将移动到 B 处。将 A 点和 B 点连线，就是东西方向，A 点在西边，B 点在东边，作一条 AB 线的垂线，则向阳的方向为南方，另一方向为北方。

4. 利用北极星判定方向

在北半球晴朗的夜间，很容易找到北极星，用北极星判断方向是最可靠的方法。北极星是最靠近北天极的一颗恒星，即“小熊座 α 星”，也叫“勾陈一”或“北辰”，与地球的旋转轴重合。这就使北极星位于天空的中心，所有的恒星都绕着北极星逆时针旋转。

（二）野外水灾发生时的自救方法

自然界中的水在一定情况下，可能会给人类生命和一切动植物带来毁灭性灾害，学会躲避这些灾害，掌握在水灾中自救和救助他人之法，是非常必要的。

自然界中的水灾大多是在暴雨侵袭时由河流、湖泊和水库中的洪水泛滥造成的；也可能是在暴雨侵袭时由雨水迅速汇流而造成的；或者是暴急雨水迅速汇流于干裂的河床上、狭窄的水道上、建筑物附近，而引发洪水；还可能是由海底地震、飓风和反常的大浪、大潮以及堤坝坍塌等造成的。预防水灾的最好方法，就是在灾难来临之前迅速逃离水灾可能发生或正在发生的地区。

在野外生存的环境中，不要在雨季把帐篷搭建在山脚下或河床边。尤其是在下雨时或雨后，不要在山谷和河床边逗留，也不要因赶路而涉过较深的溪流，更不要图爽快而下水洗浴。因为突发的山洪瞬间就会冲走一切，淹没一切。即使会游泳，与洪水搏斗也存在着千难万险，洪水中常常携带着泥沙、树木及岩石的碎块残渣，这些东西会将人体刺伤、冲倒或埋没，使人成为洪水的牺牲品。

野外回归中，如果必须涉过较深的溪流或河水，则应该选择晴朗或无雨的天气下水，在没有船或木筏的情况下，要选择安全而实用的漂浮物协助浮水。入水前要先计算一下水面距离、水温和游到对岸所用的最长时间，因为在很冷的水中，人体散热很快，短时间内就会出现低温症，在 10 ℃左右的水中，体力好的人在低温症出现之前能游 1 ～ 2 km，而一般人难以游到 100 m。因此，进入冷水前，应穿戴好保温服装、手套和鞋袜等，特别是做好腋窝、腹股沟和胸部等几个高度散热部位的保温，使手脚和肢体血管扩张时体热散失量减到最小。下水后，应该尽量避免头颈部浸入冷水里，尽量减少与冷水接触的体表面积，避免或延缓皮肤在冷水中冻结，确保平安游到对岸。

（三）野外火灾发生时的自救方法

自然界中的火灾主要有森林大火和建筑物大火，其火势凶猛、蔓延迅速、扑救困难、危害重大。若控制不当、扑救不力，则会烧毁周围的一切。积极预防森林火灾是保护森林资源的百年大计，也是保护人民生命财产的重要措施。因此，必须掌握森林火灾的扑救方法和自救方法的基本技能。

在灭火救灾时，首先要知道物体燃烧的三大要素和使燃烧物熄灭的条件。当森林或草原起火时,要根据能够破坏其燃烧物燃烧的条件,因地制宜,选取扑救森林火灾的适宜方法。

如果发现森林或草原起火，先要设法查清火势，迅速报警。当火势可控时，人们可积极控制火势。根据森林或草原火灾燃烧的条件和特点，可以将可燃物的着火点与其周围的可燃物隔离开，或者使可燃物的着火点与空气（氧气）隔绝。扑灭火灾时，应该将长树枝的梢端捆绑上浓密的枝叶，用来压灭火势，不可快速扇打，那样只能扇风助火。若火场较大，不能完全扑灭，则可以控制并扑灭烧向珍贵林木的大火。

重大的森林火灾能对人的生命造成威胁，应该选择恰当有效的自救方法。发生森林火灾时，首先能看到远处火场的浓烈烟雾，其次能听到临近火场草木燃烧爆裂的噼啪声，最后能看到燃烧的火苗。火灾发生时，有些动物能先于人的感知，它们会举止异常，逃离火场。森林大火中最有效的自救方法就是迅速逃离火场。逃离前，先要冷静地通过烟雾的飘向及风向判断火势凶猛的方向，此方向的火势可以跳跃性前移，蔓延最快，人们难以在这一方向逃脱火场。然后要察看火场在周围绵延的长度，估计火势扩展的趋势，计算一下横风或顶风的方向能否跑离火场。如果能，则迅速绕过或跑离火场；如果无法绕过或跑离火场，就应该在火场中寻求自救之法。

（四）野外电灾发生时的自救方法

在野外的自然环境中，雷鸣电闪会危及人们的生命安全；野外的高压电也会危及人们生命和财产安全，掌握雷电和高压电灾害发生时的一些自救方法，就会在危难时刻成功自救，使自己有惊无险、转危为安。野外生存或回归家园途中，遇到雷雨天云层电荷释放时，要掌握在不同环境中避免被雷电袭击的一些自救方法。

1. 尽快离开高处和高大独立的物体

在野外生存中，尤其是自身处在雷鸣电闪的野外环境中，首先要尽快远离高处和高大独立的物体，奔逃向低洼处或平地上，并待在那里。高处和高大独立的物体下是雷电袭击的首选目标，低洼处和平地上则是相对安全的地带。

2. 尽量在雷电中降低身体高度

在雷电将到时，如果来不及离开山顶等高处也来不及离开高大独立的树木或砾石等物体之下，不要站起来，也不要狂跑，应避免被突如其来的雷电击中，只能翻滚或爬向低洼处脱离危险区。也可以坐在干燥的或其他绝缘的物体之上，弯腰低头，抱膝抵胸，四肢并拢，脚要离开地面，避免自己成为雷电的导体。千万不要坐在潮湿的地方，不要让手、脚触地，以免雷电通过肢体而受伤害。若没有任何物体可以绝缘，则必须平躺在地面上。

3. 在雷电迫近时保护住躯体

在已经感觉到皮肤刺痛，头发突然竖起时，表明雷电的击打已在迫近。此时，若正站立或行走、奔跑，则必须马上蹲下来，先用手触地，然后弯腰至膝，躲避雷电的袭击。若雷电已触及身体，则可以使电荷通过手臂而传导至地面，从而保护住躯体，避免因受电击而使心脏衰竭或窒息，还应该尽快平躺在地上，以便减少电荷触及身体。

4. 在雷电中远离金属物品

在雷电将到时，千万注意不要手握金属物品，也不要接触金属建筑和栅栏，更不要靠近大的金属物体，使自身避免受到雷电的袭击，或被热空气所传导的雷电冲激波伤害肺部等内脏。

（五）野外登山遇险时的自救方法

在野外攀越山地时，会遇到斜坡、陡坡和悬崖等不同的险境，征服这些自然环境，既需要一定的体能，又需要一定的知识和技巧，才能翻山越岭，有惊无险。

在自然环境中，如果是有准备的登山，则要选择好登山的时间和登山的路线。在晴朗的天气里，一般向阳的岩石经太阳辐射之后，在两三个小时之后就会有滚石滑动。因此，不论在什么地方爬山，开始的时间都应该选择在清晨 4 点钟左右，这样可以在滚石滑动之前胜利地越过岩石区，避过滚石险境。最好是选择沿着山脊的前进路线攀登山坡，并尽量选择最高的地方走，这些地方不容易发生滚石的危险。如果是多人结伴登山，则应尽量缩短同伴间的距离，攀登至岩石山坡时，前边的人更要牢靠地试探每一个落脚点，后边的人则应踩着前边人的脚印走。若遇到不牢靠的浮石，都要搬至安全地带，不易搬动则应绕行。既不能向下扔石头，也不要踩翻浮石，避免伤及同伴。如果突然遭遇暴风雨，或因野兽受惊而引起乱石滚动，要迅速采取避险措施，躲避到大树或巨石的后面。若没有大树或巨石遮挡身体，也不要惊慌失措，先根据滚石开始滚落时“叭叭”的冲撞声，慢慢滚近时巨大的“隆隆”声判断滚石的方位和距离，再根据滚石开始滚落时的情况左右斜冲跳跃，然后根据滚石进入斜槽后成直线滚落的状态观察其滚落的路线，快速地躲到安全地带。若选不准躲避方向，更应该沉着镇静，等到滚石快要到自己跟前时，再及时闪躲开其下滚路线。

第五节　定向运动竞赛与活动的组织

一、确定竞赛项目

定向运动竞赛包括定向越野竞赛、定向接力赛、定向自行车竞赛、定向划船赛、定向滑雪赛等。按照竞赛的形式，一般可分为个人赛、接力赛、小组赛。在一次比赛中可以按年龄分项目组或按专业和业余分项目组，这可根据不同的赛事级别而定。

二、制定竞赛规程

竞赛规程包括的内容：根据组织方案拟定竞赛的名称、目的、要求、比赛日期及地点，参加单位及组别；确定比赛项目的组别，以及参加比赛的方式，包括每单位可参加多少人，每人可报几项，每项可报几人及参加者的资格问题；明确报名办法；规定报名截止日期、报名条件及身体体检规定等；介绍录取名次与奖励办法；说明各项录取的名额，单项与集体项目奖励办法等；详细说明比赛规则等。

三、编排竞赛日程

竞赛日程是比赛时间的依据，合理的竞赛日程编排直接影响到整个比赛的顺利进行，使运动员能充分发挥技术水平而且利于赛场的气氛。编排竞赛日程需考虑到运动员的运动水平、完成各项比赛的时间跨度、各年龄段及性别之间的差异、运动员之间的相互影响，以及活跃赛场的氛围等因素。

四、准备竞赛场地设施、器材和裁判用品

根据定向比赛的要求来选择合适的场地，并准备好相关的比赛器材及用品。主要的器材及用品包括发令器材、扩音器、小旗、桌椅、对讲机、太阳伞、起终点标志牌、检查点标志、打卡器、放打卡器的立柱、文件夹、笔、秒表、雨衣、器材包、区域划分牌等。

五、明确裁判人员的工作职责和裁判方法

裁判工作是竞赛的一个重要组成部分，裁判工作的好坏直接影响竞赛的进程、运动员的比赛情绪和技术水平的发挥。裁判员不仅是运动成绩和比赛名次的判定者，同时是竞赛的组织者，在裁判工作中应做到严肃认真、公正准确、谦虚谨慎、团结协作。

裁判员的赛前准备工作包括：组织和培训裁判队伍，召开各种会议，准备好器材和用具，检查场地和器材。在比赛中严格按照竞赛规则，秉公执法，做好自己的本职工作。比赛结束后，应对各项赛事的比赛过程和工作环节进行总结，有利于提高裁判员工作的质量和水平，便于今后更好地开展工作。

六、组织竞赛

工作人员按竞赛程序有序地组织竞赛，严肃认真地进行裁判，各工作岗位之间互相协调配合，做好成绩记录、核对、汇总及公告等工作。裁判员根据竞赛规程和竞赛规则处理竞赛中发生的问题，并及时跟裁判长取得联系。另外，安全保卫部门要做好安全保卫工作，维持好赛场内外的秩序；医务组要做好赛场医务工作。

七、记录及公告成绩

记录及公告成绩是竞赛组的重要工作之一，竞赛中要做到准确记录成绩并及时公告运动员到达终点的成绩。成绩公布后，要及时调整各年龄组运动员到达终点的名次排列。如运动员或教练员有异议，应及时向总裁判长或仲裁委员会提出。

第八章 跳跃类项目的教学与训练

田径项目中的跳跃项目包括跳高、跳远以及在这个基础上衍生出来的撑竿跳高和三级跳远等，跳跃比赛出现在公元前 8 世纪的古希腊奥运会上，比如跳远在当时属于五项全能之一，而现代跳远在 1896 年雅典举行第 1 届现代奥运会时就是正式比赛项目。三级跳远则由多级跳演变而来，后期逐步形成了三级跳技术的几种流派。本章主要介绍跳高、撑竿跳高、跳远及三级跳远等项目。

第一节 跳高

一、跳高运动发展概况

跳高作为一项竞技运动于 1864 年在英国被列为田径比赛项目，至今仅有 100 多年的历史。男、女跳高成为现代奥运会正式比赛目分别是在第 1 届和第 9 届奥运会。

（一）世界跳高运动发展概况

据记载，最早的跳高纪录是英国运动员用跨越式创造的，当时的成绩是 1.7 m。1895 年，美国运动员斯维尼改用剪式跳过 1.97 m 的横杆。以后又出现了滚式跳法。1912 年，美国运动员霍林首次突破 2 m 大关，被国际田联确认为第一个正式的跳高世界纪录。1923 年，苏联运动员伏佐洛夫采用了一种身体俯卧“骑”着杆子的过杆技术——“骑杆式”，后来称为“俯卧式”。1941 年，美国运动员斯蒂尔斯用俯卧式越过 2.11 m 的横杆，俯卧式跳高技术被公认为最先进的跳高技术。1956 年，美国运动员杜马斯和苏联运动员斯捷潘诺夫先后创造了 2.15 m 和 2.16 m 的世界纪录。20 世纪 70 年代，苏联运动员雅辛柯以 2.34 m 创造了俯卧式跳高的最后一个世界纪录。

1968 年，在第 19 届奥运会上，美国运动福斯贝里采用了一种以弧线助跑，背向越过横杆的新技术，以 2.24 m 的优异成绩一举夺得男子跳高冠军。这种新奇的姿势、相对简易的技术结构，立即引起了世界田径界的高度重视和极大兴趣。不但青少年初学者竞相学习和采用，连一些具有相当水平的跳高选手也纷纷放弃俯卧式，而改跳背越式。从此，背越式跳高技术很快在全球得到普及。优秀运动员采用背越式跳高技术以后，世界纪录连续被打破，古巴运动员索托马约尔用这种过杆技术，以 2.45 m 创造了新的世界纪录，充分体现了背越式技术的优越性和强大生命力。

女子跳高运动的发展经历了一个漫长而又艰难的历程，从古代奥运会到前几届现代奥运会，跳高运动不准妇女参加。直到 1928 年在荷兰阿姆斯特丹举行的第 9 届奥运会上，才第一次设置了女子跳高项目。加拿大运动员克捷伍德以 1.5 m 的成绩夺得奥运会冠军，创造了第一个女子跳高世界纪录。当时她采用的是跨越式技术。

1954 年，苏联运动员邱金娜采用俯卧式过杆技术，把世界纪录提高到了 1.73 m。1956 年，美国运动员麦克丹尼尔以 1.76 m 的成绩创造了新的世界纪录。1957 年，中国运动员郑凤荣以 1.77 m 的成绩刷新了世界纪录。1958—1961 年，罗马尼亚杰出运动员巴拉斯采用剪式过杆技术，12 次打破女子世界跳高纪录，从 1.78 m 提高到 1.91 m，纪录保持了 10 年，是跳高史上最辉煌的成绩。

1974—1977 年，东德选手阿克曼分别以 1.95 m、1.96 m、2.00 m 三次打破女子世界纪录，是世界上跳过 2 m 高度的第一女性。这是女子俯卧式选手所达到的最高成绩。

1987 年，保加利亚跳高新秀科斯塔迪诺娃采用背越式过杆技术把世界纪录提高到了 2.09 m，被称为世界田径场上的杰出明星。

（二）中国跳高运动发展概况

中国跳高运动虽然开展于 20 世纪前叶，但是发展缓慢。民国时期，男子跳高纪录只有 1.87 m、女子只有 1.40 m。新中国成立后，跳高运动才获得迅速发展。

新中国成立后很快刷新了民国的纪录，到 1956 年，男女跳高纪录分别达到 1.95 m 和 1.61 m。1957 年，我国优秀女运动员郑凤荣采用剪式跳高姿势以 1.77 m 的成绩打破了 1.76 m 的女子跳高世界纪录，成为我国田径史上第一个创造世界纪录的运动员。1958 年以后，我国在发展俯卧式跳高技术上取得了成功，水平有了较大幅度的提高。1962 年，优秀运动员倪志钦的成绩列世界第二位。1970 年，他以 2.29 m 的成绩打破了男子跳高世界纪录，使我国跳高运动水平又一次出现飞跃。女子跳高也取得了可喜的进展，1965 年，我国有 5 名运动员进入了世界前 10 名。

20 世纪 70 年代后期，由于背越式技术的引进，中国出现了一批优秀跳高运动员。其中，最杰出的代表是朱建华，他在 18 岁时飞身越过 2.30 m 的高度，打破了保持 11 年之久的亚洲纪录，继而在 1983 年和 1984 年分别以 2.37 m、2.38 m 和 2.39 m 的成绩三破世界纪录。我国跳高运动的整体水平也有了进一步提高，比如男子跳高运动员张国伟取得了亮眼的成绩。2011 年 2 月，张国伟初登全国赛场，参加全国田径锦标赛南京站男子跳高的比赛并以 2.28 m 的成绩夺得冠军。2013 年，张国伟在全国室内田径锦标赛中以 2.32 m 打破了朱建华保持了 27 年的室内全国跳高纪录。2014 年，张国伟以 2.33 m 的成绩获得仁川亚运会男子跳高决赛银牌。2015 年 4 月，张国伟以 2.35 m 的成绩获得美国摩圣安东尼奥学院接力赛男子跳高比赛冠军，这是中国跳高选手在近 30 年来在室外赛中跳出的最好成绩。5 月，张国伟以 2.38 m 的成绩刷新个人室外记录，获得国际田联钻石联赛尤金站男子跳高比赛亚军。6 月，张国伟以 2.36 m 的成绩获得国际田联钻石联赛奥斯陆站男子跳高比赛冠军，这是他首次获得钻石联赛赛事冠军。2015 年 8 月 30 日，张国伟在北京世界田径锦标赛男子跳高比赛中以 2.33 m 的成绩获得亚军。2019 年 2 月 23 日晚，2019 全国室内田径锦标赛分区赛第二站在南京仙林基地结束了首日较量，张国伟以 2.15 m 获得男子跳高第三名。8 月 3 日，2019 世界田径锦标赛选拔赛，没能跳过 2.24 m，排名第三。2020 年 1 月 29 日，在意大利举行的国际跳高邀请赛中，中国选手张国伟凭借 2.27 m 的高度夺冠，赢得 2020 赛季开门红。同年 3 月 3 日，在意大利锡耶纳跳高挑战赛中，中国选手张国伟跳出 2.28 m 的高度，获得亚军。像张国伟这样的优秀跳高运动员还有很多，共同为中国的跳高运动事业增光添彩。

跳高技术的发展，代表着人类对征服自身的孜孜不倦的追求。同时，随着科学技术水平的不断提高，跳高技术的不断完善，人们征服新的高度也越来越艰难。但这并不预示着人类的追求停止了。不论何时，不论何地，跳高运动都代表着一种精神：落下的是横杆，升起的是信念。

二、跳高技术的发展趋势

现代跳高的背越式过杆技术已处于稳定发展和相对完善时期，跳高运动的世界纪录已基本达到现代人类跳高的极限水平，背越式跳高技术的优势在于能够充分利用速度提高跳跃的效果。背越式跳高技术在其发展过程中，逐步形成了不同的技术类型，如速度型、幅度型（力量型）和介于两者之间的混合型。但从技术发展趋势来看，已趋于速度与幅度、速度与力量的有机统一，使背越式过杆技术成为一种独特的跳高技术。

从现代跳高运动的发展趋势来看，人们将更广泛地从各领域挖掘人体的极限运动能力，表现在以下五个方面。

第一，为了更充分地发挥运动员的潜在运动能力，将会在提高助跑速度上做进一步的突破，以使运动员在起跳前能获得较大的水平冲量，并通过合理的动作技术转移为垂直冲量。

第二，充分发掘运动员的身体潜能，更加重视速度素质与力量素质的有机结合，使身体各部分发挥出更大的力量，形成更快的动作速度，从而使身体获得更大的腾起初速度和适宜的腾起角度。

第三，更加重视对运动员的科学选材，强调运动员先天遗传因素中的专项运动素质与能力，以及预测他们在后天训练中可能达到的运动能力。

第四，建立新的科学训练体系，选择有效的训练手段，加强科研力度，通过先进的科学技术和仪器设施对跳高运动员的身体训练和技术训练进行技术诊断、调节与监控。

第五，更加重视跳高运动员心理素质方面的训练，包括心理选材、心理训练、大赛前的心理准备和临场时自我调节的能力等。

三、跳高的教学

（一）背越式跳高的技术特点

背越式跳高（图 8-1-1）是集技术、速度、力量于一体的运动项目，技术虽然先进，但不易掌握，主要原因是背越式跳高的腾空过杆动作是在空中以向后仰卧的姿势完成的。身体在空中完成动作时，人的反射性保护动作都是团身。初学背越式跳高的学生，尤其是女生，起跳后有恐惧心理，害怕向后倒会造成伤害，不敢以身体背部过杆而出现团身或起跳后侧身且用手去推横杆等错误动作。有协调用力的感知、快速助跑是背越式跳高的项目特点。因此，如何在快速助跑的情况下完成起跳动作是背越式跳高技术教学要解决的重点问题。

图 8-1-1　背越式跳高技术图

（二）决定跳高成绩的主要因素

运动员起跳后身体重心上升的高度主要取决于人体离地瞬间的垂直初速度。垂直初速度的大小又是由起跳时身体重心腾起角度和腾起速度决定的。另外，跳高的技术因素，特别是背越式跳高的过杆技术对跳高成绩也有重要影响。因此，在分析背越式跳高成绩的主要因素时应从以下三方面入手。

1. 身体重心腾起角度

背越式跳高的起跳是在助跑中完成的，起跳后身体重心的飞行方向即身体重心腾起角度是由运动员起跳时的技术动作决定的，主要是由起跳脚着地时的起跳角度、摆动腿和两臂的摆动方向，以及头、肩的引领方向决定的。

2. 身体重心腾起速度

身体重心腾起速度是决定跳高成绩的最主要的因素，主要由助跑速度、踏跳力量、起跳时的动作速率决定。

3. 技术因素

跳高运动员要想取得最佳成绩，必须利用合理的技术将自身的体能充分发挥。背越式跳高技术之所以先进，是因为背越式跳高可以通过过杆上“桥”式的背弓动作，最经济地利用身体重心腾起高度越过横杆。而背越式跳高技术的好坏与起跳技术有直接关系。

（三）教学重点与难点

1. 背越式跳高技术教学的重点

（1）助跑和起跳的结合

由助跑转入起跳，是周期性运动变为非周期性运动，不仅动作结构变化很大，而且转换必须十分连贯、自然。这一技术环节完成的好坏，直接关系到起跳的效果和过杆技术的好坏。它很大程度上取决于对助跑速度和节奏的控制，还取决于助跑倒数第二步的动作完成情况。因此，这一技术动作的每一环节都必须认真对待。

（2）起跳技术

跳高技术由助跑、起跳、过杆和落地四个环节组成，其中起决定作用的起跳技术，它是跳高技术的关键环节。因此在教学中把学习和掌握起跳技术作为起点和重点，然后将技术学习过程向前后延伸，直至完成整个跳高技术的教学任务。

（3）弧线助跑

背越式跳高最后几步呈弧线助跑形式。弧线助跑的技术对完成背越式跳高技术起着至关重要的作用，直接影响起跳的速度和效果，以及过杆动作的姿态。一般情况下，初学者往往把弧线跑成了直线，上体直冲横杆而去，无法做出合理的起跳动作。因此，要加强助跑的教学和练习。在正确的弧线助跑的基础上完成过杆的“背弓”动作是背越式跳高教学过程中最重要的教学内容。完整技术教学时，在正确的助跑节奏和弧线内倾的基础上完成起跳并形成杆上的“背弓”则是教学中的重点。

2. 背越式跳高教学的难点

（1）蹬摆配合技术

要想跳得高，仅靠起跳腿蹬地的力量是不够的，必须充分利用摆动腿及双臂的摆动和躯干的屈伸力量。摆动在跳高技术中的作用很大，能提高腾空时的身体重心高度，增大支撑反作用力，上摆制动时，增大垂直速度，为过杆创造有利条件。在起跳中，摆腿的作用很大，但只有在恰当的时机做出合理的动作，才能发挥其应有的作用。因此，必须重视起跳动作的蹬摆配合。在蹬摆教学中要抓住两个环节，第一是助跑倒数第二步摆动腿本身的蹬与摆，第二是最后一步摆动腿和臂的摆动与起跳腿的蹬伸配合。摆臂的动作在教学中不能忽视，摆臂不仅有助于伸展躯干，而且对摆动动作有积极影响。

（2）杆上技术

背越式跳高过杆“背弓”动作的肌肉本体感觉与过杆的“空”感觉是背越式跳高技术中最难体会和掌握的，特别是在快速助跑的情况下则更难掌握。所以，助跑与起跳并结合杆上技术的“背弓”动作是背越式跳高技术教学的难点。起跳后，使身体重心升到横杆以上的高度，是助跑起跳的主要目的，但是身体重心高于横杆并不能确保成功过杆。充分利用已获得的高度，合理地处理身体各部分与横杆的关系，使其依次从横杆上通过，才能取得过杆的成功。杆上技术力求简单，不做多余动作，切忌鲤鱼打挺式的抖动动作。过杆时，必须保证身体各部分动作的实时性，动作顺序与节奏的正确性。但是，初学者往往缺乏空间的位置感、时间感，不能很好地把握倒肩挺髋的技术动作。

（3）适宜的起跳点

过杆动作的成功率，受起跳点位置的影响较大。因此，必须掌握好适宜的起跳点，起跳点离横杆距离远或近对过杆都会产生一定的影响。初学者由于助跑的节奏感差，步幅不稳定，以及对横杆有一定的畏惧感，很难找准起跳点。

四、跳高的训练

（一）跳高的素质训练

1. 速度的训练

跳高运动员的速度素质包括跑的速度、动作速度和反应速度。在训练中应结合跳高的技术特点，重点发展跳高专项速度素质。

（1）跑的速度的训练

包括：30 m 弯道计时跑、30 m 直道计时跑、30 m 直道 +30 m 弯道计时跑、上坡跑或下坡跑、150 m 跑及 200 m 跑等。

（2）动作速度的训练

包括：各种快速重复动作的练习，如原地快速摆臂和摆腿练习、快速高抬腿练习、起跳腿踏上跳箱盖快速蹬伸练习等；持轻器械或轻负重的快速摆动和起跳练习；20 ～ 30 m 跑计时练习；等等。

（3）反应速度的训练

包括：各种活动性游戏、球类、体操等练习，各种组合性、综合性练习，听信号或看信号完成各种练习，各种变换速度和节奏的练习，等等。

2. 力量的训练

力量素质指的是运动员的肌肉力量，主要包括肌肉的最大抗负荷能力（绝对力量）、肌肉弹性成分吸收储存和释放弹性的能力（弹性力量）等。跳高运动员所需要的力量素质主要是腿部及腰腹部的肌肉力量。

（1）绝对力量的训练

包括：负重深蹲、负重半蹲、负重提踵、各种负重或徒手的腰腹肌练习、负重卧推等。

（2）弹性力量的训练

①弹性负重深蹲：练习负荷为最大负荷的 40% ～ 60%，要求运动员在深蹲的最低部位时依靠重力在下肢肌肉不主动发力的情况下，做 2 ～ 3 次振幅 10 cm 左右的连续的起伏振动动作（上体的形态保持不变），然后借肌肉弹性发力蹬伸。

②台阶弹性跳下法：采用从台阶上连续向下跳的方法，利用运动员身体重量在向下跳的过程中的重力作用，刺激肌肉中的弹性成分。在跳下着地过程中，应以前脚掌着地，膝关节角度尽量保持不变，以便保证肌腱等弹性成分所受的刺激强度。

③弹性负重深蹲跳：采用轻负荷（杠铃重 20 ～ 40 kg），深蹲提踵，利用杠铃的重量做振幅为 10 cm 左右的连续向前蹲跳跃运动。

④各种跳跃练习。

3. 灵敏性、协调性和柔韧性的训练

灵敏性、协调性素质是控制运动员自身动作能力的保证，训练方法很多，如各种球类运动、简单的练习体操、准备活动中的游戏等。发展柔韧性素质一般在准备活动中或训练结束后进行，如各种拉长练习、摆振练习、背桥练习等。

4. 耐力的训练

跳高比赛时间长，需要运动员具备长时间保持高强度运动的能力。因此，跳高运动员应有良好的耐力素质。常用的练习方法如下。

①长时间、小强度各种形式跑的练习。

②各种组合式循环练习。

③长时间的球类活动。

④长时间、小强度的各种跳跃练习。

5. 心理素质的训练

跳高运动是运动员挑战自己本身极限的一项运动，跳高比赛又非常紧张激烈，运动员不仅要和自己比，还要同其他运动员竞争。因此，运动员要有良好的心理素质。心理训练应贯穿在平时训练中。教练员要善于运用启发和诱导的方法，培养运动员刻苦、自觉训练的精神，在训练中以身作则，严格要求，培养运动员专心致志、集中精力、勇于克服困难的能力，也可以运用模拟训练、增加训练难度、改变练习环境等方法，提高运动员的自我控制能力和抗干扰能力。

（二）跳高的技术训练

背越式跳高的技术训练是在跳高技术教学的基础上进行的。背越式跳高技术的特点是“快速”，即在快速助跑的前提下完成快速起跳和快速过杆。

1. 助跑技术的训练

① 4 ～ 6 步弧线节奏跑练习，重点培养运动员弧线助跑的身体形态和助跑节奏。

② 8 ～ 10 步全程助跑练习，在保证助跑速度的情况下强调助跑的节奏与身体形态。

③ 30 m 弯道跑练习，提高弧线助跑的速度。

④30 m 直道 +30 m 弯道跑练习，提高助跑速度及由直道进入弯道自然过渡能力的练习。

2. 起跳技术的训练

①小弧线两步起跳技术的练习，主要练习放脚踏跳、摆动腿和两臂的摆动，以及身体形态的控制。

②小弧线 4 步助跑起跳练习，主要练习在保持良好的身体形态和助跑节奏的前提下快速起跳的能力。

③全程助跑加轻起跳练习，主要练习快速助跑和快速起跳相结合的能力。

④全程助跑起跳摸高练习，主要练习在全程快速助跑前提下全力起跳的能力。

3. 过杆技术的训练

①仰卧矮高台杆上做肌肉感觉练习，主要体会运动员在杆上时身体各部位的肌肉感觉。

②两步助跑跳上矮高台成仰卧练习，在运动中完成练习①的内容。

③ 4 步助跑起跳跳过矮高台杆上技术练习。

④ 4 步助跑过低杆练习。

⑤全程助跑过低杆练习。

⑥全程助跑跳上高台练习。

⑦全程助跑过杆（不同高度）技术练习。

第二节　撑竿跳高

一、撑竿跳高的发展概况

撑竿跳高是一项运动员持竿助跑，借助撑竿的支撑腾空，在完成一系列复杂的动作后越过横杆的运动。从事撑竿跳高练习，可以提高速度、力量、灵敏性和协调性等身体素质，培养不怕困难、勇敢顽强、沉着坚定等优良品质。

（一）世界撑竿跳高的发展

现代撑竿跳高技术是从原始的撑竿跳跃中产生和发展而来的。在古代，由于生活和生产的需要，人们有时需要借助木棍将身体越过河沟和不高的障碍。后来军队把借助撑竿跳过战壕、矮墙等作为训练士兵战斗技能的重要手段。随着社会进步和科学技术的发展，人们逐渐把撑竿跳高作为娱乐和健身的手段。18 世纪中叶，德国一些学校已经把撑竿跳高作为体育教学的内容。19 世纪，欧洲一些国家开始举行男子撑竿跳高比赛。

最早的撑竿跳高技术曾被称为“爬竿跳高”，运动员助跑后将竿头插在地上起跳，沿着撑竿向上爬，采用坐姿越过横杆。1889 年，比赛规则明确规定“运动员在起跳离地后，双手不得交替上爬”。1906 年，有人采用摆体技术越过 3.78 m。竹制撑竿取代木制撑竿后，由于竿轻且便于握持，助跑速度不断提高，准备起跳时出现了持竿下手向上手的滑竿动作，起跳后积极摆体，使腾越高度逐渐超过了握竿点（上手握竿位置）。

在 1924 年第 8 届奥运会上，首次采用木制插斗，并以沙坑为落地区，为悬垂、摆体、展体等技术的发展创造了条件，促使运动员开始系统训练。1942 年，美国运动员沃梅达创造了 4.77 m 的竹竿最好成绩。在金属竿时期，技术上的主要发展是起跳向前上方用力，强调身体大幅度前摆，腾越高度可超过握竿点 80 cm 以上。

1948 年就开始有人试用玻璃纤维竿，但只是在 1960 年海绵坑代替沙坑和 1962 年承认玻璃纤维竿成绩后，运动员才开始广泛使用玻璃纤维竿。充分发挥玻璃纤维竿良好的物理性能始终是技术发展的方向，握竿点不断提高，插穴起跳、悬垂摆体等技术发生变化，强调利用竿子的反弹提高腾起高度（身体重心腾起最高点至握竿点的高度）。截至 2013 年，男子撑竿跳高世界纪录是乌克兰运动员布勃卡创造的 6.15 m。法国运动员李纳德·拉维莱涅 2014 年 2 月 15 日在乌克兰顿涅斯克举行的国际室内田径大奖赛中，越过 6.16 m 的高度，创造了新的世界纪录。

（二）我国撑竿跳高的发展

我国第一个男子撑竿跳高纪录，是在 1910 年清代第 1 届全国运动会上创造的，成绩为 2.94 m。1936 年，纪录提高到 4.015 m。此后，成绩不仅没有提高，反而明显下降。1948 年，民国第 7 届全运会第一名的成绩仅为 3.52 m。

新中国成立后，撑竿跳高运动迅速发展。1956 年，蔡艺墅用金属竿跳过了 4.20 m，打破了保持 20 年之久的全国纪录。1964 年，胡祖荣用金属竿创造了 4.58 m 的男子全国纪录，这也是金属竿的亚洲最高纪录。1966 年，我国运动员开始在正式比赛中使用玻璃纤维竿，当年就创造了 4.60 m 的全国纪录。1974 年，蔡长希创造了 5.01 m 的新纪录，成为我国第一个越过 5 米大关的运动员。截至 2022 年，男子撑竿跳高的全国纪录是薛长锐创造的 5.81 m。

我国女子撑竿跳高运动兴起于 20 世纪 80 年代，几乎与世界各国的发展同步。1987 年，李琳和胡艳双双越过 3.60 m。1988 年，邵静雯跳过了 3.75 m 的世界最好成绩。1991 年，张纯真越过 4.05 m，成为世界上第一个越过 4 米的女子撑竿跳高运动员。1995 年，国际田联正式承认女子撑竿跳高世界纪录后，我国运动员曾多次打破室内外世界纪录。截至 2013 年，女子撑竿跳高的全国纪录为 4.65 m。李玲作为中国第六位田径世界冠军，撑竿跳高亚洲纪录保持者，四次刷新女子撑竿跳高亚洲纪录及全国纪录。2010 年，广州亚运会，李玲以 4.30 m 的成绩获得撑竿跳高亚军。2013 年 9 月 8 日的第 12 届全国运动会上，李玲以 4.65 m 的成绩获得冠军，并打破亚洲纪录。2014 年，国际田联洲际杯赛在摩洛哥马拉喀什开战，代表亚太区参赛浙江的女子撑竿跳高名将李玲以 4.5 m 的成绩获得冠军。9 月 30 日，韩国仁川亚运会获得撑竿跳冠军。2015 年，亚洲田径锦标赛结束了第三比赛日的争夺，中国选手李玲在女子撑竿跳比赛中发挥出色，以 4.66 m 的成绩打破她自己保持的 4.65 m 的亚洲纪录，这也是本届亚洲锦标赛打破的第二项亚洲纪录。2016 年，亚洲室内田径锦标赛在卡塔尔多哈进行，李玲在女子撑竿跳比赛中以 4.70 m 的成绩获得冠军，将自己保持的亚洲纪录提高了 19 cm。2016 年在南京进行的全国室内田径锦标赛，女子撑竿跳亚洲纪录保持者李玲以 4.40 m 获得冠军。5 月 23 日，国际田联世界挑战赛荷兰亨格罗站，李玲以 4.50 m 获得女子撑竿跳冠军。2017 年 4 月 4 日，2017 年全国田径大奖赛首站比赛在江苏省淮安市举行，女子撑竿跳高决赛中，代表浙江出战的宁波运动员李玲以 4.30 m 的成绩获得第一名，这也是她继全国室内田径锦标赛夺冠后，获得的又一枚金牌。7 月 10 日，2017 年亚洲田径锦标赛，李玲以 4.20 m 的成绩获得女子撑竿跳亚军。9 月 2 日，第 13 届全运会田径比赛正式在天津奥体中心体育场拉开战幕。女子撑竿跳高决赛中，李玲状态不佳，三次挑战 4.40 m 均失败，最终获得第二名。2018 年 8 月 28 日，雅加达亚运会田径女子撑竿跳比赛中李玲以 4.60 m 的成绩获得冠军，打破了她和前辈师姐高淑英联合保持的 4.35 m 的亚运会纪录。

二、撑竿跳高的教学

（一）教学的重点与难点

1. 撑竿跳高教学的重点

撑竿跳高教学的重点是插穴与起跳结合技术。撑竿跳高是使人体越过尽可能高的高度项目，持竿助跑获得的水平速度是通过插穴起跳动作才能获得的最大限度的动量。所以，插穴与起跳结合的好坏不仅影响助跑速度的发挥和利用，而且在很大程度上影响整个跳跃的质量和效果。插竿与起跳结合技术是撑竿跳高技术动作好坏的关键，在教学中应该把这个技术作为重点进行教学。

2. 撑竿跳高教学的难点

撑竿跳高教学的难点是助跑举竿插穴技术。在教学中助跑举竿插穴是学生比较难掌握的技术。因为助跑是获得动量的主要阶段，助跑速度是决定撑竿跳高成绩的主要因素。在高速跑进中不失时机地、协调准确地按顺序完成降竿、举竿、插穴等一系列动作是比较难的。所以，助跑举竿插穴技术动作是撑竿跳高教学的难点。举竿插穴的时机早或晚都不行，在教学中应抓住这一技术环节，进行反复的分解练习和快速完成举竿插穴起跳的练习，使学生能够较好地掌握这一技术。

（二）教学策略

撑竿跳高技术教学主要按照撑竿跳高技术结构的先后次序，依次进行教学。

1. 准备活动

撑竿跳高是田径运动项目中对身体条件以及素质要求较高、节奏性较强的项目之一，为了充分利用课堂教学时间，促进学生尽快掌握撑竿跳高技术。准备活动中，除了采用常规活动内容外，建议多采用专项性练习内容进行准备活动。教师利用教材、网络资源创编相关内容，采用讲解示范等方法组织学生进行身体各部位的活动练习，专项准备活动主要结合专项技术要求进行设计，主要以插穴、摆体的专门性练习为主。

2. 技术教学的内容和方法

（1）建立正确的撑竿跳高技术概念

教师简明讲述撑竿跳高发展概况和技术特点，让学生通过观看教师的示范进一步了解撑竿跳高技术。教师可以利用撑竿跳高的示意图（图 8-2-1）简明讲解撑竿跳高主要的技术环节。

图 8-2-1　撑竿跳高

（2）学习持竿和持竿助跑技术

教师讲解持竿的方法，并作好示范，让学生明确持竿时竿子应放置的部位；持竿由走到慢跑练习，注意持竿的肩和两臂、两腿迈步动作的配合；练习持竿小步跑，高抬腿跑，后蹬跑等。

为了使学生很好地体会动作，可以让学生站在起跳点侧面，用左手扶住撑竿，右手扶住同伴的肩及后背，在竿上悬垂。在教学中注意动作的配合，特别是在竿上悬垂时不要引拉。

（3）学习举竿插穴起跳技术

在教学中，向前迈起跳腿时要积极，两臂控制好撑竿，特别是左臂屈肘控制住撑竿，以利人体向前摆动；应把重点放在两步助跑上，在迈摆动腿的同时举竿插穴。技术熟练后适当加大助跑距离，要求学生在倒数第二步时开始举竿插穴起跳，在倒数第二步处放标志物，提醒学生及时做举竿插穴起跳动作。

（4）学习悬垂摆体接后倒举腿技术

教学过程中，为了使学生起跳摆体时能够加大惯性，教师站在学生左侧，用手拉下撑竿，使撑竿竖立的速度加快，便于学生做出收腹举腿的动作。

（5）学习拉引转体与过竿技术

教学中，要注意学生在竿上的控制能力，要求学生整个身体靠近撑杆做动作，尽量保持身体的平衡。

三、撑竿跳高的训练

（一）撑竿跳高的素质训练

1. 专项身体训练

（1）速度训练

提高撑竿跳高运动员的助跑起跳速度及竿上动作速度，是提高撑竿跳高成绩的基本条件。现代撑竿跳高训练非常重视短跑和持竿助跑速度的训练。

短距离平跑速度是持竿助跑速度的基础，不仅要采用各种短跑训练手段来努力提高运动员的平跑速度，而且要提高运动员的控竿能力和有关技术，从而将平跑速度充分运用到持竿跑和撑竿跳高中去，使持竿跑的速度接近平跑速度，撑竿跳高时的持竿助跑速度接近持竿跑速度。

持竿助跑不仅要求速度快，而且要求节奏合理、稳定、步点准确，为插穴起跳创造有利条件。可采用跳远助跑的一些专门练习及不同栏间距的跨栏跑练习等，培养运动员的助跑节奏感，提高持竿助跑节奏的稳定性。撑竿跳高运动员的专项速度，除与运动员的肌肉收缩速度有关外，还与技术动作的正确性和熟练程度有关。如果插穴起跳动作不正确，不仅会影响专项速度的发挥，而且会影响专项速度的有效利用。因此，在训练中要把平跑练习与持竿跑练习相结合，速度训练和技术训练相结合，促进专项速度的提高。

（2）力量训练

撑竿跳高运动员既要具备跳远运动员所需要的腿部、腰背部等肌肉力量，又要具备体操运动员的握力、臂力、肩带力量和腰腹肌力量等。这对提高运动员控制撑竿和自己身体的能力至关重要。吊环、吊绳、单杠等一些体操器械练习和专门练习，都是发展这些肌肉力量的有效手段。

运动员在撑竿时所做的拉引转体和推竿动作是一个整体，故在发展手臂和肩带肌肉力量时，应尽可能按动作顺序和方法多做完整练习，少做拉引转体和推竿的分解练习。运动员借助撑竿支撑所做的一系列动作，都是在撑竿弯曲和反弹过程中进行的，只有当人体的动作与撑竿的运动协调一致时，才能取得最佳的效果，在发展专项力量时必须考虑这一特点，多采用弹性竿、橡皮吊绳等弹性装置进行训练。

撑竿跳高运动员应具备像跳远运动员那样在快速助跑中快速起跳的能力，这对提高握竿高度，加快撑竿动作和人体的运动非常重要。发展弹跳力所采用的手段和方法与跳远运动员基本相同。

（3）灵敏性和柔韧性训练

撑竿跳高运动员应具备像体操运动员那样控制身体、空中定向和保持平衡的能力。撑竿跳高名将布勃卡不仅早期就接受了体操能力的训练，而且在以后多年系统训练中，始终将体操训练放在重要位置。发展专项素质所需要的灵敏素质和柔韧素质，要结合各种体操动作，如各种滚翻、手倒立推起、侧手翻、后空翻等；结合吊环、单杠练习中的悬垂摆体、收腹拉引、摆体后翻等；结合蹦床练习中的各种转体空翻动作等。练习时，单个动作应与成套动作相结合。

（4）耐力训练

撑竿跳高训练比赛中，运动员的每次试跳都要消耗较多的能量，比赛时间往往拖得很长，运动员要在最后跳出好成绩，必须具有良好的专项耐力。撑竿跳高运动员的专项耐力水平，是在发展一般耐力的基础上，通过有计划地延长训练时间、增加过杆量等方法，在长期的训练过程中逐步提高的。

2. 心理训练

撑竿跳高技术难度较大，运动员腾空高，比赛激烈且持续时间长，对运动员的心理素质要求较高。因此，心理训练是撑竿跳高训练的重要内容。对于初学者而言，首先要消除不必要的害怕心理，增强学习信心。教练员应加强安全措施，采用大量的专门性练习，循序渐进，及时肯定学生的进步，使学生逐步适应撑竿跳高过程中的时空变化，牢固掌握基本技术，提高学习的积极性和自信心。

优秀撑竿跳高运动员应具有勇敢顽强、沉着冷静的品质和敢于超越新高度的信心。常用的心理训练方法有以下五种。

（1）增加练习难度

在正常的教学训练中，可以有目的地采用增加练习量、增大练习密度和强度、变换练习手段、提高练习要求等方法，增加练习的难度，提高运动员的耐受力及战胜困难的勇气和信心。

（2）改变训练环境

有计划地变换练习场地，经常在气候条件较差及干扰较大等困难条件下进行训练和测验，提高运动员的自控能力和长时间集中注意力的能力。

（3）加强思想教育

以优秀运动员的训练、比赛为范例，有目的地讲述优秀运动员的成功之路，引导运动员逐步树立远大理想，培养其不怕困难、敢于拼搏的精神。

（4）参加各种比赛

通过参加不同水平和方式的比赛，与各种对手同场竞技，培养运动员的争胜心理和拼搏精神。

（5）自我暗示

在赛前和赛中，让运动员默念一些积极的暗示语。这样，可以在短时间内稳定运动员的情绪，使其集中注意力，增强信心。在日常训练中，可以让运动员注视较高的横杆较长时间，并积极暗示这个高度并不高，完全可以战胜，以增强自信心。

（二）撑竿跳高的技术训练

撑竿跳高运动员的技术训练，是在技术教学的基础上进行的。技术训练应采用完整技术练习与分解技术练习相结合的方法，并使分解技术逐渐转移到完整技术上。

1. 技术训练的基本手段

①持竿加速跑、全速跑 40 ～ 60 m。为提高助跑速度和控制撑竿的能力，可交替使用不同重量的撑竿。

②高握竿点的持竿加速跑 30 ～ 60 m。

③持重竿加速跑 30 ～ 60 m。在竿头上加一定重物进行练习。

④持竿上坡跑、下坡跑 30 ～ 60 m。持竿上坡跑练习，着重加大蹬摆动作，尤其是加大摆动腿前抬的高度。持竿下坡跑练习，最好能接平地跑 30 m，重点培养轻快节奏。

⑤举竿插穴练习。助跑 4 ～ 6 步举竿插穴，撑竿弯曲后借撑竿的反弹顺势后退，反复练习，体会举竿插穴、蹬摆配合、胸前挺及手臂控竿等动作。

2. 技术训练应注意的问题

①撑竿跳高的技术性强，技术与运动成绩之间的关系密切，运动员应在全面提高身体素质的基础上，用较多时间和精力进行撑竿跳高的技术训练。

②撑竿跳高技术较复杂，在技术训练中要采用分解练习与完整练习相结合的方法，在初级训练阶段更需要加强专门性辅助练习，以便运动员更好地理解、体会技术动作，更快地掌握好基本技术。

③撑竿跳高完整技术练习强度大，消耗的能量较多，要求运动员体力充沛，注意力集中。在一次技术课中，运动员难以完成很多数量的完整过杆练习。因此，在技术训练时可以使用较软的撑竿，并采用中程助跑过杆与全程助跑过杆相结合的方法，保证练习的数量。

④在进行完整技术练习和专门性辅助练习时，要经常检查场地器材是否安全可靠，加强保护措施，保证训练安全。

（三）撑竿跳高的赛前训练

赛前训练是竞赛期训练的一个重要组成部分，任务是帮助运动员适应将要参加的比赛的环境和条件，使其达到最佳竞技状态，从而在比赛中发挥出自己的水平。

赛前训练持续时间的长短与即将参加的比赛的重要性有关。参加一般性比赛，赛前训练的持续时间较短，一般为 1 周。参加重大比赛，赛前训练的持续时间较长，一般为 4 ～ 6 周。运动员要适应的主要内容包括竞赛时间、作息时间与环境、比赛地点的海拔高度、气候条件、跳区条件、准备活动场地条件、起跳高度及升高计划、对手情况等等。运动员还要对在比赛中可能突发的情况和预想不到的困难有心理准备。

参加一般性比赛前，训练次数基本不变，只是训练量有所减少、训练强度有所下降、训练过程较为轻松，使运动员机体得到恢复，神经系统的工作能力得到提高。参加重大比赛前，应根据运动员的特点制订出详细的训练计划，多数训练课都应在模拟比赛条件下进行。教练员和运动员在赛前应根据比赛任务、个人水平、对手情况、场地条件等因素，通过认真分析和讨论，制订出符合实际的战术方案及应变计划，还要认真检查撑竿、钉鞋和服装等比赛用品，作好参加比赛的准备。

运动员往往在赛前几天就开始兴奋，而且比赛越重要，运动员的责任感越强，兴奋就开始得越早，兴奋性也越强。为使比赛当天运动员的兴奋性达到最佳水平，教练员应通过合理安排训练和休息等方法，并加强与运动员的交流，调控运动员的兴奋过程。

第三节　跳远

一、跳远的发展概况

自 1896 年在希腊首都雅典举行第 1 届奥运会以来，跳远运动的技术、运动成绩和训练方法等方面都有很大的变化和发展。大致经历了 3 个阶段：1896—1936 年的自然发展阶段、1937—1968 年的跳远技术兴盛阶段、1969 年至今的系统科学训练阶段。

（一）跳远技术自然发展阶段（1896—1936 年）

这个阶段的基本特点是人们在跳远运动的实践中，通过直接观察并运用直觉和思辨能力，获得了对跳远运动的总体认识。由于认识水平不高，对跳远的内在规律和各部分细节了解得不甚清楚，带有浓厚的经验性，未能形成完整的系统理论。当时，人们认识、掌握、利用跳远运动的能力有很大局限性，处于自然发展状态，尚属积累经验的过程。此阶段的跳远运动技术是蹲踞式跳远。这是人们日常生活中，跑动单脚跳跃动作的自然发展，具有简单、易学、实用的特点。但它主要依靠人与生俱有的自然运动能力，而没有经过专门训练。因此，这阶段的运动成绩增长缓慢。1935 年，美国运动员欧文斯以他杰出的天赋在完成起跳时运用像是直接跑过起跳板的独特技术，创造了令世人惊讶的 8.13 m 的新纪录，率先突破了 8 m 大关。欧文斯的一跳引起世界各国对跳远运动的极大关注，人们开始对跳远运动进行深入、系统的研究，注重技术的创新，挺身式跳远技术、二步半和三步半的走步式跳远技术等相继出现，并迅速在世界各国传播。从此，跳远进入了大发展时期。

（二）跳远技术兴盛阶段（1937—1968 年）

1968 年，美国运动员比蒙在墨西哥城创下当时被人们颂扬为“进入 21 世纪的一跳”的 8.90 m 的惊人成绩。此阶段女子跳远开始兴起，并在 1948 年被列为奥运会的正式比赛项目。但早在 1928 年，日本运动员人见娟枝就创造了女子跳远的第一个世界纪录 5.98 m。女子跳远运动开展较晚，但成绩提高和发展很快。从 1939 年德国运动员舒尔茨创造了 6.12 m 的世界纪录并首次突破 6 m 大关到 1968 年罗马尼亚的维斯科波列亚努创造了 6.82 m 的新纪录，较男子的提高率更高（约每年提高 2.42 cm）。

（三）系统科学训练阶段（1969 年至今）

这一时期，科学技术革命席卷全球，冲击着各个领域。各门学科在继续分化的同时彼此渗透，系统论、信息论、控制论及电子学不断被运用于跳远项目的教学与训练，跳远训练进入了系统科学训练的新时代。人们运用多学科的理论，从综合的角度来认识、研究跳远运动的内在规律，进行系统科学地训练，有效地挖掘和开发运动员的自身潜力。虽然，跳远运动的技术原理并没有大的突破和改变，但跳远技术朝着高速度、高强度的方向发展，迫使人们努力去寻找提高助跑速度、起跳速度和跳远动作速度的有效方法和途径。这一阶段，世界水平优秀运动员的跳远成绩，要比前两个阶段高得多。美国运动员鲍威尔在第 3 届世界田径锦标赛上创造出 8.95 m 的成绩，使所谓“进入 21 世纪的一跳”的说法成为陈年旧话。女子跳远发展得更快，女子技术日趋男子化，其成绩增长迅猛。1978 年，苏联运动员巴尔道斯克涅，第一个突破 7 m 大关。目前女子跳远世界纪录是苏联运动员奇斯佳科娃在列宁格勒创造的 7.52 m 的成绩。近年来中国培养出不少优秀的田径运动员，比如主攻男子跳远的黄常洲。2016 年 3 月 21 日凌晨，美国波特兰室内田径世锦赛场上四川广汉小伙子黄常洲激动地披上了五星红旗，这位小伙子也从竞争激烈的男子跳远队脱颖而出，拿到了奥运资格。2016 年 7 月 18 日，里约热内卢奥运会中国奥运代表团成立，黄常洲名列出征田径队男运动员名单。2019 年 10 月，黄常洲获得第 7 届世界军人运动会男子跳远银牌。2020 年 9 月 4 日，黄常洲获 2020 年中国田径街头巡回赛南京站男子跳远冠军。2020 年 9 月 15 日，黄常洲以 8.33 m 收获全国田径锦标赛男子跳远亚军。2021 年，黄常洲入选 2020 年东京奥运会中国体育代表团田径项目运动员名单。2021 年 9 月 22 日，获得第 14 届全国运动会田径男子跳远银牌。另外，同是跳远运动员的王嘉男，2012 年进入江苏省体工队。2013 年 7 月，获得在印度举行的第 20 届亚洲田径锦标赛男子跳远冠军。2016 年 7 月 18 日，王嘉男入选 2016 年里约热内卢奥运会中国体育代表团田径队运动员名单。2016 年 8 月 15 日，里约奥运会男子跳远决赛，王嘉男以 8.17 m 的成绩获得第五名。2019 年 8 月 2 日，2019 世界田径锦标赛选拔赛在沈阳奥体中心体育场举行，王嘉男在第四跳跳出 8.18 m，获得选拔赛男子跳远冠军。2019 年 10 月 24 日，王嘉男获得第 7 届世界军人运动会田径项目男子跳远冠军。我国的跳远运动事业在这些优秀运动员的努力下蓬勃发展。

二、跳远技术发展趋势

（一）延长跳远助跑距离

由于速度在跳远中的重要作用，跳远项目越来越重视速度的练习。高水平的运动员在起跑后 40 ～ 50 m 段落中才能达到个人的最高速度。为了在跳远中充分利用助跑所获得的最大水平速度，目前世界上一些优秀的男子跳远运动员助跑距离已经达到 50 m（包括行进起动距离）。例如鲍威尔的助跑距离为 50.64 m，助跑速度为 11 m/ s（8.95 m）；刘易斯的助跑距离为 51.3 m，助跑速度为 11.06 m/ s（8.92 m）。

（二）抓好跑跳衔接技术的训练

现代跳远起跳前的助跑速度已经达到 11 m/ s，增大助跑速度和起跳速度是跳远技术的发展方向。当人们越来越重视助跑速度时，会清楚地看到，助跑的速度越快，起跳时的难度越大。对优秀跳远运动员技术的分析与研究表明：最重要、起决定作用的是快速助跑和快速起跳相结合的技术。助跑最后几步的技术与起跳的结合是保证充分利用水平速度和获得理想起跳效果的关键，只有这一部分的技术合理、有效，才能获得最大的腾起初速度和适宜的腾起角度，从而取得理想的跳远成绩。

（三）重视摆动技术的运用

近几年来，通过对优秀跳远运动员技术的力学分析，人们更清楚地认识到，摆动腿和两臂的摆动时机、摆动幅度、摆动速度等，都对跳远起跳起着至关重要的作用，并且影响着起跳技术的正确与否以及跳远成绩的好坏。因此，在跳远技术的教学与训练中也都加强了对摆动技术的学习、掌握和提高，以充分发挥它们的作用，来有效地提高跳远的成绩。

三、跳远的教学

（一）跳远的技术特点

1. 蹲踞式跳远技术特点

蹲踞式是远跳项目中动作最简单的水平跳跃项目，也是最能展现人的基本技能的运动项目。只要能够发挥一定的助跑速度，较正确地踏上起跳点就能够完成跳跃任务，具有简单、易学的特点，在中小学的田径教材中出现得比较普遍，体育专业本科学生已具备了一定的基础。因此，蹲踞式跳远的教学应以简单介绍为主（图 8-3-1）。

图 8-3-1　蹲踞式跳远动作

2. 挺身式跳远技术特点

挺身式跳远是集技术、速度、力量于一体的运动项目，技术虽然先进，但不易掌握，主要原因是挺身式跳远腾起角度小，腾空高度低，没有时间完成动作。而初学挺身式的学生，尤其是女学生，起跳还没来得及展体就落地了，有时还会出现动作不一致的现象（图8-3-2）。

图 8-3-2　挺身式跳远动作

3. 决定身体重心腾起角度和初速度的主要因素

①起跳是在助跑中完成的，起跳后身体重心的飞行方向即身体重心腾起角度是由运动员起跳时的动作决定的，主要是由起跳脚着地时的起跳角度以及摆动腿和两臂的摆动方向决定的。

②决定身体重心腾起初速度的主要因素：身体重心的腾起初速度是决定跳远成绩的最主要的因素，它主要由助跑速度、踏跳力量、起跳时的动作速率决定。

③决定跳远成绩的技术因素分析。跳远运动员要想取得最佳成绩，必须利用合理的技术将自身的体能充分发挥。

（二）跳远教学的重点与难点

针对跳远的完整技术，助跑与起跳结合是教学的重点。教学的难点是过渡阶段技术。实际上各技术环节也有其自身的教学重点和难点。例如，助跑的教学重点是助跑的加速方法，难点是助跑的准确性；起跳的教学重点是起跳腿的蹬伸技术，难点是起跳腿的着地缓冲技术；蹲踞式跳远技术的教学重点是掌握腾空步技术，难点是并腿团身前伸腿准备落地技术；挺身式跳远技术的教学重点是两腿前伸的技术，难点是缓冲引体移过落点技术。

（三）教学策略

1. 准备活动

跳远是田径运动项目中对身体条件以及素质要求较高、节奏性较强的项目之一，为了充分利用课堂教学时间，促进学生尽快掌握跳远技术，准备活动中除了采用常规活动内容外，建议多采用专项性练习内容。

教师利用教材、网络资源创编相关内容，采用讲解示范等方法组织学生进行身体各部位的活动练习。专项准备活动主要结合专项技术要求进行设计，主要以腾空步的专门性练习为主，促进学生对技术的掌握。

2. 技术教学的方法和手段

（1）建立正确的跳远技术概念

教师结合优秀运动员的技术录像，通过挂图讲解跳远的发展过程、锻炼价值、基本技术和技术特点，提高学生学习跳远技术的积极性和主动性。

（2）学习助跑与起跳相结合技术

教师讲解助跑技术：讲解助跑的技术特点及要求，介绍起动方式，助跑的步数和距离，加速的方式。学生学习全程助跑技术：在跑道上按预定的步数进行不起跳的全程助跑练习，在助跑道上按全程助跑的每一步的步幅画好的标记点进行有意识起跳的全程助跑练习。

（3）学习助跑与起跳结合技术。

助跑与起跳是跳远技术的关键，要积极引导学生掌握好正确的起跳技术，起动的方式和加速的方式应相对稳定，强调最后 4 步的节奏和快速上板的意识。

（4）学习蹲踞式跳远技术

①原地模仿蹲踞式的动作。

②助跑 4 ～ 6 步，起跳后做腾空步练习。

③助跑 4 ～ 6 步，起跳成腾空步后，将起跳腿向前提举与摆动腿靠拢（形成空中蹲踞动作），然后两腿下落于沙坑。

④短距离助跑，做完整的蹲踞式跳远练习。练习时，起跳要有一定高度，要抓住腾空步动作和收起跳腿时机这些关键技术进行练习。腾空步要做得充分，将该姿势延续片刻时间，不要急于做向前收起跳腿的动作。

（5）全程助跑蹲踞式跳远

教学开始阶段要强调上体不要前倾，头要保持正直，以防止身体前旋失去身体平衡。蹲踞式跳远技术比较简单，教学中主要以介绍为主。

（6）学习走步式跳远

结合示范或挂图讲解走步式跳远技术，使学生建立正确的走步式跳远技术概念，了解走步式跳远技术的要求、方法和要领。

①短程助跑在踏跳板上起跳完成二步半走步式跳远练习。

②短、中程助跑走步式跳远练习。

③全程助跑走步式跳远练习。

（7）学习下落着地技术

①讲解示范落地动作。

②原地向高跳起，在空中做收腹举腿练习。练习时，要求大腿向胸部靠近，几乎触及胸部。

③立定跳远练习：在沙坑边沿站立做立定跳远。落地前，提举大腿、两臂后摆；然后，两腿伸出，用脚跟领先落于沙坑；接着，迅速屈膝，两臂迅速前摆，使身体重心移过落点。在沙坑内个人落地点附近放置标志物（如白色布带），用作业条件限制法让学生进行跳远练习，在下落前两腿向前提举，然后小腿前伸，两脚跟在标志物前着地。

（8）巩固和提高完整的跳远技术

①丈量全程助跑的步点，做全程助跑的蹲踞式、挺身式跳远练习，全面巩固和提高技术。

②根据每个学生的具体情况，分别采用相应的有效手段，巩固和提高各技术环节的技术水平。

③进行完整技术的技术评定。

④组织跳远教学比赛。

3. 错误的产生原因及纠正方法

（1）助跑步点不准

产生原因：助跑起动方法不固定，助跑加速节奏和步幅不稳定，气候、场地、身体状况和心理因素的影响。

纠正方法：固定助跑的起动方式，正确使用助跑标志；反复跑步点，固定助跑的动作幅度和节奏；在各种环境下练习，培养适应能力，提高助跑的稳定性。

（2）助跑最后几步减速

产生原因：助跑步点不准，最后几步拉大步或倒小步；起跳前上体后仰，臀部后“坐”，后蹬不充分；害怕犯规和害怕跑快了跳不起来。

纠正方法：助跑要果断，建立用速度去争取远度的意识，消除害怕心理；保持跑的直线性和动作结构，加快上板前几步的步频；踏上第二标志后积极进攻加速。

（3）起跳制动过大

产生原因：最后一步起跳腿上板不积极，身体重心落后，小腿过分前伸致最后一步过大；盲目追求腾空高度。

纠正方法：注意加快起跳腿上板时的速度，在快速跑进中自然地完成起跳；提高助跑身体重心，用“扒”地式踏板起跳；在斜坡跑道上做下坡跑起跳。

（4）起跳后身体前倾、失去平衡

产生原因：起跳时身体前倾，急于做落地动作。

纠正方法：反复进行起跳腾空步的练习，加大空中动作幅度以加长旋转半径，注意起跳时头和上体的姿势。

（5）挺身式跳远中以挺腹代替挺胸展髋

产生原因：起跳不充分，起跳后摆动腿膝关节紧张，摆动腿下放过晚，未向身体垂直面之后摆动；头和上体后仰。

纠正方法：起跳要充分，上体肩保持正直；腾空后，摆动腿膝关节放松，积极圆滑地下放和后摆。

（6）走步式跳远中换步动作幅度小

产生原因：换步时两大腿摆动不够，只倒小步；上下肢配合不协调。

纠正方法：强调以髋发力，大腿带小腿运动；重点放在下肢的换步动作上，在此基础上强调上肢动作。

（7）跳远落地时小腿前伸不够

产生原因：上体过分前倾，腰腹力量和下肢柔韧性差。

纠正方法：做立定跳远，要求落地前大腿抬起小腿尽量前伸，落地后积极屈膝缓冲；加强腰腹力量和下肢柔韧性的练习。

四、跳远的训练

（一）跳远的素质训练

跳远的素质训练主要包括速度训练、力量训练以及协调性与柔韧性训练。

1. 跳远的速度训练

跳远的速度训练要以提高绝对速度为主，并同跳远助跑技术相结合。跳远速度训练的特点如下。

①由于起跳板的限制，不但要跑得快，而且要跑得准。

②跳远比赛中，跳远运动员要进行 6 次跳跃，这就要求运动员具备在较短时间内反复发挥最高跑速的能力。

③在高速助跑的同时，运动员要快速正确地起跳，所以需要具备在高速跑进中的放松能力，为瞬间快速有力地起跳作好准备。

④能用稳定的加速节奏在 30 ～ 40 m 内达到最高助跑速度。

2. 跳远的力量训练

跳远起跳时，要求腿部有强大的爆发力。跳远运动员的力量训练以发展速度力量为主。

（1）采用杠铃发展速度力量的主要方法

①负重提踵：身体保持正直，两腿自然站立，“内八字”站立与“外八字”站立交叉进行；由平地提踵逐步过渡到站在 5 ～ 8 cm 高的台阶上提踵。

②负杠铃弓箭步走：上体正直，注意体会单腿支撑与蹬伸动作。采用轻或中等重量的杠铃，不宜采用大重量的杠铃，注意加强保护，防止失去平衡。

③肩负杠铃克制性半蹲跳：采用轻或中等重量的杠铃，上体保持正直，切忌前倾。注意蹬伸的力量与速度，注意半蹲跳的连贯性。

④肩负杠铃退让性半蹲跳：采用中等重量的杠铃，控制缓冲的速度和幅度。着地缓冲阶段膝关节要迅速固定在某一角度，强调间断地、不连续地完成半蹲跳。

⑤肩负杠铃深蹲起：采用较大重量的杠铃进行练习，一次训练课至少要完成 3 组，每组 2 ～ 4 次；注意力集中，爆发式地完成练习，强调蹲起的速度，蹲起时注意抬头挺胸，切忌先抬臀部；每次练习同跑、跳和放松练习结合起来。

⑥弓箭步连续快速抓举：首先要掌握弓箭步抓举的技术动作，然后逐渐提高动作速度，体会抓举的快速发力和动作节奏。

（2）采用跳跃手段发展速度力量的主要方法

①摆动性跨步跳、单足跳和力量性跨步跳、单足跳：从完成动作的效果来看，摆动性是指用加大摆动效果来增加跳跃速度，力量性是指用加大蹬地力量来增加跳跃远度。练习时应着重体会摆动动作的作用，体会上、下肢动作的协调配合。

②速度性跨步跳、单足跳和幅度性跨步跳、单足跳：速度性要求跳跃速度，可采用计时的方法；幅度性要求加大每一步的动作幅度。

③各种方式的一般跳跃练习：如蛙跳、直腿跳等。做这些练习时，要注意跳跃的爆发式用力特点；注意单个跳跃动作间连贯跳的次数。

④各种形式的跳深练习：如跳深跳远、跳深纵跳、跳台阶等。练习时落地方式可分单足与双足两种；跳深的高度要根据练习者水平确定；注意着地缓冲和起跳速度，要求快速起跳。有一定训练水平的可负重跳深。

⑤与专项动作相近的跳跃练习：如各种方式的助跑起跳练习，各种方式的跳高、三级跳远，跳越各种障碍的练习，等等。要体会利用助跑速度增强起跳效果的技巧，体会起跳动作的发力时机以及蹬与摆的配合。

⑥负重跳跃练习：练习中，应注意选择合理的负重重量与负重方式，负重的重量和方式可能影响跳跃动作的正确性，应将徒手跳跃与负重跳跃结合进行。

3. 跳远的协调性与柔韧性训练

协调性与柔韧性同样是跳远运动员应具备的一项重要素质，训练中不可忽视。现代跳远训练由于力量训练的比重增大，在一定程度上会对关节的灵活性产生不利影响。良好的协调性和柔韧性增强了运动员的神经系统功能，提高了对肌肉的控制能力，有助于技术动作的改进和完善，而且是加强运动员自我保护、防止运动损伤的有效措施。

在安排协调性和柔韧性训练时，要注意与发展动作幅度和动作速度的练习结合起来。协调性和柔韧性训练的方法和手段主要如下。

①各种静力性与动力性柔韧练习，如各种压腿、摆腿、踢腿、劈叉、跨栏等专门练习。

②武术基本功练习。

③各类有音乐伴奏的健美操、韵律操等。

④各种球类练习，如篮球、足球等。

（二）跳远的技术训练

跳远的技术训练主要指如何发挥和利用速度来改进和完善跳远技术。青少年的跳远技术训练，还应注意培养其正确的跳跃心理定向。

1. 助跑技术训练

跳远助跑技术训练的目的是提高助跑速度，稳定助跑节奏，培养和提高调整步幅和步频的能力，加强起跳时的攻板意识以及形成正确的助跑心理定向。助跑技术训练的主要方法如下。

①在不同质量的跑道上，进行长于全程距离的助跑（多跑 2 ～ 4 步），利用助跑标志，稳定最后 6 ～ 8 步的步幅。

②固定起动方式，使助跑开始时的步幅和加速过程定型，保证最初几步助跑步幅的稳定。

③进行变换节奏的加速跑和跑的练习，以培养对跑速和动作的控制能力。

④ 8 ～ 10 步助跑后，按步幅标志进行加大步幅和缩短步幅的助跑练习，培养调整步幅和步频的能力。

2. 起跳技术训练

起跳技术训练的目的是培养运动员高速助跑中快速起跳的技能，寻找并完善适合个人特点的起跳技术，强化形成起跳技术的神经——肌肉通道，利用助跑速度和起跳技巧，创造尽可能大的腾起初速度和适宜的腾起角度。起跳技术训练的主要方法如下。

①快跑中起跳脚的放置或摆动腿摆动练习。

②快跑中起跳脚的放置与摆动腿摆动相结合的练习。

③连续 3 ～ 5 步助跑起跳成腾空步练习。

④短、中程距离助跑起跳成腾空步的练习。

⑤全程助跑起跳练习。

⑥采用俯角跳板短程助跑起跳练习。

⑦在下坡跑道上的短程助跑起跳练习。

⑧下坡跑道助跑 10 ～ 12 步转入水平跑道起跳的练习。

⑨短程距离助跑起跳后，用手、头、胸部或摆动腿触及悬挂在空中的物体，最好落在沙坑内。

3. 腾空与落地技术训练

腾空与落地技术训练的目的是维持腾空后的平衡，最大限度地利用起跳所形成的抛物线轨迹，争取尽可能大的跳跃远度，避免受伤。掌握、提高腾空与落地技术的主要练习方法如下。

①利用吊环、单杠等辅助器械，模仿和改进落地动作。

②短、中程距离的完整跳远练习中，改进空中和落地动作。

4. 跳远技术与跳远心理定向

由于跳远技术的准确性关系到比赛的成败，导致了复杂的比赛心理活动。这是常常约束和影响跳远运动员在比赛中发挥应有水平的一个主要原因，也是运动员进一步提高成绩的无形障碍。

跳远心理定向对掌握正确的跳远技术有很大的促进作用。例如，在进行助跑和起跳结合的技术时，只单方面进行技术训练，效果往往较差。但是，如果与心理训练结合起来，就能收到好的效果。运动实践表明：用跑过起跳板的心理定向去完成起跳，最后几步助跑速度发挥好，没有明显的起跳准备动作；用强有力的起跳和向高跳的心理定向去完成起跳，则起跳前有明显的准备起跳动作，助跑速度下降，起跳的制动性增大。所以，运动员的跳跃心理定向不同，即使采用相同的训练手段和方法，也会产生两种不同的效果。

（三）跳远的赛前训练

在比赛前，训练内容应逐渐减少，一般的训练内容被取消，只保留与专项关系密切的训练内容，如技术、速度、专项弹跳及力量训练的内容等，像耐力训练、一般跳跃训练，一般力量训练及一般身体训练的内容大量减少或取消。

在训练手段方面，主要安排与专项关系最密切的手段。例如，速度训练主要以 60 m 以内的全速跑为主，技术训练主要为全程或中程以上助跑的完整技术和练习，并且要增加全程助跑结合起跳的练习。弹跳训练则主要保留短距离的各种跳跃练习以及短助跑的级跳练习，力量训练以爆发性的快速练习手段为主。

从赛前的专门准备期开始，训练的负荷呈逐渐下降的趋势。负荷量的下降主要表现在训练内容手段的减少，训练课时间的缩短、每一种手段练习重复次数的减少和中间休息时间的加长等。减到一定程度后要保持一定的训练量，采取一天略大、一天略小或一天略大、两天略小的安排方法，使运动员在训练后可以及时地恢复过来，但又保持对机体的一定刺激，这样有利于运动员保持旺盛的体力和良好的竞技状态。

在训练负荷量逐渐下降的同时，训练强度要逐渐提高，在赛前两周之内，各主要素质和专项技术训练强度均达到最大。不能在一次训练课中各种手段训练强度都增大，须有计划地使各种手段的强度分别提高，否则易引起伤害事故。在赛前的专门准备期中，不能使训练强度总保持在高水平上，因为这样做可能会造成运动员在比赛时兴奋性下降，竞技状态降低。在赛前最后一周的训练中，训练强度应保持在中或中上水平，使运动员在进行高强度训练之后有一个恢复期，从而在比赛时达到一个新的高峰。

第四节　三级跳远

一、三级跳远的发展概况和趋势

历史上，三级跳远是由“多级跳”演变而来的。早在1465年瑞士苏黎世举行的射击游艺会上，已出现三级跳远比赛的记载。最初的三级跳远不拘形式，可以自由选择跳法。在爱尔兰流行过“跳步式”（单足跳＋单足跳＋跳跃），在德国也流行过“跨步式”（跨步跳＋跨步跳＋跳跃）。现在的跳法形式（单足跳＋跨步跳＋跳跃）是19世纪末叶在英国发展起来的，一直沿用至今。

在1896年的第1届现代奥运会上，三级跳远就被列为正式比赛项目。由于当时技术低下，动作简单，过分强调第一跳和第三跳远度，在训练和比赛中经常发生伤害事故，三级跳远曾被视为“危险的项目”而几乎被取消。三级跳远技术的发展可分为五个阶段。

第一阶段（1900—1930年）发展比较缓慢，自然形成三跳技术，按运动员的习惯跳，看重第一跳和第三跳的远度，而把第二跳作为一个过渡环节。因此，这一时期三级跳远的成绩提高的幅度很小，从1911年第一个由美国运动员丹·艾亥尔尼创造的正式世界纪录15.52 m到1924年巴黎奥运会上澳大利亚奥索尼·温特跳出冠军成绩15.53 m，时隔13年，三级跳远的成绩只提高了1 cm。

第二阶段（1931—1950年）人们逐渐对三级跳远技术有了比较清晰的认识。日本运动员采用的跳跃方式尽可能提高第一跳远度，他们先后连续三次获得奥运会的冠军，并于1936年将三级跳远成绩提高到16 m。当时认为三级跳远是独立的三次跳跃，只强调弹跳力，不重视三跳技术的连贯性，每一跳水平速度损失过大。

第三阶段（1951—1959年）以苏联的打击式跳法为主，双臂摆动，增加下肢交换动作幅度，增加大腿高抬的高度，上体前倾，以打击地面减少制动，提高跨步跳的远度，成绩提高较快，克列耶尔跳出了16.17 m的好成绩。

第四阶段（1960—1980年）在技术上重视助跑速度，强调三跳适宜的比例，以三跳的比例分为高跳和平跳，促进了三级跳远水平大幅度提高。1960年，波兰运动员施密特第一个跳过了17 m大关，成绩为17.03 m。1975年，巴西运动员奥利维拉跳出了17.89 m的世界纪录并保持了10年之久。

第五阶段（1981 年至今）人们对三级跳远进行进一步研究，各种类型的技术都强调助跑的速度和三跳速度的保持及利用，强调三跳的合理性、个人技术特点的适应性、强有力起跳动作与大幅度向前动作的一致性。1985 年，美国运动员班克斯跳出了 17.97 m，逼近了 18 m 大关。1995 年，英国运动员爱德华兹以 18.29 m 的成绩成为第一个跳过 18 m 大关的运动员。近年来的跳远领域中，特别值得一提的是中国国家队男子三级跳远运动员董斌，2007 年，他进入湖南省体工队。2011 年 7 月 17 日，董斌以 17.05 m 的成绩获得全国田径冠军赛男子三级跳远冠军，成为新科全国冠军。2013 年 3 月 7 日，董斌以 17.16 m 的成绩获得全国田径室内锦标赛男子三级跳远决赛冠军，打破了由哈萨克斯坦运动员萨凯尔钦保持了超过 20 年的 17.09 m 的室内亚洲纪录。2016 年 3 月 20 日，赛前被看好的董斌以 17.33 m 的成绩获得美国波特兰室内田径世锦赛男子三级跳远冠军，成为继隋新梅、刘翔之后中国田径室内世锦赛夺冠第三人。2016 年 8 月 16 日晚，2016 年里约奥运会结束了田径大项争夺，董斌以 17.58 m 的个人最好成绩获得铜牌。2017 年，他又获得了第 13 届全运会男子三级跳远冠军，可谓是战绩彪炳。

二、三级跳远的教学

（一）三级跳远的技术特点

1. 平跳型三级跳远技术特点

快速高重心上板，低腾空向前，身体腾空轨迹增长。运动员助跑速度快，并保持到踏跳之前。在踏跳前两步，人体重心平稳，不过分降低身体重心，以较快的速度向第一跳过渡，其垂直分力相对小，所以，水平速度损失小，第一跳的抛物线比较低，远度相应减小，为第二跳达到最好的重心抛物线高度创造了条件。平跳型的主要特征：第一跳人体重心抛物线低，比第三跳的距离稍短，起跳角度小，落地时水平速度损失小，主要采用单臂摆动的方式。三跳的比例：第一跳为 34%，第二跳为 30%，第三跳为 36%。

2. 高跳型三级跳远技术特点

力量强，上板速度较快，重心偏低。采用双臂摆动的方式，助跑最后两步适当减速，身体重心适当下降，用强有力的腿部力量完成起跳，起跳充分，垂直分力增大，但水平速度损失较大，影响二、三跳的远度。

主要特征：起跳角度大，第一跳比第三跳高而远。三跳的比例：第一跳 37%，第二跳 29%，第三跳 34%。

3. 决定身体重心腾起角度和初速度的主要因素

①起跳是在助跑中完成的，起跳后身体重心的飞行方向即身体重心腾起角度是由运动员起跳时的动作决定的，主要是由起跳脚着地时的起跳角度以及摆动腿和两臂的摆动方向决定的。

②决定身体重心腾起初速度的主要因素：身体重心的腾起初速度是决定跳远成绩的最主要的因素，它主要由助跑速度、踏跳力量、起跳时的动作速率决定。

③决定三级跳远成绩的技术因素分析。三级跳远运动员要想取得最佳成绩，必须掌握好适合自己的三跳比例，利用合理的技术将自身的体能充分发挥。

（二）三级跳远教学的重点与难点

1. 教学的重点

三级跳远技术教学重点是助跑接第一跳的衔接技术。三级跳远是人体通过快速助跑和有力起跳，尽可能向远处跳跃的远度项目。没有快速的助跑和有力的起跳，就不可能达到预想的远度。另外，如果第一跳完成不好，就无法进行其后的两跳。所以，助跑接第一跳的衔接技术，第一跳起跳腿的交换技术，第一跳、第二跳的落地动作，适合个人特点的三跳比例是教学的重点（图 8-4-1）。

图 8-4-1　三级跳动作

2. 教学的难点

三级跳远技术教学难点是三跳过程中水平速度的保持率及各跳产生的垂直速度。三级跳远技术不同于跳远技术，需要做三次跳跃动作。由于助跑中获得的水平速度在三次跳跃中不断降低，所以力求减少水平速度的损失而又能获得合理的垂直速度是三级跳远技术教学要解决的问题。因此，在三个连跳的每一跳中，保持每一跳的水平速度是三级跳远的教学难点。

（三）教学策略

1. 准备活动

三级跳远是田径运动项目中对身体条件以及素质要求较高、节奏性较强的项目之一，为了充分利用课堂教学时间，促进学生尽快掌握三级跳远技术，准备活动中除了采用常规活动内容外，建议多采用专项性练习内容。

教师利用教材、网络资源创编相关内容，采用讲解示范等方法组织学生进行身体各部位的活动练习。专项准备活动主要结合专项技术要求进行设计，主要以交换腿、跨步跳的专门性练习为主，促进学生对技术的掌握。

2. 技术教学的方法和手段

（1）建立正确的三级跳远技术概念

教师通过全图或录像帮助学生建立正确的概念，用完整技术示范让学生了解三级跳远动作过程。讲解时要简明扼要，语言生动，能抓住重点。技术动作示范尽可能规范，完整示范与单个动作分解示范相结合，注意示范位置和方向。

（2）学习单脚落地、跨步跳、单足跳及单跨结合技术

练习时必须用全脚掌落地或用脚后跟先着地迅速滚动到全脚掌着地。摆动腿积极快摆至与地面平行，产生一个突停形成跨步。两腿交换要协调，幅度要大，要注意两腿交换的时机。单足跳接跨步跳的动作自然连贯，落地积极，起跳有力。练习手段包括以下六种。

①原地模仿单脚积极落地技术练习。

②走动中做单脚积极落地技术练习。

③单足跳深做单脚积极技术练习。

④小幅度连续跨步跳练习。

⑤立定多级跨步跳练习。

⑥短程助跑的连续跨步跳练习。

（3）学习立定或上步三级跳远

①立定小幅度的三级跳远技术练习。

②画标志的立定三级跳远技术练习。

③上 1 ～ 3 步的三级跳远技术练习。

（4）学习三级跳远的助跑技术

① 4 ～ 6 步的助跑练习。

② 8 ～ 10 步的助跑练习。

③全程助跑的练习。

3. 错误的产生原因及纠正方法

（1）起跳蹬伸不充分

产生原因：腿部力量较差，摆动腿和两臂的摆动不协调，起跳前身体重心没有及时前移。

纠正方法：加强腿部力量的训练，加强摆动腿、摆臂的协调摆动力量的练习，多做单足或跨步跳上高台的练习。

（2）第一跳两腿交换过早

产生原因：起跳腿没有充分蹬伸；上体前倾角度过大；急于向前抬腿交换，造成屈髋。

纠正方法：要求起跳腿充分蹬伸后再做交换腿的动作；上体不要过于前倾，强调两臂的摆动力量和摆动的方向。

（3）落地不够积极，制动比较大

产生原因：技术概念不够清晰；屈膝高抬动作不标准，小腿前伸时快速前摆及迅速回扒的动作不够积极；膝关节过于紧张。

纠正方法：讲清积极落地的技术概念；加强膝关节灵活性的训练，单足跳、跨步跳时要做好屈膝高抬动作；多做小腿快速前摆和回扒动作的练习。

（4）空中失去平衡

产生原因：摆动腿的摆动不高，上体前压产生前旋；两臂摆动力量不均匀，摆动腿和摆臂用力不一致；摆动腿和摆臂的方向不一致。

纠正方法：多做连续小幅度的练习，认真体会摆动腿和摆臂的协调配合；在连续小幅度的跨步跳中体会大幅度的摆动方向和用力配合的一致性。

（5）第二跳步幅过小

产生原因：第一跳过大、过高使制动大，落地腿的支撑力量弱，第一跳落地时上体过于前倾。

纠正方法：加强支撑腿的力量训练；适当缩小第一跳的距离或适当降低第一跳身体重心的高度，增大第一跳的远度；采用画标志线控制三跳的比例。

（6）助跑最后两步减速

产生原因：步点不准确，后几步拉大或倒小步；提前做准备起跳，双臂的摆动幅度过大；踏板的意识不强。

纠正方法：采用标志助跑接起跳，加强踏板意识训练。

三、三级跳远的训练

（一）三级跳远的技术训练

1. 训练内容与主要手段

①以提高助跑速度和速度利用率为目的的各种跑跳练习。

②全程助跑接起跳练习，强调体会大幅度、有弹性、动作放松的助跑技术，并体会最后几步的节奏。

③短中程助跑接起跳练，主要练习助跑和起跳的连贯衔接技术。

④一定距离的快速助跑接起跳的助跑计时练习，可变换距离（如短程、中程、全程）助跑计时，用于检测运动员的训练强度和一定距离内的速度变化情况。

⑤在助跑道上放置后 6 步标记，进行全程助跑练习。

⑥在助跑道上放置后 6 步标记，进行全程助跑接第一跳练习。

⑦下坡助跑起跳练习，加快最后几步的助跑和起跳速度。

2. 训练提示

树立以速度为核心的训练思想，努力提高速度利用率，力求做到“助跑快”“上板快”和“起跳快”，强调助跑（特别是最后四步助跑）与上板起跳的连接，使助跑技术与起跳技术紧密结合起来；通过各种不同距离的加速跑、反复跑训练来改进和完善助跑的技术动作，并在三级跳远助跑道上巩固和提高助跑技术动作。全程助跑练习应贯穿于训练的全过程。

（二）训练中应注意的问题

第一，树立以速度为核心的训练指导思想，将助跑速度、跳跃速度的训练贯穿于训练全过程。

第二，为提高训练效果，三级跳远技术训练应在体力充沛、精神集中的情况下进行。

第三，三级跳远技术训练的设计，应从运动员的身体素质实际情况出发。当运动员处在身体素质水平较低的情况下，不宜提出过高技术要求，否则容易受伤。反之，要求过低同样也达不到改进和提高技术水平的目的。

第四，三级跳远运动员到较高水平时，仍应保持全面身体训练，其比例约占总训练量的 30%。

第五，高度重视运动员背侧肌群力量的发展。

第六，三级跳远专项训练应与技术训练紧密结合，避免技术环节间的脱节。

第七，要不断提高三级跳远运动员技术训练的难度，抓住技术重点，改进技术动作弱点，并确定个人特长。

第八，切实安排好三级跳远技术训练的安全措施，包括准备活动是否充分、场地是否平整、运动员体力是否充沛等，特别是容易受伤的踝、足跟脂肪垫、膝关节等部位更应引起重视，避免受伤。

第九，要提高三级跳远运动员的心理素质，把心理训练贯穿在技术训练之中，增强运动员在比赛中的心理调节能力。

第九章　投掷类项目的教学与训练

在投掷类项目中，铅球比赛是由炮兵投掷炮弹比赛演变而来。因炮弹重量为 16 磅，即 7.26 kg，故此铅球的重量一直沿用至今。“投盘”指的就是掷铁饼，当时使用的是石制圆盘，后来演变成金属制的圆盘。链球项目的发源地在爱尔兰和苏格兰。19 世纪中叶，英国一些大学里出现了链球项目。后来，美国人把链球的木柄改为铁柄，后来改为钢链。本章总结归纳了铅球、铁饼、标枪、链球等四个运动项目的发展概况和教学训练。

第一节　铅球

一、铅球的发展概况

铅球运动从产生至今，虽然已有几百年的发展历史，但技术演进的最大变化还是伴随着现代奥林匹克运动的发展，发生在从 20 世纪至今的这 100 多年里，铅球发展大体上经历了以下四个阶段。

（一）侧向滑步推铅球阶段

这种技术较之以前的原地推铅球和垫步推铅球，增加了预先水平速度和有关肌肉的预紧张程度，减小了身体重心的起伏，加快了下肢移动的速度。

1886 年，推铅球的世界最好成绩是 10.62 m。1896 年，第 1 届现代奥运会铅球比赛上，美国选手加雷特仅以 11.22 m 就获得冠军。这种技术的典型代表是美国运动员罗斯，他于 1909 年创造了 15.545 m 的第一个正式的世界纪录，并保持了 19 年之久。在 1912 年斯德哥尔摩举行的第 5 届奥运会上，除传统的推铅球比赛外，又增加了一项用左、右手推铅球的比赛，成绩评定方法是将左手和右手推掷的距离相加决定名次。结果，美国运动员罗斯以 27.70 m 获得冠军。之前，罗斯还获得了 1904 年第 3 届奥运会和 1908 年第 4 届奥运会推铅球比赛的冠军。

（二）半背向滑步推铅球阶段

这种技术与侧向滑步推铅球技术相比，加大了最后用力的工作距离，较充分地发挥了腰部力量。这种技术的代表人物是美国运动员富克斯，他于 1950 年创造了 17.95 m 的世界纪录。

（三）背向滑步推铅球阶段

这种技术与半背向滑步推铅球技术相比，滑步速度快，加速距离长，动作协调合理，并能充分发挥出腰、腿部的力量，有利于提高铅球出手时的初速度。滑步技术主要通过运动员在投掷圈后部，支撑腿向投掷方向蹬伸和摆动腿向身后迅速摆动动作的配合，完成最后用力前人体和铅球的预先加速，继而最后用力完成推球动作。它的突出特点是简洁有效，易于掌握。美国运动员奥布莱恩于1953年创造了背向滑步推铅球技术，并在第15与16届奥运会上分别以17.41 m和18.57 m获得冠军，先后10次创造世界纪录，成为田径运动史上最杰出的运动员之一。因此，这种技术也叫奥布莱恩式推铅球技术。

（四）背向滑步与旋转推铅球技术并存阶段

在这个阶段，出现了许多新的推铅球技术形式，先后出现了以美国运动员费尔巴哈为代表的背向滑步转体推铅球技术，并创造了21.82 m的世界纪录；以苏联运动员巴雷什尼科夫为代表的背向旋转推铅球技术，并以22.00 m的成绩创造了世界纪录；以民主德国运动员蒂默曼为代表的短长节奏推铅球技术，并创造了23.06 m的世界纪录。与传统的背向滑步推铅球技术相比，这几种技术更有利于发挥最后用力前的预先水平速度，加长最后用力的工作距离，动员更多的肌群参与工作，从而达到提高铅球出手初速度的目的。

目前，运动员所采用的推铅球技术主要有背向滑步推铅球和背向旋转推铅球两种，两种技术各有千秋。在奥运会、世界锦标赛等国际大赛上，已经有越来越多的男子运动员采用旋转推铅球技术，并且取得优异的成绩。现在的男子铅球23.37 m世界纪录是由美国运动员克鲁瑟于2021年6月19日在美国田径东京奥运会选拔赛上创造的。我国男子铅球20.41 m的全国纪录是由上海运动员张竣保持的。

综观铅球运动发展史，20世纪70年代之前，推铅球技术基本上是单极化发展。新技术一经出现，其他运动员纷纷仿效。20世纪70年代之后，推铅球技术出现三极发展趋向。新技术的出现并未导致运动员们的盲目仿效，大家都在努力找出符合自身特点的推铅球技术。

世界推铅球技术的发展史基本上是以男子推铅球为导向的。在女子推铅球运动的发展中，苏联运动员起了巨大的推动作用，代表人物当属20世纪50年代的济宾娜（最好成绩16.76 m）、20世纪60年代的普雷斯（最好成绩18.59 m）、20世纪70年代的奇约娃（最好成绩21 m），1987年里索斯卡娅创造的22.63 m女子世界纪录至今尚无人打破。

推铅球运动是我国引进较早的田径运动项目之一。1932年，我国开始使用与世界上统一重量的铅球。男子推铅球第一个全国纪录是辽宁选手刘仁秀创造的，成绩是12.24 m。女子铅球第一个全国纪录（使用标准重量）是山东选手王灿华创造的，成绩是10.97 m。现在的女子铅球全国纪录保持者是河北运动员李梅素，成绩是21.76 m。我国推铅球运动的荣耀基本上归于女子运动员。黄志红、隋新梅曾是世界田径锦标赛冠军得主。李梅素是20世纪80年代中后期中国女子铅球走向世界的代表人物，刷新过26次全国纪录与亚洲纪录。中国女子铅球运动员在20世纪80年代末与20世纪90年代初共同创造了当时我国女子铅球运动的辉煌。近年来，她在我国的铅球领域特别值得一提的是女子田径运动员巩立姣，2009年，在柏林田径世锦赛女子铅球比赛中以19.89 m的成绩夺得首枚世锦赛铜牌。

2010年，巩立姣以20.13 m的成绩获得斯普利特田径世界杯女子铅球比赛铜牌。2012年，巩立姣夺得伦敦奥运会女子铅球铜牌。2013年，巩立姣在莫斯科田径世锦赛女子铅球比赛中以19.95 m的成绩再夺世锦赛铜牌。2015年，巩立姣以20.30 m的成绩获得了北京世界田径锦标赛女子铅球亚军。2017年8月10日，巩立姣以19.94 m夺得伦敦田径世锦赛女子铅球冠军。2017年8月25日，巩立姣以19.60 m获得国际田联钻石联赛苏黎世站女子铅球冠军，因此成为第一位夺取田联钻石联赛总决赛冠军的中国田径运动员。2018年8月26日，她夺得2018年雅加达亚运会田径女子铅球金牌。2018年8月31日，获得布鲁塞尔国际田联钻石联赛女子铅球冠军。2019年10月3日，获得田径世锦赛女子铅球冠军。2021年8月1日上午，在东京奥运会田径女子铅球决赛中，巩立姣获得金牌。

二、铅球的教学

（一）铅球教学的重点与难点

1. 铅球技术教学的重点

（1）完整技术教学

在推铅球技术教学中，分解技术教学是为了学习完整技术所采用的一种教学形式，最终仍然要用完整技术去投掷铅球。因此，分解技术教学的使用时间不能太多，而要把主要的精力放在完整技术教学上。让学生在完整技术练习中反复学习和体会完整技术要点，是教学的重点任务。在完整技术教学中教师应侧重解决好团身起动技术、滑步衔接技术及左侧用力技术。在推铅球教学中无论是分解技术教学还是完整技术教学都应该始终围绕这三方面技术动作进行讲解、观察、教学，直到取得较好的教学效果。

（2）用力作用于铅球的准确性

教学中从滑步到最后用力始终强调让学生重视用力于器械的准确性，让学生考虑用力是否作用于铅球的重心是非常重要的。教师在教学中要不断地提出一些要求，而是要让学生在做正确技术动作结构的同时体会到推铅球技术的速度结构、用力方向和用力点。

（3）上下肢的协调用力形式

推铅球的完整技术是通过预先滑步加速到最后用力的良好预备姿势，再通过自下而上的用力形式，将全身力量集于一点，将铅球推出。一般教学中，学生只用手臂力量去推球，很难体会到自下而上的全身协调的用力形式。通过推铅球的学习，学生能基本学会协调地运用全身力量作用于铅球的重心的基本用力方式，是教学中的重要任务。只有掌握了这种用力方式，推铅球的技术才能更好掌握。

2. 铅球技术教学的难点

（1）持球滑步技术

推铅球技术教学中一般先学习徒手滑步模仿技术，然后过渡到持球滑步技术（图9-1-1）。由于铅球器械较重，持球后学生怕球掉而用手托着球或上体直立，不敢前倾上体，也不敢大胆地持球滑步。因此，常常出现徒手模仿练习做得好，向持球滑步技术过渡时却比较难的情况。

图 9-1-1　持球滑步技术

（2）完整技术教学

推铅球属于重器械项目，对投掷者的爆发力、动作速度能力、协调能力要求比较高。教初学者学习推铅球技术时，学生身体素质水平较差，投掷能力不够，但又必须掌握正确技术，这一矛盾使学生在正确地掌握完整技术时有一定难度。如何正确地解决这一矛盾是教学中的难点。因此，在教学中通常先使用轻器械进行练习，目的在于使学生能够逐渐增加投掷的重量，在掌握正确技术的同时提高了投掷能力。

（3）左侧支撑技术

由于铅球器械较重，学生在学习推铅球时，只注意右手、右臂和右腿的用力，而忽视左侧的用力。同时，因学生腰部肌肉力量较差，推铅球时腰部松弛，右侧一用力，左侧就向后转，往往难以体会到左侧用力的动作，会给教学带来一定的困难。

（二）教学策略

1. 准备活动

推铅球项目因技术性较强，为了充分利用课堂教学时间，促进学生尽快掌握技术，在课堂的准备活动中除了采用常规的活动内容以外，建议多采用专项练习。教师利用教材、网络资源创编相关内容，采用讲解示范等方法组织学生进行身体各部位的活动练习。

①上肢活动练习：按照推铅球最后用力时手臂、手腕和手指的技术要求进行内容设计，如压腕练习，推臂压腕练习等。

②躯干活动练习：以躯干侧屈、前屈、转动、挺胸等练习内容为主，符合背向滑步推铅球技术不同阶段的要求。

③下肢活动练习：以倒退走、倒退体前屈走、倒退兵步跳、摆动团身、转蹬、提踵等练习为主，与推铅球技术各阶段的下肢动作相吻合。

2. 技术教学

（1）学习握球和持球方法（以右手为例）

让学生观察握球的手形、球的位置、持球的部位和手形等让学生建立正确的动作表象；学生练习握球和持球动作，并相互观察提出存在的不足。

根据手指、手腕力量的强弱，调整铅球在手中的位置，力量强的可以将球放在手指前端。为了方便完成推球动作，持球手臂应自然、放松。

（2）学习推铅球技术的诱导性练习

①站立半蹲跳起转髋练习。

②团身迅速蹬起提踵站立练习。

③连续向后小幅度的滑步练习。

④左腿积极落地的滑步练习。

⑤双人拉手团身起动的练习。

⑥扶肋木团身起动和深蹲蹬起练习。

（3）学习背向滑步推铅球技术

①讲解示范完整技术。

②团身技术的练习。

③滑步摆蹬配合的分解练习。

④收拉右小腿的练习。

⑤小幅度的滑步练习。

⑥滑步推轻器械或标准器械的练习。

三、铅球的训练

（一）铅球项目的基本特征

铅球是单手持球置于肩上锁骨窝处，站立在投掷圈的后部，经过滑步或旋转，然后用两脚支撑地面，最后动员全身力量，以尽可能快的出手速度把铅球推出，达到尽可能掷远的目的的投掷项目。

投掷原理表明，铅球出手的初速度、出手角度及出手高度是投掷者本身施力决定铅球飞行距离的 3 个基本因素，初速度又是 3 个因素中最主要的因素。重力加速度与空气效应是自然条件决定铅球飞行距离的两个因素，重力加速度是一个常数，空气效应对推铅球项目的影响可以忽略不计。铅球出手的初速度主要是由最后用力推球的距离和时间决定的，用力的距离越长，时间越短，则铅球出手的初速度就越大。铅球的出手高度，对每一个运动员来说，都具有相对的稳定性。推铅球是一个速度力量性项目，是一个以力量为基础、以速度为核心的田径投掷项目。国内外多年的成功经验已表明，从少年训练开始到进入世界优秀运动员行列至少需要 6 年的系统训练，第一个出成绩的高峰一般在 20 岁左右，第二个出成绩的高峰般多在 25 岁以后。多年训练一般可分为基础训练阶段（13 ～ 15 岁）、初级专项训练阶段（16 ～ 17 岁）、专项提高训练阶段（18 ～ 20 岁）、高级训练阶段（21 岁以上）。下面仅介绍专项提高训练阶段，其他 3 个阶段可据此类推。

（二）专项提高训练阶段的训练任务和方法

在全面发展各项身体素质的基础上，加强专项素质和专项能力的训练，巩固提高背向滑步推铅球或旋转推铅球的完整技术；参加国内外各种比赛，积累比赛经验，提高自我分析动作的能力，掌握基本的理论知识，做到理论和实践相结合。具体的训练方法包括以下五种。

第一，巩固提高全面身体素质的训练水平，突出发展专项素质和专项能力。进行力量训练应以速度力量和绝对力量相结合的练习为宜。

第二，根据客观条件，从事球类、体操、游泳、爬山等运动项目。

第三，进一步完善技术，使各环节衔接自然连贯，动作协调、稳定，体现出较强的动作节奏感。

第四，在训练和比赛中提高自我控制能力和抗干扰能力。

第五，能在比赛中发挥其正常水平，赛后总结经验并能提高认识。

（三）赛前技术训练与力量训练

针对处在专项提高训练阶段的青少年运动员而言，赛前阶段的技术训练，应使用标准重量的铅球，也可少量地采用大重量的铅球。技术训练的重点是完善推铅球技术的速度、节奏、用力顺序和技术的稳定程度，动作要自然、放松和舒展。

技术训练的主要内容是完整推铅球技术练习应占投掷次数的2/3以上。一次技术训练课投30～40次，赛前一周投15～20次。赛前两周专项技术训练负荷强度安排是否恰当，关系到比赛的成败。经研究认为，这两周技术训练的平均强度，约为比赛强度的93%。

赛前阶段的力量训练是训练的重要内容之一，而且主要力量训练手段的指标都应达到最高水平。大力量的训练手段则集中采用卧推、深蹲和高翻3项。最后一次最高强度的训练，应安排在赛前3周或20天进行，其训练负荷强度在3项上都要力求达到或超过自己的最高成绩。最高强度的训练，一次课安排2～3个手段，在2～3次课中完成。此后，训练负荷强度降低至最高强度的60%～80%，负荷量再减少1/3，使运动员有充沛的体力和精力参加比赛。

第二节　铁饼

一、掷铁饼运动技术的发展概况

掷铁饼是一项古老的运动项目，其历史源远流长。它的起源与人类征服和改造自然社会的实践活动以及人类文明的发展密不可分。据史料记载，在公元前708年，古希腊奥运会五项比赛中就有掷铁饼项目，但当时投掷方法非常简单。希腊雕塑家米罗的雕塑《掷铁饼》，就是古代掷铁饼者用力前的预备姿势。

近代掷铁饼始于19世纪末，1896年第1届现代奥林匹克运动会将男子掷铁饼列为正式比赛项目。进入20世纪后，伴随着现代奥林匹克运动的不断发展，在古希腊投掷技术的基础上，掷铁饼技术的演进主要经历了自由式、侧向转身、跳跃旋转、起跑式旋转、低腾空和连贯旋转等多种技术形式，逐步发展到今天被人们广泛采用的宽站立、大幅度、低腾空、快速度的背向旋转技术。纵观100多年来掷铁饼技术的发展演变过程，大致可分为3个阶段。

（一）继承发展阶段（1896—1950 年）

现代奥林匹克运动刚刚兴起时，由于场地和器材条件的限制，掷铁饼技术很不规范，基本是沿袭古代的投掷方法，运动员的投掷方式主要是限制下肢运动的“希腊式”和随意投掷的“自由式”。1896 年，美国运动员加列特模仿“希腊式”投掷方法以 29.15 m 的成绩取得第 1 届奥运会冠军后，人们意识到通过各种预备动作有助于将铁饼掷得更远。进入 20 世纪后，原地掷铁饼技术逐渐淘汰，随之出现了“侧向转身”技术。此种技术是身体左侧朝向投掷方向，以左脚掌为轴起转，保持较高的身体姿势，双脚不同时离地，主要靠投掷臂力量将铁饼掷出。20 世纪 30 年代，“侧向转身”技术演进为“跳跃旋转”技术，更有利于超越器械和加快旋转速度，已具有了某些现代投掷铁饼技术的雏形。其代表人物是意大利运动员康索里尼，他采用此种旋转技术 3 次打破世界纪录，并取得了 1948 年奥运会冠军，为旋转掷铁饼技术的发展做出了很大的贡献。这一阶段技术发展的核心就是不断增大铁饼出手前的运行距离。在第 9 届奥运会上女子掷铁饼被正式列为比赛项目。

（二）逐步成熟阶段（1951—1980 年）

进入 20 世纪 50 年代，掷铁饼技术又有了新的发展，出现了起跑式旋转技术。这种技术是在旋转动作过程中上体迅速前倾，左脚迅速蹬离地面，从而获得更快的起转速度，其代表人物是美国运动员弋迪恩。他于 1953 年用这种技术创造了 59.28 m 的世界纪录。这一时期技术的发展主要是通过加快旋转角速度提高铁饼出手初速度来达到提高成绩的目的。到了 20 世纪 60 年代，人们更加注意到保持铁饼连贯加速和强化人体器械系统平稳运动对增加用力实效和投掷成绩的重要作用，出现了低腾空旋转技术。这种技术强调旋转中右腿绕身体左侧旋转，大幅度摆动并尽快落地支撑，以减少人体重心起伏和腾空时间，加大人体器械系统转动惯性和更好地保持旋转速度，其代表人物是美国运动员西尔维斯特。他于 1961 年首次突破 60 m 大关并创造了世界纪录。之后，威尔金斯、施密特等运动员在西尔维斯特的技术基础上，不断改进和完善，逐步形成了宽站立、大幅度、低腾空、快速度的背向旋转技术。与低腾空旋转技术同时出现的还有连贯旋转技术。这种技术强调控制右腿前摆动作，以尽快获得支撑旋转的更好效果，其代表人物是捷克斯洛伐克运动员内克。他于 1966 年以 66.07 m 创造了世界纪录。以上两种掷铁饼技术的出现，标志着现代掷铁饼技术基本形成。目前绝大多数掷铁饼选手所采用的技术仍处于上述两种技术类型之间。

（三）稳定保持阶段（1981 年至今）

当今，宽站立、大幅度、低腾空、快速度的背向旋转技术是现代掷铁饼的主流技术。虽然也有个别运动员尝试新的技术形式，如“链球式”进入旋转、超背向旋转和两周半旋转等，但终因不能显著提高掷铁饼整体技术效益，因而难以突破其现有的主导技术形式。尽管近年来掷铁饼在技术上没有出现较为明显的改变，但人们对合理技术的探索和追求却一刻也没有停止。在现代科技革命大背景下，现代科技手段、多领域学科知识及相关项目先进训练方法的相互渗透、介入和应用，有效地推动了铁饼专项训练的科学化进程，铁饼专项技术理论也取得了可喜的成就。当今，人们分析和看待专项技术问题更具全面性、系统性和协调性，具体表现为更加注重获取最佳整体投掷效果，在保证最后用力技术质量基础上来提高旋转技术的实效和速度利用率。

二、铁饼的教学

（一）掷铁饼技术的教学难点

1. 最后用力时两腿支撑用力动作

在最后用力时，右腿与右髋不失时机地进行积极蹬转用力（图 9-2-1），关系到由下而上用力的技术基础，可以较好地促使以腰部和胸部带臂鞭打。但是，初学者的右腿往往只蹬不转，或是只用手臂去投掷铁饼，很难做到全身协调一致去用力。

图 9-2-1　最后用力时的投掷动作

2. 双支撑转入单支撑旋转技术

背向旋转开始对双支撑旋转进入单支撑旋转技术、对下肢积极转动、上下肢的配合、左右侧轴、前后动作的方向路线、重心移动和平衡都有一定的技术要求。初学者进行练习时常常顾此失彼，难以照顾到方方面面，学习难度较大。

3. 旋转与最后用力的衔接技术

旋转腾空后，右脚着地到左脚着地，迅速形成双支撑用力。优秀的运动员一般用 0.1 s，这是旋转结束和进入最后用力动作的开始。完成这一衔接阶段的动作具有承上启下的重要作用，从动作结构上形成了最有利的用力姿势。这一动作衔接紧密，能够有效地提高旋转速度的利用率。初学者往往在旋转后很难控制上体继续旋转的速度，很难及时完成右腿单脚支撑转动动作，无法形成大幅度的最后用力姿势，或者常常使旋转和最后用力中间出现明显的停顿。有的初学者旋转投成绩不如原地投的成绩好，原因就在于此。

（二）教学策略

1. 准备活动

掷铁饼项目因技术性较强，为了充分利用课堂教学时间，促进学生尽快掌握技术，在课堂的准备活动中除了采用常规的活动内容以外，建议多采用专项练习。

教师利用教材、网络资源创编相关内容，采用讲解示范等方法组织学生进行身体各部位的活动练习。

①上肢活动练习：按照掷铁饼最后用力时挥臂和拨手指的技术要求进行内容设计。

②躯干活动练习：以躯干转动、挺胸等练习内容为主，符合旋转掷铁饼技术不同阶段的要求。

③下肢活动练习：以旋转练习为主，初学者在用力时往往只注意了蹬地而忽视了转体。因此，要强调右腿右髋的转动，体会下肢首先用力的肌肉感觉。出手角度的大小主要受到两腿工作，特别是左腿支撑用力作用的影响，胸带臂主要是平打，要防止有任何提肩的动作出现。

2. 技术教学

（1）学习正面旋转掷铁饼技术

正面旋转投掷铁饼是一个过渡环节，主要目的是体会旋转后形成的大幅度的用力姿势，体会在转动中衔接最后用力的肌肉感觉。具体练习方法包括左手扶低单杠做正面旋转练习、持辅助器械做正面旋转练习、正面旋转投掷铁饼练习等。

（2）学习背向旋转投掷铁饼技术

①徒手双腿支撑起动做旋转练习。

②在徒手练习的基础上，右脚离地做单支撑转动至右脚落地练习。

③徒手做背向旋转成双支撑最后用力前预备姿势练习。

④背向旋转投掷辅助器械。

⑤背向旋转投掷铁饼。

（3）改进和提高掷铁饼完整技术

①在投掷圈内多做完整技术练习。

②根据学生的练习情况，必要时穿插一些技术环节的专门性练习，以便使其掌握完整技术。

③有针对性地投掷不同重量的铁饼，以改进技术和提高专项能力。

④掌握技术后，通过测量原地投掷和背向投掷的成绩进行比较评定技术。

三、铁饼的训练

（一）掷铁饼的技术训练

掷铁饼运动员要达到高水平的运动成绩，必须从少年阶段抓起。许多优秀掷铁饼运动员都是经过业余训练而达到高水平的。青少年时期，正是掷铁饼的基础训练阶段，因此必须重视在发展运动员全面身体素质的基础上，使其掌握正确的掷铁饼基本技术，逐步提高掷铁饼的专项素质，以便承受高级专项训练的运动量和运动强度，使专项水平达到本人的最高水平。

青少年掷铁饼运动员的训练必须作长远打算，不能急于求成，不能计较一时的得失。必须要根据青少年的生长发育规律，在全面提高身体素质的基础上，注意优先发展速度、力量、爆发力、协调性和柔韧性。在训练负荷上，不宜采用大重量的杠铃练习。在采用轻器械练习时，要注意培养青少年放松、协调和正确控制铁饼的肌肉感觉，以及平衡能力和节奏感，并加强对旋转与最后用力衔接技术的训练。

技术训练是青少年掷铁饼训练的重要内容。掌握正确的投掷技术不仅有利于发挥运动员的运动能力，创造良好的运动成绩，而且对青少年的长远发展非常重要。青少年时期是学习运动技术的最佳时期，要抓住这一有利时机加强技术教学，使之掌握正确的运动技术。青少年技术训练应以基本技术训练为主，保持青少年自然合理的动作，着重培养运动员控制铁饼、协调用力投掷和放松的能力，使其形成正确的技术空间结构和快速节奏。要根据青少年特点精讲多练，充分发挥青少年模仿能力强的特点，帮助青少年运动员学习和掌握规范的运动技术。掷铁饼技术训练主要包括以下练习方法。

1. 掌握基本技术的练习

①徒手、双人、扶肋木做各种转髋、转体、扩胸、摆腿、旋转练习。

②持铁饼做摆饼、滚饼、抛饼、预摆等熟悉铁饼性能的练习。

③徒手或持轻辅助器械做预摆、原地投、旋转和旋转投的模仿练习。

④徒手或持器械做最后用力模仿练习。

⑤徒手或持器械做进入旋转和旋转模仿练习。

2. 掌握和改进旋转技术的练习

①原地站立做 360° 的旋转练习。

②徒手或持轻器械，以左腿为轴旋转 360°，体会以左侧为轴的旋转动作。

③扶栏杆做转髋练习。左手侧扶栏杆，然后向前摆腿，转髋和转体 360°，右手扶栏杆成最后用力预备姿势。

④向前进方向侧站，右臂预摆后向前进方向继续旋转，后半圈时加快腿和髋的转动速度，形成最后用力前的预备姿势。

⑤做徒手双腿支撑起转模仿练习，体会身体重心的移动，左腿屈膝转动，保持好上体和肩臂的移动路线。

⑥肩负竹竿做旋转练习，体会肩轴与髋轴在旋转中正确的超越关系。

⑦徒手或持器械做各种旋转模仿练习。

⑧做正面跨步与侧向旋转投掷练习，体会旋转与最后用力的连贯、衔接。

3. 掌握和改进旋转和最后用力衔接技术的练习

①徒手或持辅助器械体会右脚落地至左脚落地的动作。

②徒手或持辅助器械做正面旋转投掷模仿练习。

③做正面旋转向投掷网掷铁饼练习。

④利用轻器械做完整技术练习，经常投掷 1 千克的铁饼或其他轻器械，培养速度感和节奏感。

4. 掌握和改进最后用力技术的练习

①徒手原地做最后用力阶段的右腿、右髋转蹬练习。

②负重或双人对抗（给上体以适当的阻力）练习，做右腿屈膝转蹬动作。

③拉橡皮带练习。侧向站立，右手握橡皮带，然后转髋、转体拉紧橡皮带。

④鞭打标志物练习。手持橡皮管，快速挥臂鞭打标志物，体会最后用力动作。

⑤坐或站立，单手经体侧向不同方向掷实心球、沙袋、小铁球。

⑥原地投掷实心球、沙袋、小铁球或铁饼。

⑦右侧对投掷方向，预摆后左腿后撤，屈右膝，单腿支撑转动成左侧对投掷方向，不停顿地接双腿支撑用力掷饼。

⑧听信号投掷铁饼练习。背向持饼，听信号后迅速转髋 90°，顺势掷饼。

5. 完整技术练习

①利用投掷网做旋转掷铁饼练习。

②在投掷圈内做旋转掷铁饼练习。

6. 增加难度的技术练习

①在斜坡上做原地旋转模仿练习。练习时坡度不宜过大，斜坡练习要和原地练习相结合进行。

②在各种气候条件下（顺风、逆风、侧风和雨中）进行练习。

③在湿滑的场地上进行练习，以培养自控能力。

（二）掷铁饼的赛前训练

运动员训练的主要目的就是参加比赛，在比赛中创造优异成绩。比赛是评定运动员专项能力的最重要、最专门的手段。要完成上述目的，就必须充分认识比赛的特点，掌握运动员达到最佳竞技状态的规律，在长期的准备训练基础上进行科学、系统、有效的赛前训练。赛前训练是运动员训练计划的组成部分，对保证运动员在比赛中创造优异成绩至关重要。

1. 赛前训练的特点

正确组织赛前训练是保证掷铁饼运动员顺利参加比赛，提高运动成绩的重要措施。因此，在比赛前，应安排专门阶段进行赛前训练。青少年掷铁饼运动员的赛前训练一般为 6 ～ 8 周，优秀选手则需要更长的时间。赛前训练的主要特点如下。

①训练负荷强度大，负荷量中等或中等偏下。

②身体训练的比重小，专项训练比重较大。

③技术训练，尤其是完整技术训练较多。

2. 赛前准备阶段的训练安排

（1）合理安排训练负荷

赛前准备阶段，在训练安排上可再划分为两个阶段，前 4 周一般安排较大的训练负荷，以增加运动负荷对人体产生的作用，提高专项能力；后 4 周可采取波浪式训练负荷的安排方法，使运动员因负荷所产生的机体疲劳及时得以恢复。

（2）技术训练

赛前训练阶段的技术训练是非常重要的。完整旋转掷铁饼技术的速度、节奏、用力顺序、全力掷时的稳定程度等是技术训练中应抓的主要问题。在这一阶段，当运动员在完整技术中出现对整体影响较小的局部问题时，教练员应作一般性的要求和改进，不要因抓细小环节的问题而过多地影响主要技术的完成。在技术训练中，运动员完成技术动作要自然、放松和舒展，这对运动员在比赛时充分发挥技术是十分重要的。

赛前技术训练的主要内容是改进掷铁饼的完整技术，获得合理的速度和节奏结构。完整技术投掷次数约占技术总投掷次数的2/3以上。优秀运动员在训练课上完整投掷30～40次，一周200次左右。赛前一周，技术练习的次数在15次左右。

（3）力量训练

赛前训练阶段的力量训练也是重要内容之一，而且主要力量训练手段的指标都应达到最高水平。此阶段的力量训练手段应基本保持不变，因为手段的变化会使训练效果难以控制。

赛前训练阶段力量训练的负荷量和负荷强度要合理，主要练习手段（卧推、高翻、深蹲）的最后一次最高强度的训练，宜在赛前三周左右进行。这次训练应使运动员能够达到自己的最高成绩或超过自己的最高成绩。最高强度一次课安排1～2个手段，主要手段可安排在2～3次课中完成。此后，上述手段的训练强度维持在最高成绩70%～80%，负荷量为每个手段3～5次为一组，做4组左右。到最后一周，力量训练主要手段的负荷强度降低为最高成绩的60%～70%，负荷量再减少1/3，使运动员能以充沛的体力和精力参加比赛。

第三节　标枪

一、标枪运动的发展概况

掷标枪竞技运动历史悠久。据文献记载，在古希腊奥运会掷标枪就是五项运动中的一个比赛项目，并被作家写入著名的《荷马史诗》。尽管那时的标枪构造、运动场地和比赛方法等都与现代掷标枪大不相同，但也是人类文化发展史中不可缺少的一页。

19世纪末，近代掷标枪运动首先在斯堪的纳维亚地区的国家中兴起，并逐渐在全世界得到推广与发展。1792年，瑞典开始举行掷标枪比赛。1908年第4届奥运会和1932年第10届奥运会，分别将男子、女子掷标枪列为正式比赛项目，冠军成绩分别是54.825 m和46.74 m。截至2004年底，男子掷标枪世界纪录是由捷克选手泽莱兹尼于1996年创造的98.48 m；女子掷标枪世界纪录是71.54 m，由古巴运动员梅南德斯在2001年创造。掷标枪运动成绩的持续提高，突破了人们传统认识的许多禁区，体现了人类无限的运动潜力，同时有力地促进了奥林匹克精神的全球化进程，对社会产生的影响已远远超出其本身。

在百余年的漫长岁月中，掷标枪技术经历了多次变革，纵观其发展过程，大致可分为以下四个阶段。

（一）技术自由发展阶段

最初，规定投掷者在 2.50 m 的方形区内完成动作，比赛时可以采用不同的方法投掷。因此，掷标枪技术很不统一。后来，取消了对助跑距离的限制，瑞典人首先采用助跑中半转身体挥臂掷枪的技术，取得了较好的成绩。此后，各国运动员纷纷效仿这种投掷方法。在这一阶段，曾采用过左、右臂分别掷标枪按成绩总和评定名次的比赛方法，其目的主要是体现促进人体全面、均衡发展的思想。

（二）技术趋于统一阶段

1912 年第 5 届奥运会后，取消了其他投掷方法，规定用单臂掷枪，技术逐渐得到统一。这一阶段，芬兰运动员对掷标枪技术的发展做出了重要贡献，先后采用“弧形”引枪、“前交叉步”等新技术，建立了现代掷标枪技术的雏形，被各国运动员广泛采用。与此同时，其他国家的运动员也都在探索适合自己特点的技术风格。创新掷标枪技术产生了明显的效益，促进了运动成绩的提高。

（三）技术逐渐完善阶段

这一阶段，由于科学技术的广泛应用、标枪结构的改革和场地条件的改善，掷标枪技术得到迅速发展。1953 年，美国运动员赫尔德设计了木质和铝质标枪，提高了标枪在空中飞行的稳定性和滑翔性能，赫尔德首先突破 80 m 大关，并两次创造男子世界纪录。20 世纪 60 年代后期，一些国家又设计、制造了多种型号的钢质标枪，进一步减小了标枪飞行时的震颤。尽管国际田联多次修改规则，对滑翔型标枪加以限制，但在 1984 年，东德选手霍恩仍以 104.80 m 的成绩创造了男子世界纪录，使人们不得不考虑进一步改进标枪结构以保证运动的安全。此外，许多专家结合多学科知识从多视角研究掷标枪技术，促进了技术的发展和完善。例如，为了不断提高掷标枪的助跑速度，出现了新的“肩下持枪”助跑方法，5 步和 6 步投掷步技术相继产生，部分运动员采用大幅度转体掷标枪的技术也取得了成功。塑胶跑道的出现，促使很多优秀运动员采用了“混合式”投掷步技术等，充分体现了人类的探索精神和科学技术的巨大推动作用。

（四）技术稳定发展阶段

这一阶段，对掷标枪运动理论的研究日益深入，对掷标枪技术特征的认识更加明晰，技术训练质量不断提高，在许多方面已形成共识，促进了技术的稳定发展。例如，进一步提高助跑速度及其利用率，重视助跑节奏的改善；投掷步动作朝着“低、平、快”的方向发展，即身体重心腾起高度较低，运动轨迹较平，助跑速度较快；控制交叉步步长以减小右脚着地时的制动，并尽快转入右腿蹬伸用力；不再追求大幅度的超越器械动作，而是强调在投掷步最后一步左脚着地前保持已获得的躯干后倾角；重视助跑与最后用力的衔接；最后用力前合理加大转体幅度，加长最后用力工作距离；最后出手爆发力强，沿标枪纵轴用力，努力提高出手初速度。从 1986 年到 1999 年，男子、女子分别使用新型标枪，标枪结构的改革对投掷技术提出了新的要求。

我国男子、女子掷标枪，在民国时期第 3 届全运会和第 5 届全运会分别被列为正式比赛项目，男子、女子掷标枪的最高成绩分别是 50.28 m 和 28.55 m。新中国成立后，我国掷标枪运动水平提高较快，女子掷标枪是我国田径运动中水平较高的项目，多次在国际比赛中取得过优异成绩。截至 2004 年底，男子、女子掷标枪全国纪录分别是 84.29 m 和 63.92 m。在我国近些年的标枪领域，女子田径运动员刘诗颖取得了卓越的成绩，2011 年她获得了第 7 届全国城市运动会女子标枪冠军。2016 年，刘诗颖获得全国田径大奖赛绍兴站女子标枪冠军。2019 年，刘诗颖获得 2019 年多哈田径世锦赛女子标枪银牌。2021 年 8 月 6 日，她夺得 2020 年东京奥运会女子标枪金牌。2021 年 9 月 23 日，她获得第 14 届全国运动会田径女子标枪金牌。同年 9 月 25 日，她又获得第 14 届全运会田径女子投掷团体（铅球、标枪、链球、铁饼）银牌。

二、标枪的教学

（一）标枪的教学重点

标枪的教学重点是最后用力技术。最后用力是标枪出手时获得速度的关键，在教学中应抓住标枪纵轴的用力、髋和下肢的正确动作、上体和投掷臂的快速鞭打等重点。同时投掷步是助跑的主要技术环节，应加强对投掷步的速度节奏的教学。

1. 掌握正确的最后用力技术

标枪是轻器械投掷项目，在跑动中通过最后用力快速掷出，并要求力量能通过标枪纵轴使标枪沿合理的抛物线飞行。既要发挥全身力量，又特别强调最后用反关节运动的小肌肉群快速鞭打的技术，以及身体各个部分的协调配合。对初学者来说，在跑动中完成最后用力正确技术比较难。教学中始终要抓好最后用力技术的教学，特别是跑动中的最后用力技术应作为教学的重点。

2. 助跑、投掷步与最后用力的衔接

通过持枪助跑平稳加速，进入引枪交叉投掷步环节，直到投掷步结束时，右脚落地后身体适当扭转，膝、髋合理弯曲，左腿积极向投掷方向摆出并迅速落地，开始做出有力的左侧支撑技术动作进行配合，使最后用力技术动作更加积极、连贯。这一系列衔接动作是保证助跑速度能够合理运用于投掷标枪的关键。

3. 标枪的纵轴用力

标枪器械比较长，它的特殊结构决定了投掷标枪时必须沿其纵轴施力才能获得良好的效果，也就是常说的纵轴用力。要使学生能够体会到并学会纵轴用力（图 9-3-1），必须在投掷的全过程始终使标枪位于合理位置，控制好标枪是非常重要的。

图 9-3-1　标枪的纵轴用力

（二）掷标枪的教学难点

1. 控制好标枪的投掷位置

初学者在投掷标枪时常常只注意肌肉用力的大小，而对标枪与身体的位置、枪尖和枪尾的高低、助跑中手对枪身的上下晃动和左右摇摆的控制等都不够重视。这样，将使肌肉用力难以作用在枪上，而且容易对肩和肘部造成伤害，影响标枪技术的掌握。

2. 助跑中最后用力的正确技术动作

一般初学者在原地投掷器械比较容易，助跑后具有一定速度时，要做出正确的投掷标枪动作比较困难。学生在学习中常常是顾头不顾尾，没有做出下肢支撑用力的动作就将枪投出去了，在右侧用力时又忘记了左侧支撑用力动作。因此，教学中应反复进行徒手模仿练习，用助跑投小垒球等练习来进行诱导，使学生逐步在快速助跑中做出正确的最后用力技术动作。

3. 建立正确的最后用力顺序

一般情况下，学生学习投掷标枪时，常常按习惯用力形式发力。大多数人都是上肢主动发力过早，没有形成腿、髋、腰、胸、肩、臂、手的链状鞭打动作，下肢和躯干还没有用力，上肢就已经将标枪掷出去了。教学中建立正确的最后用力顺序，使学生能够充分体会到“自下而上”“以大带小”的鞭打用力是标枪教学中要解决的难点问题。

（三）教学策略

1. 准备活动

标枪项目因其技术性较强，为了充分利用课堂教学时间，促使学生尽快掌握技术，在课堂的准备活动中除了采用常规的活动内容以外，建议多采用专项练习。教师利用教材、网络资源创编相关内容，采用讲解示范等方法组织学生进行身体各部位的活动练习。

①上肢活动练习：按照掷标枪最后用力时手臂、手腕和手指的技术要求进行内容设计。

②躯干活动练习：以躯干侧屈、转动，挺胸等练习内容为主，符合助跑掷标枪技术不同阶段的要求。

③下肢活动练习：以交叉步练习为主。

2. 技术教学

（1）学习掷标枪技术的专门性练习

①双手持枪原地转肩。

②双手持枪原地绕肩。

③肩扛枪原地交叉步跳。

④肩扛枪原地转髋。

⑤持枪原地翻肩模仿练习。

⑥单手持枪顶物原地模仿。

（2）学习最后用力技术（以右手投掷为例）

握持枪要牢固，但也要放松，以便出手时快速用力和拔枪。随着插枪技术的熟练，要求在前送髋关节的同时振胸挥臂甩腕。投掷臂要放松伸展，肩部要充分拉紧。用力时右腿要提踵，压膝，髋关节前送。

①学习中指握枪与食指握枪。

②学习肩上持枪。

③学习原地正面插枪。

④学习上两步正面插枪。

⑤学习原地侧向投掷标枪。

（3）学习交叉步投掷标枪技术

①徒手连续做交叉步练习。

②持枪连续做交叉步练习。

③做半蹲状态的连续跳跃练习。

④做连续交叉步投掷标枪练习。

三、标枪运动的训练

（一）掷标枪的技术训练

掷标枪的技术训练方法如下：

①掷标枪各种专门练习和模仿练习（徒手和带器械）。

②原地、上 3 ～ 5 步、短程助跑、全程助跑的鞭打练习。

③原地和上步插枪、投小球或石块、掷标枪。

④原地侧向掷轻标枪、标准枪或投掷其他器械。

⑤交叉步各种练习和交叉步掷标枪。

⑥原地、上步和短程、全程助跑（采用不同的助跑速度）做引枪练习。

⑦投掷步掷标枪或投掷其他器械。可在地上画出步点标志或通过语言、击掌等信号提示进行投掷步练习，以形成稳定的步幅和建立节奏感。

⑧以各种速度做持枪助跑练习和持枪助跑接投掷步的练习。

⑨短程、半程、全程助跑掷标枪或投掷其他器械。

（二）掷标枪的赛前训练

在重大或主要比赛前，应安排一个专门准备阶段进行赛前训练，通常需要 6 ～ 8 周的时间。赛前训练的主要任务是通过技术训练、身体训练、心理诱导、模拟训练等逐步提高运动员的专项能力和竞技状态，为运动员在比赛中取得优良的成绩作好准备。

赛前训练是由训练准备期向竞赛期的转化和过渡，训练内容有所变化，但不宜过多过大，要注意衔接，体现连贯性。赛前训练的特点是相对增加专项训练内容的比重，提高专项技术训练质量，稳妥地减小训练负荷量而相应加大负荷强度，逐渐提高运动员的心理应激水平，进行具有个人特点的训练安排，逐步提高竞技能力，以适应比赛的需求。

赛前训练通常可分为两个阶段来安排。赛前 1 周的安排至关重要，教练员要根据个人特点把运动员的竞技状态调控至最佳水平，不宜过早或过晚减小训练负荷量，过早减量可能导致提前兴奋，过晚减量又可能导致比赛兴奋不起来。因此，教练员要加强学习，勇于探索，勤于思考，针对运动员的特点区别对待，科学安排好赛前 1 周的训练。如果 1 周内安排两次技术训练课，第 2 次课投掷强度应大于第 1 次课。如果 1 周内有 3 次技术训练课，则以 1 次大强度为主，另 2 次为中上强度。如果赛前安排力量训练，应注意练习手段不宜采用过多，练习的组数、次数相对减少，负重强度一般控制在平时的 80% ～ 90%。

我国运动员在参加重大比赛前 4 天的训练安排一般是第 1 天，掷标枪 10 ～ 15 次，抛铅球和跳跃练习；第 2 天，杠铃练习；第 3 天，赛前准备活动；第 4 天，休息；第 5 天，比赛。

在安排赛前训练时，教练员还应从实际情况出发，使训练时间尽可能与比赛日程相一致，注意女子运动员月经周期的变化，避免在训练中发生伤病。此外，教练员必须将心理训练、恢复训练的内容纳入赛前训练计划。在比赛前，教练员应根据运动员的具体情况，制订出准备活动与比赛计划。准备活动应充分考虑到时间、内容、练习手段、活动程序、活动场所甚至气候条件等方面，并研究增强运动员信心和调节比赛情绪的方法，鼓励运动员力争在前几次试掷中就发挥出较高水平，教会运动员掌握自我心理调节的方法，培养运动员的应变能力，使其善于分析和利用比赛环境，正常发挥，取得理想成绩。

第四节　链球

一、链球的发展概况

现代掷链球运动是 19 世纪后叶在苏格兰和爱尔兰发展起来的。1900 年，第 2 届现代奥林匹克运动会，掷链球被列入正式比赛项目，同时确定了掷链球的比赛规则。

1913 年，美国人帕・瑞安创造了第一个被世界公认的世界纪录（57.77 m）并一直保持了 25 年之久。这一时期的运动员都采用以左脚尖为圆心的旋转技术。1920 年以后，运动员开始使用 3 圈的旋转技术。当时，美国运动员弗图尔完善了脚尖旋转技术，其技术特点是旋转 3 圈，旋转速度逐渐加快，并形成超越器械动作，保持了一个强而有力的最后用力姿势。他的最好成绩是 59.44 m。

20 世纪 30 年代初，德国教练塞・克里斯曼依据力学原理和人体运动的特点，利用电影技术对掷链球技术进行分析后提出：合理的掷链球技术应该是从左脚外侧转动过渡到前脚掌转动，继而再过渡到左脚跟转动。同时他还提出了两手放在体前拉住链球旋转的方法，以保证左脚在地面的牢固支撑，使运动员在旋转中能很好地维持身体平衡和控制肢体动作。另外，由于两臂充分伸展，加大了链球的旋转半径，有效地提高了链球的出手速度。这一技术结束了掷链球史上的脚尖旋转技术，被认为是一个划时代的变革，推动了链球运动的发展。

随着田径运动的飞速发展，国际田联于 1993 年在德国斯图加特第 39 届代表大会上规定“女子掷链球 1993 年以来创造的最好成绩将作为世界纪录，存入档案”。1994 年，新修订的田径竞赛规则中设立的世界纪录、世界青年纪录中，增设女子掷链球纪录。这为女子掷链球的发展提供了良好的契机。1994 年 2 月 23 日，俄罗斯的库岑科娃在阿德勒取得的 66.84 m 的成绩成为第一个女子掷链球世界纪录。1995 年又创造了 68.14 m 和 68.16 m 的世界纪录。2000 年，悉尼奥运会将女子链球列入正式比赛项目。从此，女子掷链球项目迈进奥运大家庭。

进入 20 世纪 90 年代以来，由于我国掷链球项目普及较差，基础较薄弱，我国的掷链球运动发展出现了徘徊的局面，但女子掷链球运动的兴起又为我国掷链球运动的发展带来了曙光。1994 年，我国开始了女子掷链球的选材与训练工作。1998 年 7 月 19 日，我国选手顾原在第 12 届亚洲田径锦标赛上夺得女子掷链球冠军，并先后 3 次以 61.42 m、61.86 m、62.28 m 的成绩打破亚洲纪录，一举进入当年世界前 10 名，为我国女子掷链球运动的崛起打下了良好的基础。陕西选手顾原在第 9 届全国运动会上以 66.97 m 的成绩再次提高亚洲纪录。2012 年 5 月 24 日在国际田联挑战赛捷克俄斯特拉发站比赛中张文秀以 76.99 m 的成绩再次打破亚洲纪录。在之后的链球比赛中，我国选手王铮大放异彩，2013 年 7 月 5 日，在印度浦那进行的 2013 年亚洲田径锦标赛以 72.78 m 获得女子链球冠军，并打破赛会纪录。2017 年 8 月 8 日，伦敦田径世锦赛女子链球决赛，王峥以 75.98 m 的成绩获得银牌。2019 年 10 月 22 日，王峥以 69.34 m 的成绩获得链球冠军。2021 年 8 月 3 日，东京奥运会女子链球决赛中，王峥拿下银牌。中国女子掷链球的异军突起在中国乃至世界掷链球运动的发展史上添上了浓重的一笔。

二、链球的教学

学习掷链球技术时，要遵循从易到难的原则，注意分解技术与完整技术教学的搭配，课与课、阶段与阶段的衔接，及时抓住正反典型进行肯定和纠正。教师的示范动作要准确，可利用直观教学方法，如图 9-4-1 所示，使学生有深刻的感性认识。

图 9-4-1　链球的技术动作

（一）学习握法和预摆技术

1. 内容

①两脚分立同肩宽，做左右前后移动髋部练习。

②两脚分立同肩宽，双臂在肩上和头上绕躯干摆动，做移动髋部练习。

③手持木棒或带球进行预摆练习。

④学习握法并持轻球或标准链球进行预摆练习。

2. 教学提示

①在学习预摆技术时，由徒手练习过渡到持器械练习。所持器械应按固定的从短的、轻的再逐渐加重的顺序进行。

②在预摆动作中要保持躯干正直，两腿自然弯曲，双臂放松，髋部和双腿做与链球摆动方向相反的对抗补偿运动。

③预摆的用力方法：应该是球由左侧高点沿弧线下行至身体的右侧，再施力于链球，使球获得加速度；球由低点上升时动作应尽量放开，保持身体平衡，使链球能够均匀加速前进。

（二）学习原地掷链球的技术

1. 内容

①徒手模仿做最后用力的练习。

②用实心球、哑铃或木棒做最后用力的练习。

③原地摆链球，做 1 ～ 2 次预摆后将链球抛出。

④原地投短链球或轻链球，做 1 ～ 2 次预摆后将链球掷出。

2. 教学提示

①做最后用力练习时要注意动作的正确顺序。

②最后用力的学习任务放在旋转任务的前面，使旋转和最后用力形成自然的衔接。

③最后用力的练习要注意出手的方向、高度、角度和加速度以及上下肢的协调用力。

（三）学习旋转和旋转投掷链球的技术

1. 内容

①徒手旋转练习。

②徒手旋转 2 圈、3 圈、4 圈和多圈。

③持木棒、带球或网袋球旋转 1 圈、2 圈、3 圈、4 圈和多圈。

④持短链球、轻链球旋转 1 圈、2 圈、3 圈、4 圈和多圈。

⑤做持标准球旋转练习。

2. 教学提示

①在旋转和旋转掷链球技术中，应保持上体正直，双臂伸直，两腿弯曲，髋部挺出，左脚跟与左脚掌在旋转中形成自然衔接，保持左脚的直线旋转。右脚离地后要迅速落地，位置要准确，同时在每圈旋转中要有明显地超越和加速。

②保持头部自然，防止头部过分转动。在旋转中注意定向，对方向、方位、器械和空间有良好的感觉。

③在旋转中保持以左脚为支撑点的稳定、垂直的旋转轴，保持人与链球融为一体旋转。

④以移动身体重心对抗离心力、加长旋转半径和加快链球运行的方法进行旋转。

⑤旋转与旋转的衔接要连贯，旋转与最后用力要连贯，保持动作整体性，使旋转有明显的加速。

（四）易犯错误及纠正方法

学生在链球运动的练习中会出现很多错误，主要有以下几种。

1. 易犯错误

①摆动时，屈臂。

②摆动时，头走在手的前头，双手落在头后。

③旋转时，球的最高点与最低点都在身体同一侧。

④两腿动作僵硬不协调。

⑤转动时，支撑点放在两脚尖上。

⑥左脚支撑不充分，右脚跨步过大。

⑦旋转至最后，重心移动到投掷线外。

⑧旋转结束时，链球留在身后，上体后仰不够。

2. 纠正方法

以上易犯错误的对应纠正方法如下。

①摆动时，双手应远离身体，保持大的投掷半径。
②充分伸展双臂，双手保持在额前。
③旋转时，球体向左上方摆至最高点后快速向右下方摆动。
④两腿应逐渐弯曲、放松用力。
⑤左脚应以脚跟为轴，前脚掌积极向左后方转动。
⑥右腿弯曲靠近左膝，以左脚掌为轴积极转动，右腿围绕左腿转动。
⑦左腿屈膝，左脚沿直线做多圈的旋转运动。
⑧旋转结束时，快速转身，身体后仰角度逐渐加大。

三、链球的训练

（一）链球的技术训练

现代掷链球已由力量型转为速度力量型项目，要求掷链球运动员必须具有很强的加速能力、控制快速旋转所产生的离心力的能力和维持身体平衡的能力。长期科学、全面、系统训练所建立的合理“技术—素质”结构模型是运动员运动潜力得以发挥的根本保障。

1. 技术训练的实施

在整个掷链球训练过程中，不同年龄、不同运动水平的运动员在整个训练过程的不同时期，掷链球的技术训练占有的比重也不同。

①技术训练在小周期中的比重：世界优秀运动员一般在 1 周中有 2 次以上的技术训练课。近些年来，国内外许多掷链球运动员都喜欢采用将技术训练总量分摊在 1 周中数次训练课中（有的是每天都有）的方法。这样的目的是既可以保证完成大周期所要求的很高的投掷总数，又可以保证投掷中的强度和质量。

②技术训练在大周期中的比重：技术训练所占的比重在各阶段的训练中是不一样的，一般在准备期和竞赛期最多，过渡期最少。青少年的训练以身体训练为主，技术训练的比重相对少得多，一般只占训练总量的 15% ～ 20%。

2. 技术训练的负荷与安排

投掷强度的大小是和训练任务相关联的。当训练任务是要学习新技术时，在学习和技术模仿阶段，一般采用小强度；进入掷链球技术改进阶段后以中等强度较为合适。据科学研究，大脑中枢神经兴奋性过高或过低都不利于学习掌握或改进技术动作。一旦技术被基本掌握，就应马上采用大强度投掷。这是为了发现学习中隐藏的问题，还可以体验新动作中肌肉的用力感觉。如果发现技术出现错误，则可将强度再次降低。当投掷任务是要发展投掷专项能力或进行赛前适应训练时，应加大投掷强度。

（二）链球的赛前训练

适度地参加比赛有利于运动员积累比赛经验，系统地参加比赛主要是保证运动员在重大比赛中出好成绩。为了取得好成绩，赛前训练十分重要。

1. 赛前训练阶段时间的确定

赛前训练阶段时间的确定，是以人体机能发展规律为依据的。运动员经过一段训练后，开始进入竞技状态，然后是竞技状态保持阶段，最后是机能下降阶段。赛前训练安排为 10 ～ 12 周，一般分为 2 个阶段：一是加强训练阶段，时间为 6 ～ 8 周；一是提高竞技状态阶段，时间为 4 周左右。

2. 赛前训练的主要任务

第一阶段的任务是进一步提高负荷量，为获得较大的超量恢复，进入较高的竞技状态打下基础。第二阶段的任务是提高竞技能力，使运动员在最佳竞技状态下参加比赛。

3. 赛前训练内容和负荷安排

第一阶段主要是发展运动员的专项素质和专项能力，使其熟练专项技术。负荷强度有所控制，着重加大负荷量，训练比较艰苦。第二阶段通过适当调整后，疲劳的机体得到超量恢复。在这期间，特别是赛前两周的训练内容更加专项化，采用的练习更加接近专项的运动形式，练习的组织形式更加接近专项比赛。在运动素质上，一般素质练习比例大大减少，专项素质比例增加，强度加大，专项技术练习加强。

4. 赛前比赛周的训练

比赛周的训练安排，应根据运动员个体差异区别对待，必须防止运动员过早和过分的兴奋。赛前连续几天消极休息是不可取的，经验证明对投掷运动员赛前几天进行适量的力量训练和投掷训练及在赛前 1 ～ 2 天进行积极性休息的效果较好。

为更好地控制运动员的兴奋点，防止过早出现兴奋，以采用三个力量训练手段为宜，每个手段进行 3 ～ 4 组，每组 3 ～ 4 次，强度在平时强度的 80% ～ 90%；投掷技术训练可适当采用重器械，一次课投 10 次左右，其中 3 ～ 5 次强度在平时强度的 85% ～ 90%。在投掷时应引导运动员把注意力放在技术节奏和对器械的感觉上。

拓展篇

第十章　趣味田径运动

趣味田径是指运用走、跑、跳、投的运动形式进行趣味体育或体育健身的活动，它包括田径游戏和田径健身两个部分。趣味田径之所以能够成为全民健身的重要内容之一，并成为大众喜爱和经常使用的体育活动方式，就在于它能够较好地将身体活动、心理活动、情感活动和智力活动融为一体。本章从趣味田径运动概述、分类与创编原则、教学组织与方法三个方面进行了分析。

第一节　趣味田径运动的发展、功能与特点

一、趣味田径的起源

趣味田径是一项古老的体育运动，它伴随着人类学会独立行走而出现，并随着人们的使用而逐步演进，经历了由萌生、发展到逐渐丰富的过程。早在原始社会，人们为了生存不得不依靠智力和体力与大自然抗争、与威胁自己生命的凶猛野兽搏斗。在生存与生活过程中，远古人逐渐意识到只有不断增强自身的体力、提高智力、提高捕获动物和获取食物的能力，才能增强自己的生存能力，由此远古人开始了增强自身能力的学习与练习。这种有意识、有目的的技能传授与再现的教育活动，形成了人类社会早期的趣味田径运动的内容。另外，远古人除了通过劳动满足生存需要，他们还有自己的喜、乐、哀、怒等情感，他们也有与同伴交往的需要，有抒发内心情感的需要。人类早期的这些表达内心情感的活动形式，一旦被人们清醒地认识到并主动去模仿时，就与人的本能活动产生了质的区别，也就形成了原始形态下的趣味田径运动。

二、趣味田径的发展

趣味田径是随着人类的发展而不断进步和完善的，趣味田径是一种非物质化的产物，是以改造人类自身的身体和心理为目的的活动。从不同社会阶段的趣味田径发展历程来看，远古人对趣味田径的认识处于模糊的状态，人们所从事的趣味田径也极其简单、单纯。发展至奴隶社会，趣味田径随之也成为奴隶主阶级享受生活、增强体质的手段之一，它开始从社会活动中分化出来并逐渐成为独立的非生产性活动，但发展规模很小。到了封建社会，统治阶级把趣味田径作为训练士兵和加强军事力量的手段。因此，这一时期的趣味田径获

得了大规模发展，并出现在一般人的休闲生活中，出现在大型的商业和文化活动中，甚至成为许多平民教育中的实用手段。随着社会化机器大生产时代、电子时代、信息时代和知识经济时代的到来，人们的物质生活获得了空前的满足，人们对精神层面的文化娱乐需求日益增长。有的人从事趣味田径是为了娱乐身心、增进健康，有的人从事趣味田径是为了发泄过剩的精力，而有的人从事趣味田径则是为了转移郁闷情绪。

总之，无论人们从事趣味田径的目的是什么，但是它反映出趣味田径具有广泛的群众基础，开始渗透到人们的日常生活中，并在群众性体育活动的推动下不断演变和发展，呈现出巨大的增长潜力和广阔的发展空间。

三、趣味田径的功能与特点

（一）趣味田径的功能

趣味田径是一项特殊的，富有针对性、趣味性和健身价值的活动，随着社会生产力、劳动工具、科学技术和社会文化的发展，它的功能和价值不断被人们认识，并在社会活动中发挥越来越大的作用。

1. 娱乐功能

趣味田径简单易行、趣味无穷、富有竞争性，能使参与者在运动中感受到轻松、愉快和紧张竞赛的心情，因而越来越受到人们的喜爱。大量的实践已经证明，在从事趣味田径过程中，参与者不仅可以体会到与竞争对手斗智斗勇，与同伴默契配合克服困难、战胜自我、取得胜利后的愉悦感和心理满足感；而且可以增强自信、自尊的情感，满足人们与他人交往、合作的需要，从而使自己过剩的精力得到排遣或宣泄，并使因高强度工作带来的紧张和压抑情绪得到一定程度的缓解或消除。

2. 健身功能

趣味田径是一种以身体练习为主要运动形式的身心活动过程，一个人经常进行趣味田径必然会改善他的身体状况、提高他的身体素质、增强其社会活动能力和对自然环境的适应能力。

3. 促进个体社会化功能

每个人在出生时都是一个生物的人，要使之成长为一个社会化的人、一个被社会群体所认可的人，就必须学习特定社会或群体的规则，知道该社会或群体对他的要求与期待，从而使自己具备成为这一社会或群体的成员应有的知识、技能、能力、情感、态度和行为。

由于趣味田径具有一定的游戏规则，而规则不仅保证了游戏过程中的秩序，同时也调节和约束着参与者的行为及彼此关系，从而使游戏过程得以公正、安全、顺利地进行，因此人们有理由将趣味田径过程看作培养青少年一代遵守社会生活准则的过程。

4. 调节个体心理的功能

趣味田径产生的主要动因之一就是它能满足人们的心理需要。趣味田径以其轻松、愉快的活动气氛，激昂热烈的运动情趣，很容易使参与者产生欢乐、激情荡漾的情感，从而对不良的情感和情绪起到积极的调节作用。另外，在丰富多样的趣味田径中，有一些是专门针对心理品质进行训练的练习，如集中注意力练习、稳定性练习、灵活思维练习、团结协作练习等，通过这些练习对少年儿童进行有意识、有针对性的心理训练，无疑对进一步提高他们的心理品质具有独特的作用，也会对提高他们的感知能力产生事半功倍的效果。

（二）趣味田径的特点

趣味田径是趣味体育的重要组成部分，它具有体育运动的一般特点，同时具有自身的特点，其中娱乐性、趣味性、随意性、适应性、竞争性是其基本特点。

1. 娱乐性

娱乐性是趣味田径的本质属性，也是趣味田径区别于生产劳动的标志性特征。趣味田径的主体是人，客体仍然是人，不会对社会产生直接的影响。活动的过程和结果也不会对社会产生直接或必要的价值，仅仅是为了消遣、健身和娱乐。

2. 趣味性

趣味性是趣味田径的显著特征。由于趣味田径是一项参加者自由选择的活动，没有任何外来的强制性，参加者可以用一种轻松、自由、平等的身份参加活动，并使其激昂、活跃的心理潜能得到发挥，从而使自己获得自由表现的机会。所以，在活动过程中参加者可以把更多的注意力集中在活动过程中的乐趣上，使自己产生一种轻松愉快的心境。

3. 随意性

趣味田径的随意性在于人们在活动中可以更多地将精力集中在过程本身的乐趣上，而不是活动的最终目的或比赛结果，活动的本身没有直接的外在功利性，因而趣味田径的目标往往可根据参加者自己的意愿设定。更为重要的是，在趣味田径活动中参加者没有外界的制约和约束，参加者完全可以按照自己的意愿，自由地选择玩什么、怎样玩、用什么器械玩，也可以通过集体协商确定游戏的规则和具体玩法，实现自娱自乐的目的。

4. 适应性

趣味田径的适应性在于活动的方法、动作路线、形式、规则等都可以根据参加者的实际情况做出相应的变化；活动中使用的场地、器材也可以根据实际情况有选择地变化使用；完成某项活动的动作，可以根据参加者的具体情况和不同要求做出相应变化，可以是正常的走、跑、跳、投，也可以是变异形式的走、跑、跳、投，既可以提出严格的技术规范，也可以淡化动作规格；活动可以是徒手的，也可以是借助器械的；活动路线可以是直线、曲线，也可以是螺旋形、弧形。几乎所有的地方都可以作为趣味田径的场地，所有的生活用品、小生产工具都可以作为趣味田径的道具。

5. 竞争性

如同其他田径运动项目一样，趣味田径也具有一定的竞争性。但趣味田径的竞争则具有很大的偶然性，虽然趣味田径一般也是以某人或某方获得胜利而告终，但其获胜的原因往往有多个方面，而且比赛内容也可以按照参加者的意愿随意改变，人们可以比赛体力、比赛耐力、比赛智力、比赛技巧、比赛运气、比赛自己与同伴的配合水平、比赛应变能力等。因此，趣味田径的比赛结果往往是多种多样的，偶然性极强，这种比赛也为弱者的成功提供了可能性。

第二节　趣味田径运动的分类与创编原则

一、趣味田径运动的分类

趣味田径的类型是多种多样的，人们通过趣味田径进行游戏和健身的形式和方法也是丰富多彩的，形成这一现象的原因主要是人们在分类时所依据的标准不尽相同，因而导致其分类的结果存在很大差异。综观趣味田径的分类依据，大体上可以归纳为以下几种。

（一）按照人体活动的基本能力分类

人体活动的基本能力是指人的基本活动技能。以此为依据，有的学者把趣味田径划分为走类、跑类、跳跃类、投掷类。这一分类结果是以人体运动时的动作形式为依据的，能使人们比较清楚地了解活动过程中动作的基本特征，并以该项活动能否发展某种基本活动能力为标准进行有针对性的选择。

（二）按照提高身体素质的目的与任务分类

身体素质是指人体在活动过程中所表现出来的各种机能水平，它是人体从事某种体育活动的物质基础。有的学者根据某项活动对提高某类身体素质所产生的作用，把趣味田径划分为速度类、力量类、耐力类、灵敏类、柔韧类等。这一分类结果较好地将活动与增强体能直接结合，也使人们更好地了解该项活动过程中动作所产生的直接作用。

（三）按照课的结构分类

课的结构是指一节课的几个部分，各部分的教材顺序、组织教法和时间分配，如准备部分的集中注意力类，基本部分的提高兴奋性类，结束部分的整理与放松类等。此种分类以田径教学过程的基本规律和人体生理机能变化规律为依据。因此，在教学和训练中选用适宜的趣味田径活动作为辅助教学手段，对提高学生学习兴趣、活跃课堂气氛和丰富教学形式确实发挥了较好的作用。

（四）按照活动的形式分类

活动形式是指趣味田径的表现形态。有的学者以此为依据将趣味田径划分为接力类、追拍类、跨越障碍类、投准类、掷远类等。趣味田径的形式一般具有较强的特异性、针对性，这样可以使学习者和参与者都能比较清楚地区分某种趣味田径所采用的活动形式。

综上所述，趣味田径的分类依据是多种多样的，绝不仅仅局限在以上几种分类方法，如有的学者还依据年龄特征、场地类型、活动形式是分队或不分队、活动过程是有情节或无情节、活动的负荷量大与小、参加人群的特点、活动的性质与内容等标准进行分类。另外，由于有些趣味田径常常包含了两个或更多的分类因素。因此，要想做到极其严格、科学、准确地分类是非常困难的，甚至是不现实的。从教学运用或个人进行健身锻炼的角度来说，人们也没有必要对此进行严密的科学分类。

二、趣味田径运动的创编原则

随着科学技术进步、社会发展和生活方式的改变，现代教育理念和教学方式也发生了一定程度的改变，人们对体育促进健康的认识水平也在不断提高，尤其是学校体育和群众体育迫切需要趣味体育和趣味田径的融入，许多单位、团体和社区还举办了各类形式和不同规模的趣味田径会，原有的趣味田径内容、形式、功能和作用已经被极大地拓展和延伸。有鉴于此，作为田径专业工作者应敏锐地看到社会需求和专业发展的方向，尽快收集和整理与趣味田径相关的素材，创编出更多符合社会需求和大众健身需要的，具有时尚特征的、新颖的、有趣的、实用的趣味田径，以满足人民日益增长的体育文化需要。由于趣味田径是一项历史悠久的、简单的、实用的体育文化产品，因此要使其在社会生活、社区体育、体育教学和群众体育活动中发挥应有的功能与作用，使其在实践中具有较强的可操作性并易于推广，设计和创编趣味田径时应遵循以下基本原则。

（一）趣味性原则

趣味性是趣味田径的一个突出特性，也是趣味田径能够被男女老少接受，并给参加者带来欢乐和轻松愉快情感的主要原因。因此，在创编时一定要设法为各项活动增添趣味性因素。由于趣味田径的乐趣体现在它的多样性、生动性、竞争性等方面，所以在创编时要格外注意增加竞争性因素，力求动作创编的新颖、刺激和有趣，使其具有一定的代表性或象征性，在创编时还可以设计一些具有浪漫故事情节的内容，以便更好地提高趣味田径的趣味性和浪漫性。

然而，不同年龄、性别、阶层和文化背景的人对趣味田径的趣味性的感受是存在差异的，同一项趣味田径在幼儿园可能非常受小朋友喜爱，在中学里却未必受欢迎。同样，在农村广为流行的趣味田径很可能在城市会遭到冷遇。因此，创编趣味田径时应根据不同群体的年龄特征、心理特点、文化背景和兴趣差异，有针对性地研究不同群体对趣味田径的体验都有哪些特点，尽量使创编出的趣味田径能够较好地适应各类参加者的需求。

（二）目的性原则

每项趣味田径都具有特定的目的，在创编时需要设计者根据使用的范围和对象确立一个明确的目的。例如，用于群众体育娱乐或休闲的趣味田径，其主要目的是锻炼身体、娱乐身心、满足大众的身心需求和进行社会规范教育。因此，在创编时应主要考虑该项活动是否符合科学锻炼原理、内容情节是否健康、是否富于时代特征、过程是否轻松愉快。而在学校体育中运用的趣味田径，其主要目的则是增强学生体质、促进学生生长发育、配合学习和掌握运动技术、有效发展学生的思想品德和个性心理品质。因此，在创编时应根据学生的年龄特征和身心发展特点密切结合教学任务与教学内容，同时要突出思想性和教育性功能。另外，趣味田径的创编还应根据个体的实际需要，了解不同性质和不同类型的教材所具有的特定作用与功能，尽量使其与活动的内容、方法和规则有机地融合起来，充分体现趣味田径的目的性。

（三）新颖性原则

趣味田径的创编应注意结合当代社会的新信息、新科技、新产品、新器材、新理念和新观点，及时了解和把握最新的体育活动和文化、娱乐方式，跟踪和研究体育、文化、娱乐发展的最新动态，尽量采用新方法、新手段来展现其新颖性，使创编出来的趣味田径更富于创新精神，满足现代青少年求新、求异、求变的心理需求。总之，任何一项富有创意、富有吸引力的趣味田径，在社会生活、学校体育和群众体育活动中都会拥有广阔的应用空间和美好的发展前景。

（四）安全性原则

在趣味田径活动中参加者往往处于较高的兴奋状态，情绪比较高昂，在这种情况下很容易“乐极生悲”，出现伤害事故。因此，在创编趣味田径时，一定要考虑到必要的安全防范措施，设计好活动的场地、器材、时间、运动强度等可控性要素，尽可能地排除安全隐患，努力避免伤害事故的发生。在创编难度较大、带有刺激性或危险性的动作时，应充分考虑参加者的年龄、运动能力等要素，对动作的可控性、操作性和安全性进行科学分析，按照对象的承受能力和运动能力来设计。例如，在练习投掷、负重动作时应避免因器械使用不当而出现伤害事故。另外，创编趣味田径时一定要设计好活动的组织形式，严格规定场地、队形排列、往返路线和交接方式，尤其是要对器材的使用方式和范围进行周密安排与设计，对一些比较容易出现的不安全因素应充分发挥规则的约束作用。例如，在开展追拍游戏之前应严格规定参加者不准推人、撞人或打人；在开展抛掷游戏之前应严格规定距离，规定抛掷的沙包或沙袋只能触击防守队员腿部或膝以下部位等。另外，在教学提示中应明确开展某项活动时容易出现伤害事故的环节，并提出相应的安全要求。

第三节　趣味田径运动的教学组织与方法

趣味田径的特点决定了趣味田径的教学组织与方法是一项比较细致的工作。趣味田径的教学组织工作是教学任务的重要环节，教学组织是否严密、科学，教法的选择和运用是否正确、恰当，直接影响着趣味田径教学任务的完成效果。

一、趣味田径的教学组织

趣味田径的教学组织是指体育教师根据趣味田径运动特点、教学任务和实际情况，对学生、场地器材进行合理安排所采取的措施。教师教学组织水平既是实现教学任务的重要因素之一，也是衡量教师是否充分发挥主导作用的因素之一。

（一）趣味田径的分组要求与方法

从教学效果来看，趣味田径的分组是组织教学的重要环节，因为合理的分组可以更好地发挥趣味田径活动的竞争性特征，极大地提高参加者的兴趣和积极性。在通常情况下，一般都分成两组进行比赛。但限于趣味田径活动的内容、性质、占用时间、参加人数、场地、器材等因素。在教学中，教师也可以将学生分成多组进行比赛。总之，趣味田径分组最基本的要求是应尽量做到各组的能力相对平等、公平竞争。

1. 分组的要求

开展趣味田径教学首先要明确分组的组数，在一般情况下，趣味田径教学活动都是分成两组进行比赛的。因为分成两组进行对抗活动，可以使比赛更加紧张、激烈，也便于组织者对活动过程实施有效控制和裁判人员对比赛结果的判定。但在教学中如遇到下列情况时，也可考虑增加组数。

①参加趣味田径比赛的人数超过 20 人时，要将参赛学生分为三组及以上。

②由于某种原因，一次活动时间超过 10 min 时，可增加组数，以减少每组人数，增加比赛的重复次数。

③在其他一些特殊条件下，可根据自然条件进行分组。

2. 分组的方法

①固定分组法：就是按照班级原有的学生自然人数进行分组。这种分组方法简便，有利于培养学生的集体荣誉感，而且学生之间也是非常熟悉，便于活动过程中学生之间互相帮助。

②报数分组法：当参加趣味田径运动的人数较多，而趣味田径运动的时间较短、技术性又不太强时，教师可采用报数的方法将学生分成教学所需要的组数。如要分成三组或三组以上时，则可按 1 ～ 3 或 1 ～ 4 所需组数报数，报同样数的同学分成一组。这种分组方法简单、快速。

③“点将”分组法：这种分组方法就是找出几名学生为组长，让他们“点将”挑选学生，组成各自的活动组。这种分组方法的优点是各组实力比较均等，学生之间熟悉、配合默契，活动的气氛热烈。

（二）趣味田径教学对教师的要求

教师是教学活动的组织者，对教学的顺利进行起着关键作用。趣味田径教学的组织和对参加者的行为控制主要由组织者来完成。教师要在确定全体参加者都已了解活动方法、规则并已准备就绪后，才能发出活动开始的信号。教师的站位要便于观察各个角落，做到能纵观整个活动的过程，发现轻微犯规或动作不对时要及时给予指导和纠正。若发现多数同学犯同样的错误或严重犯规时，要立即暂停活动并适当纠正和提示。教师还要及时教育学生自觉遵守规则、遵守纪律，对违反规则和纪律的行为应根据不同情况进行必要的教育和处理，尤其是要坚决制止不文明和粗野的举止，但要注意教育方式和教育效果。对于偶发事件，教师要及时处理保证教学的顺利进行，并根据情况有针对性地对学生进行教育。需要进一步指出的是，在教学过程中既要强调教师的主导作用，保证对学生进行全面教育和培养，也要充分发挥学生的积极性，同时还要注意对弱者的鼓励并给他们安排适当的活动和角色，使全体学生都能积极参加教学活动并在活动中受益。

（三）趣味田径比赛的裁判工作

趣味田径运动的趣味性、竞争性和游戏性特征，决定了趣味田径比赛必须有明确的严格的规则约束。因此，在监督比赛过程中，裁判员一定要做到认真、公正，严格执行规则，保证比赛的公平，实现趣味田径比赛的教育作用。在教学过程中，趣味田径比赛的裁判员通常由教师亲自担任。有时，为了培养学生干部或体育尖子的独立工作能力，也可由学生推选或轮流担任裁判。参加裁判工作可以使学生亲身体验到规则的约束，增强遵纪守法的意识，形成良好的行为准则。

二、趣味田径的教学方法

趣味田径的教学方法是指在教学过程中完成趣味田径运动的途径和手段。教学方法运用是否得当直接影响着教学效果。根据趣味田径运动的形式和特点，教学方法主要有以下两种。

（一）讲解法

讲解法就是教师运用多种形式的语言，使学生了解趣味田径教学的目的和任务，理解趣味田径运动的规则、方法和要求的方法。教师的讲解应激发学生良好的学习动机，提高学生对趣味田径运动的兴趣和积极性，启发学生积极思考，培养良好的思想品德。

教师讲解时，站立的位置应以学生能看到示范动作，听清讲解内容为原则。由于趣味田径运动形式多样，趣味田径运动的方法和队形不同，教师必须选择适当的站立位置。如是圆形排列，人数少且圆圈相对小时，教师可站在弧线上；人数多且圆圈大时，可站在圈内 1 ～ 2 步处，切忌站在圈的中央处，造成一半学生位于教师背面，影响教学效果。

在进行讲解时，教师要做到语言流畅、生动形象、过程清晰，并结合手势吸引学生的注意力。对那些戏剧性较强的内容，教师也可有针对性地采用一些生动形象的语言进行讲解。对于个别学生的提问，教师也可面对全体学生做简要解答。在讲解学生比较熟悉的内容时，教师只需简要提示一下规则和重点环节即可。

（二）示范法

示范法是以直观的趣味田径运动的活动方式，让学生了解趣味田径运动的具体玩法和全过程，建立趣味田径运动的正确表象的方法。

趣味田径运动的示范一般要与讲解相结合，对较为关键的环节或复杂的动作要进行较完整的示范。示范要展示出活动规则、动作要求。示范要力求简练、明确、尽量省时。

趣味田径教学时的示范动作要分别从镜面、侧面、背面等角度进行展示，示范动作一定要抓住关键技术动作，并结合讲解法陈述游戏的完整过程和规则要求。但对复杂、多人完成的游戏活动，教师一人示范不够时，可选择学生一起示范或指定一组学生在教师的指导下试做示范动作。对集体性的趣味田径运动或较复杂的动作可采用“试练式”示范方法，让学生体会动作、熟悉玩法，以便按要求顺利完成游戏。

第十一章　体能训练与评价

体能是指运动员机体的基本运动能力，是运动员竞技能力的重要组成部分。运动素质为体能的外在表现，在体能训练中多以发展各种运动素质为基本内容。要想提高体育竞技比赛的成绩，对运动员进行体能训练是十分有必要的，本章主要介绍了体能训练的原则与内容、体能训练的方法等两个方面的内容。

第一节　体能训练的原则与内容

一、体能训练的原则

（一）一般体能训练和专项体能训练科学配比原则

一般体能训练所发展的机能潜力是专项体能训练发展的基本条件。一般体能可以促进专项体能的发展，为提高运动技术水平打下良好机能基础，弥补专项体能训练对身体发展的限制。一般体能训练并不意味着在训练的过程中使身体各部位、各器官系统和各运动素质都得到均衡发展和提高；相反，应根据专项运动的需要和运动员的具体情况有主次安排，以主带次。一般体能训练无法代替专项体能训练，特别是在高水平训练阶段，只有强化专项身体训练，才能最有效地发展专项训练和比赛所需要的运动能力。因此，要根据训练不同时期的需要，合理安排一般体能训练和专项体能训练，使运动员的运动素质和身体机能都得到良好的发展，并符合专项比赛对体能的要求。

（二）体能训练与专项技术训练相结合原则

选择体能训练手段的要求与专项技术动作相似，要符合专项技术动作生物力学特征，使体能训练所获得的效果与专项技术紧紧联系在一起，确保在比赛中能够通过技术充分发挥出来。体能训练手段的选择与运用是体能训练与专项技术训练结合的关键。所以，专项体能训练的内容安排和手段的运用，不仅要突出专项特征尽量与专项技术动作相一致，而且要充分考虑身体练习的生物力学特征，保证体能训练的效果能通过专项技术转化成比赛优异成绩。

（三）全面发展与突出重点相结合原则

当今的比赛异常激烈，对身体运动能力的要求很高，运动员必须具备全面发展的体能。初级阶段的训练应以全面发展身体运动能力为主，奠定坚实的体能基础，确保专项训练的深化发展。同时，体能的全面发展并不是要求各项运动能力绝对均衡同步发展，而是要根据项目、运动员身体情况和时间的不同有所侧重。因此，要根据个人具体情况和专项比赛的需要，全面而有重点地训练。

（四）及时评价体能训练效果原则

体能训练过程中，应及时对运动员身体训练进行定期和不定期的测验，检查体能训练的效果。通过测验的结果评定体能训练是否达到预期的目标，检验哪些运动素质和机能水平已具备专项所需的要求或已达到某阶段的要求，哪些运动素质和机能水平还没有达到预期的要求，找出体能训练的薄弱环节，修正训练计划，改进训练方法和手段，克服训练的盲目性。

二、体能训练的内容

体能训练的内容主要包括速度素质、力量素质、耐力素质、柔韧素质、灵敏素质五个方面。

速度素质指人在神经系统支配下，以高能物质 ATP 与 CP 为主要能量，用最短时间完成技术动作或比赛的能力。速度素质在田径个人运动项目中占有十分重要的地位。速度素质的高度发展能更好地完善技术，形成以速度为核心的技术风格，特别是短跑、跨栏跑、跳远和三级跳远项目，速度素质的好坏对能否取得优异成绩起到至关重要的作用。

力量素质指肌肉工作时克服内外阻力的能力。力量素质是一种重要的运动素质，与其他身体素质有着密切的联系。发展力量素质除对提高力量性项目的专项运动成绩具有直接的作用外，对提高短时耐力、速度素质及某些综合素质也有重要作用。力量素质的提高有助于提高短时耐力、速度素质和某些综合素质的水平，对于防止肌肉拉伤和意外事故的发生也有积极的作用。力量素质对取得优异的运动成绩具有非常突出的作用。从力量表现形式可把力量素质分为最大力量、速度力量和耐力力量。

耐力素质指运动员在一定负荷的条件下保持长时间运动的能力及疲劳后迅速恢复的能力。耐力是一种重要的基本运动素质，对竞技运动的影响十分明显。在训练或比赛中，运动员抵抗疲劳的能力越强，保持高强度运动的时间越长，说明其耐力素质水平越高。发展耐力素质对提高耐力性运动项目的专项运动成绩有直接的作用。耐力素质的训练除对运动员呼吸系统、血液循环系统的影响尤其明显外，对肌肉耐力的提高也具有极大的作用。耐力主要取决于运动员心脏的机能水平。只有心脏具有较高的机能水平，肌肉的恢复速度才快；只有心脏对高强度运动的适应能力强，才能使心脏在重复高强度的运动时保持最高机能活动水平，才能使高强度运动重复更多的次数。

柔韧素质指运动员各个关节活动及肌肉、韧带的伸展能力。柔韧素质是运动员必须具备的重要身体素质之一，没有适宜的柔韧素质，运动员不可能具有最佳的机能水平。优秀的运动员不仅要有一般的柔韧素质，还必须具备符合专项技术特点要求的专项柔韧素质，这是掌握专项技术和提高运动成绩不可缺少的条件。同时，柔韧素质与其他素质相互影响。柔韧素质好不仅能有效防止运动损伤，而且有利于速度素质的提高。柔韧素质的提高一方面可以增大力的作用范围，提高肌肉的合力提高速度；另一方面可以减少肌肉的活动阻力，降低能量的损耗，提高耐力素质。柔韧素质一般可分为一般柔韧素质、专项柔韧素质、积极柔韧素质和消极柔韧素质。

灵敏素质指运动员在突然变化的条件下，快速、准确、协调和有效地完成技术的能力。神经反应决定了反应速度的快慢、判断的准确程度、随机应变和做出应答的速度，因此，反应迅速、判断准确和及时做出应答是灵敏素质的先决条件。灵敏素质的作用主要在于迅速、准确、熟练地完成技术动作，获得理想的技术效果，创造优异的运动成绩。灵敏素质可分为一般灵敏素质和专项灵敏素质。

第二节　体能训练的方法

一、速度素质训练的方法

（一）反应速度训练的方法

反应速度主要利用各种信号（枪声、掌声、口令等声响）刺激练习者，使其做出快速反应来提升。其训练的基本方法有以下三种。

①信号反应训练：对各种信号做出反应动作，这种方法适合短跑项目运动员及初学者。

②运动感觉反应训练：这是一种心理训练方法，通过提高时间感知能力，进而提高反应能力，此法适合中长跑项目运动员。

③选择性信号反应训练：要求运动员按事先确定的信号做出正确的选择，或按相反口令，相反动作完成选择性的反应训练。

（二）动作速度训练的方法

发展动作速度主要是通过快速重复完成某一动作的训练来实现的，动作速度训练的基本方法以重复法为主。

1. 规定最高速度指标的重复法

在动作速度训练时，规定最高速度指标，并按照规定重复进行某一动作训练。例如，快速重复推举轻杠铃；肩负一定重量杠铃的反复跳跃；在保持动作正确的情况下，快速原地高抬腿跑；快速立卧撑；快速反复起跳；短距离段落的重复跑；徒手或持不同重量的器械的快速最后用力投掷，以及反复快速旋转、滑步等训练。

2. 改变训练程序的重复法

改变训练的程序指在动作速度训练中合理地变化速度和加速度。虽然规定最高速度指标的动作训练是发展动作速度的重要因素，但这种重复训练会形成一定的动力定型，这种动力定型会阻碍速度能力的提高。因此，在进行最高速度指标和重复练习中，有计划地改变训练的程序，并经常采用运动员不习惯的速度进行练习才能更好地发展动作速度。

二、力量素质的训练方法

（一）巴罗加式极限强度负重训练法

巴罗加式极限强度负重训练法主要是通过极限强度负荷提高对机体神经系统的刺激，适合高水平运动员，有利于提高相对力量。巴罗加提出了四种不同的负重训练方式，每种方式以训练课为单位进行变化。训练方式的选择，主要取决于运动员的练习效果。一次训练课中的练习组数为 4 ～ 8 组，重复次数为 1 ～ 5 次。完成的组数应根据运动员的能力确定，完成练习的速度根据负荷大小确定，负荷大时动作速度可慢一些。但无论何种负荷，运动员都应尽可能追求较快的动作速度。

（二）阶梯式极限强度负重训练法

阶梯式极限强度负重训练法主要用于优秀运动员的最大力量训练，其特点是特别强调强度，几乎每周、每天、每项都要求达到、接近甚至超过本人的最高水平，然后减 10 kg 做两组，再减 10 kg 做两组，之后又开始递增重量，直到达到能承受的最大重量，最后再递减重量。在计划规定的时间里完成的组数越多越好，组间间歇以能休息好为准，全年均如此安排，不做太大变化。

三、耐力素质的训练方法

（一）持续负荷法

持续负荷法是发展有氧耐力的主要方法，其特点是负荷量大、没有间歇。大多数需要有氧耐力的项目如中长跑、马拉松跑、速度滑冰、赛艇等都可以采用这种方法训练。持续负荷法的训练效果主要是能改善和提高有氧耐力。此外，稳定地完成技术动作还可以使技术得到巩固（如速度滑冰、游泳、划艇、赛艇等运动），机体工作能力也可以同时得到提高。

（二）间歇训练法

间歇训练法是指在相对固定的条件下，严格按照规定的训练距离、强度、时间、次数以及每次训练后的间歇时间进行练习的方法。间歇训练法对于提高短距离跑和中长距离跑项目的速度耐力和耐力水平都有较显著作用。间歇训练法都是采用积极休息的方式，如慢跑或走，也采用一些放松性的练习。当心率恢复到 120 ～ 130 次 / min 时就开始下一次的练习。

四、柔韧素质的训练方法

柔韧性训练的目的是提高肌肉、肌腱、韧带等软组织的伸展性，其伸展性的提高主要是“力”的拉伸作用的结果。柔韧素质训练的基本方法有两种，即静力拉伸练习法和动力拉伸练习法。

（一）静力拉伸练习法

静力拉伸练习法是指通过缓慢的动作将肌肉、韧带等软组织拉长到一定程度后，保持静止状态的练习方法。这种方法的一个重要特点是肌肉、韧带的拉长伸展能得到较长时间的刺激。

采用静力拉伸练习法时，当软组织拉伸到某一程度时，保持静止状态的时间一般为 8 ～ 10 s，重复次数为 8 ～ 10 次。静力拉伸练习法对提高肌肉、韧带等的伸展性有较好的作用，是发展柔韧素质的主要方法。静力拉伸的练习强度较小，且动作幅度较大，有助于节省体能，无须专门练习场地和练习器械，简单易行。

（二）动力拉伸练习法

动力拉伸练习法是指有节奏地、速度较快地多次重复同一动作的拉伸练习的方法。动力拉伸练习法的主要特点是，主动拉伸时，肌肉强力变化的峰值约大于静力拉伸的两倍。动力拉伸法是体育运动各项目身体练习中采用较多的方法之一，如带有弹性的屈伸练习、摆动练习以及结合各项目特点的柔韧性练习等。

动力拉伸练习时能引起肌肉的牵张反射，既可以提高练习部位的肌肉群的伸展性又能提高其收缩性。动力拉伸练习可以加强练习时的血液循环，使肌肉、韧带等局部组织的营养得到改善，从而提高肌肉的弹性和动作效果。

五、灵敏素质的训练方法

灵敏素质的训练方法以徒手练习法为主，包括单人练习法和双人练习法两类。

（一）单人练习法

第一，弓箭步转体。两腿成左弓箭步姿势，两臂弯曲置于体侧，身体迅速向右旋转，成右弓箭步姿势，有节奏地进行。要求转体动作幅度要大而且快。连续转体 10 s 为 1 组，练习 3 组。

第二，立卧撑跳转体。完成一次立卧撑动作，接着原地挺身跳转体 180°。计算 30 s 内完成动作的次数，练习 3 组，要求动作准确，衔接迅速。

第三，正踢腿转体。一腿支撑站立不动，异侧腿从下向前上方踢起，至最高点时，以支撑腿为轴向后转体 180°，两腿交替进行。踢腿时应两腿伸直，上踢快，下落轻，上踢至前额 30 cm 以内时方可做转体动作。练习 3 组，每组 20 次。

（二）双人练习法

第一，障碍追逐。利用障碍物进行一对一追逐游戏，追上对方并拍到身体任何部位后立即交换进行。要求练习时要充分利用障碍物做躲闪、转身等动作。练习 5 ～ 6 组，每组 20 s，间歇 20 s。

第二，过人。在直径 3 m 的圆圈内，两人各占半圆。一人防守，一人设法利用晃动、躲闪等假动作摆脱防守者进入对方防守区，交替进行，要求不准拉人、撞人。20 s 为 1 组，练习 4 ～ 6 组。

第三，手触膝。两人一组，面相对站立。双方在移动中伺机用手触对方膝盖部位。身体素质良好者可加一些鱼跃动作。触膝次数少者受罚。要求积极主动进攻对方。练习 4 ～ 5 组，每组持续练习 20 s，间歇 20 s。

第十二章　田径运动的营养膳食与康复

人类从外界获取的有利于满足自身生理需求的无机物和有机物的总称，就是营养物质。人体正常的生长发育和新陈代谢都离不开营养物质。人体主要通过膳食来获取营养物质，运动员的膳食更要格外注意合理搭配。本章主要从田径运动的膳食营养特点、能量代谢、康复与理疗等三个方面进行阐述。

第一节　田径运动的膳食营养特点

一、田径短跑项目的膳食营养特点

（一）项目特点

短跑项目中体现最明显的素质就是速度素质，即要求人体进行快速运动，并且在最短的时间完成某种运动。速度型的运动，因耗氧量比较高，使得运动员在运动过程中一直处于高度缺氧的状态，导致蛋白质合成过程不能顺利进行，部分组织呼吸肌磷酸化出现分离，能量代谢速度快。

（二）合理的营养补充

补充充足的蛋白质、磷以满足肌肉力量和神经活动的需要。充足的蛋白质是合成肌纤维的基础，肌肉越粗大，可储备的糖原越多，蛋白质供给为 2 ～ 2.4 g/（ kg · h），占总热能的 15%，优质蛋白质占 1/3。

糖、维生素 B_1、维生素 C 及充足的糖原是速度力量的基础。维生素 B_1 是糖供能代谢不可缺少的辅酶，既可促进糖原在肌肉中积蓄，又可加速糖原和磷酸肌酸的分解。维生素 C 可增加大脑中氧的含量，促进大脑对氧的利用，从而减轻疲劳感，还能增强机体对缺氧的应激能力，提高无氧耐力。

二、田径长跑项目的膳食营养特点

（一）项目特点

长跑项目中体现最明显的素质就是耐力素质。耐力指人体长时间进行肌肉工作的运动能力，也称为抗疲劳能力。肌肉要持久地工作，必须有充足的能量供应。因此，充分的氧供应及糖和脂肪的有氧氧化能力是影响有氧耐力的关键因素。而运动中氧的供应受多种因素的制约。

（二）合理的营养补充

充足的糖可以增加糖原储备。平时，糖占总热量的 50% ～ 60%；大运动训练或比赛前，可采用高糖膳食，提高到 70%。还应补充充足的 B 族维生素、维生素 C 和铁。充足的 B 族维生素、维生素 C 可使呼吸酶处在较高水平，提高供能效率。适当增加脂肪、蛋白质及磷脂。耐力运动消耗热能大，可适当提高脂肪比例，占总热量的 30% ～ 35%。血液氨基酸对维持血糖水平稳定有十分重要的作用，蛋白质应占总热量的 12% ～ 14%。磷脂可改善血液循环功能。

三、田径跳跃类项目的膳食营养特点

（一）项目特点

对跳跃类项目起决定作用的是灵巧素质。这些项目的运动员在运动中神经活动紧张。动作具有非周期性和多变性，要求有较大的力量和较好的爆发力，并对运动员的协调性、技巧性和动作速率等要求较高，在一次性运动完成后伴有一定的休息时间，具有间歇性。

（二）合理的营养补充

运动员训练比赛期间每日的能量摄入至少要达到推荐的日供给量才能满足运动训练的需要。国家体育总局颁布的《优秀运动员营养推荐标准》显示，国内跳跃等项目运动员每日能量供给推荐值为 2 200 ～ 3 200J（平均 2 700J），男子体操的运动员每日能量供给推荐值为 2 700 ～ 4 200J（平均 3 500J）。

某些灵巧类项目（如体操、跳水和跳高等）的运动员为了完成复杂的高难度动作，常常需要控制体重和体脂水平，运动员常通过控制饮食来控制体重。一般来讲，此类项目运动员的膳食能量不宜过高，应略低于实际需要。膳食中能量物质分配比例是总能量的 20% ～ 25% 来自脂肪，15% 来自蛋白质，60% ～ 65% 来自糖类。

四、田径投掷类项目的膳食营养特点

（一）项目特点

投掷类项目中素质要求最高的当属力量素质。这些项目的运动员一般体重较重，运动中要求具有较大的力量和较好的神经肌肉协调性，并能在短时间爆发力量。另外，此类项目运动具有强度大、缺氧、氧债大、运动有间歇及主要依靠无氧代谢供能等特点。

（二）合理的营养补充

1. 能量需求

运动员训练比赛期间每日的热量摄入至少要达到推荐的日供给量，才能满足运动训练的需要。不同的运动项目训练期间能量摄入推荐的标准也不尽相同。大部分力量型项目的运动员每日能量摄入推荐值应大于 47 00 J 或 65 J/ kg，某些力量型项目的运动员每日能量摄入推荐值应为 2 700 ～ 4 200 J 或 60 J / kg。当然，运动员的能量消耗因运动负荷、体重和运动的力学效率不同而有很大的差别，因此我们在指导运动员摄入适宜能量时要考虑到这些个体差异，不能一概而论。

2. 营养补充特点

力量型项目的运动员蛋白质代谢加强，对蛋白质的需求量增加。国外建议力量型项目的运动员蛋白质供应量应达到 1.4 ～ 1.8 g/ kg。我国建议蛋白质的供给量应提高到 2 g/ kg，其中优质蛋白质至少占 1/3。力量型项目的运动员为了防止因蛋白质摄入量过高而引起体液偏酸，还应增加体内的碱储备。大多数维生素和矿物质都发挥着重要的作用。在训练和比赛中，如果膳食中缺乏任何一种物质，都将会损害运动员的运动能力。力量型项目的运动员的食物中还应含有丰富的钾、钠、钙、镁等矿物质，并增加蔬菜和水果的摄入量。

第二节　田径运动的能量代谢

所谓的能量代谢，指的是人体能量内外转换的过程，而且同物质代谢活动共同进行。人体进行活动所需的能量都是直接由 ATP 提供的，食物中的脂肪、糖类都是其基本来源。

一、磷酸原供能

ATP 和 CP 合称磷酸原，其发生分解产生能量的系统被称为磷酸原供能系统。

（一）ATP

ATP 在中文叫作腺嘌呤核苷三磷酸，意为一个腺苷上连着 3 个磷酸基团。相邻两个磷酸基团之间可相结合，水解时可放出大于 21 kJ/ mol 的能量，故又被称作高能磷酸键。

ATP 是人体生命活动所需能量的直接来源，其水解产生的能量可用于所有需要能量的生理活动，如肌肉收缩、离子转运。而 ATP 一经消耗，会立即自动补充。即使进行高强度运动，肌肉中 ATP 的最终消耗也不会超过 20%。

（二）CP

CP 是由 ATP 分子中的高能磷酸键生成的，主要功能如下。

第一，体内 ATP 过多时，由肌酸激酶催化，与肌酸合成磷酸肌酸，用于储存高能磷酸基团。

第二，将能量从线粒体转移到细胞质内，保证 ATP 就地水解与再合成。

二、糖酵解供能

糖酵解指运动中氧气不足时，葡萄糖或糖原在细胞质中被分解为乳酸的过程。此过程分为两个阶段：第一阶段是葡萄糖分解成 2 个磷酸丙糖；第二阶段是磷酸丙糖转化为丙酮酸。无氧条件下，丙酮酸经乳酸脱氢酶催化还原为乳酸；有氧条件下，丙酮酸可分解生成二氧化碳和水。

运动刚开始时，ATP 与 CP 会立即放能。肌肉利用 CP 的同时，开始糖酵解供能。在运动开始 30 s ～ 2 min 以内，糖的供能占支配地位，维持 2 ～ 3 min 后，功能速率逐渐下降。因此，短时间内的高强度运动主要依靠糖酵解供能。

第三节 田径运动的康复与理疗

一、运动康复的概念

通俗地讲，运动康复是通过整体评估（包括问诊、观察、触诊、动作测试、测量、影像学分析等）找出患者的具体问题以及形成问题的因素，考虑损伤组织修复周期和个人具体情况设置康复计划，通过康复训练解除症状，然后加强肌肉和关节的承受能力，让伤处能够承受更多负荷以免症状反反复复出现，最后优化身体姿势形态减少伤处的受力。运动康复适用于运动损伤、颈痛腰痛、术前术后康复、姿势形态矫正等。

二、田径运动员常见伤及康复理疗措施

（一）大腿拉伤

1. 大腿拉伤的简述

大腿拉伤通常指的是大腿前侧股四头肌被撕裂。股四头肌由股直肌、股中肌、股外侧肌和股内侧肌组成。拉伤是肌肉出现撕裂，严重程度由轻微撕裂到完全破裂。股四头肌拉伤通常发生在冲刺、跳跃或者踢腿等活动中，如果准备活动不充分的话更容易引起拉伤。股四头肌的任何一块都可能被撕裂，但最常见的是股直肌拉伤，因为它是四块肌肉中唯一一块经过髋关节和膝关节的肌肉。

2. 大腿拉伤的康复

大腿拉伤最开始的治疗方法是遵循 PRICE（Protection，保护；Rest，休息；Ice，冰敷；Compression，加压；Elevation，抬高）原则。专业治疗师会进行精确的诊断，提供治疗建议和完整的康复方案。他们还可能使用超声波等电疗法来辅助治疗，进行运动按摩，尤其是在急性阶段。在急性阶段过去之后采用物理按摩可能比较有益。按摩有助于加快血液流动，有助于加快痊愈过程；还有助于提高柔韧性，并放松受伤后结的块；也被认为可以重组疤痕组织、提高组织弹性。

大腿拉伤之后再次复发的概率比较高，所以要进行彻底的进阶性康复训练，并且要把训练作为日常生活的一部分，避免再次受伤。在受伤的急性阶段结束之后，可以制定一个进阶的康复训练计划，包括拉伸和力量训练，并且都需要在无痛的情况下进行。

（1）拉伸康复训练

拉伸康复训练开始应该在无痛的状态下进行，开始阶段可以保持轻缓地静态拉伸，然后进阶至适合专项的动态拉伸。不要过早开始拉伸，因为肌肉的愈合过程可能受到损伤，在损伤后的五天之内尽量不要进行拉伸。

主动活动范围训练：这项练习在康复的早期关节活动受限的阶段进行比较有益。简单地进行屈膝、伸膝练习，在完全无痛的范围内进行活动。采取坐姿、站姿和卧姿完成这项练习。不要过度伸展，如果出现疼痛的话一定要停止练习。一组重复 10 次，一天至少练习 3 组。

股四头肌静态拉伸：可以采用站姿或者俯卧练习方法。将患侧腿的脚拉向臀部，直至自己能感受到大腿前侧肌肉有轻微的拉伸感。若想增强拉伸感，可以向后屈髋，动作维持 20 ～ 30 s，重复 3 组。每天至少练习 3 次。

股四头肌被动拉伸：需要借用一些外力来辅助拉伸肌肉，采用这种练习或者上面提到的股四头肌静态拉伸方法都可以，不需要两项练习都同时进行。靠墙站立，屈膝，身体向足部的方向后倾，或者可以找一个搭档在躺下时推你的腿，保持 20 ～ 30 s，重复 3 次，每天至少练习 3 组。

屈髋肌群的拉伸：这项练习集中拉伸股直肌和髂腰肌。将一侧膝关节跪在地面上，另一侧腿向前伸，屈膝。将髋关节向后推，保持背部平直。应该可以感觉到髋前部和大腿上方有拉伸感，保持 20 ～ 30 s，重复 3 次，每天至少练习 3 组。

（2）力量康复训练

股四头肌等长收缩：在康复的早期阶段就可以进行静态收缩训练了，需要在不移动腿部的情况下收缩肌肉。将腿部伸直，可以采取站立或坐立两种不同的姿势进行练习。每次收缩保持 10 s。每次重复练习之前休息 5 s，重复 10 次。随着力量的增强，可以增加到 2 ～ 3 组，重复 10 次。尽管这项练习看起来会比较枯燥，但是它可以保持肌肉发达，有助于恢复。坚持每天都练习，直到可以做下面的向心训练。

直腿上抬训练：可以在卧姿或者坐立的条件下完成这项练习，仰卧练习会相对简单一些。坐在地面，将双腿向前伸直。将一侧腿向上抬起，保持膝关节伸直。再将腿部向下放回地面，保持 3 ～ 5 s，重复 10 ～ 20 次，可以把这项练习作为日常训练的一部分。可以通过增加腿部上抬的高度和练习次数来增加训练难度，也可以在踝关节增加负重来加大训练的难度。

（二）慢性损伤

1. 慢性损伤的简述

慢性损伤指在相关的运动中因身体的某个部位负荷不科学，或者因别的原因造成轻度损伤，并长时间累积形成的损伤。慢性损伤的病理变化主要为退行性或增生性改变，或由急性损伤未愈而迁延下来形成。有人发现，膝关节是全身中最易发生慢性损伤的部位，约 84.2% 的青少年体育参与者有慢性膝关节损伤。

2. 慢性损伤的康复

在慢性损伤康复初期，应以消除局部肿胀及瘀血为主，注意改善局部营养状况，松解粘连，并配合功能性运动治疗，改善伤处血液循环，促进局部组织的新陈代谢。在慢性损伤康复中后期，应着重纠正错误的技术动作，如标枪运动员应保证其投掷时前臂旋前屈髋，以防因肘关节过伸与外展而导致的投掷肘。部分运动项目因其技术特点会造成田径运动员身体结构慢性损伤，应在训练后进行矫正畸形训练。

（三）前交叉韧带损伤

1. 前交叉韧带损伤的简述

前交叉韧带损伤在长短跑运动员中是非常常见的。并且女性比男性更容易受损，导致这种显著性差异的原因之一是男女解剖结构的差异。女性的骨盆比男性更宽，更有可能膝外翻，这样会施加更多压力在前交叉韧带上。解剖结构是无法控制的，但是还有其他的办法，力量训练可能是抵抗前交叉韧带损伤最好的“武器”。通过力量训练来减少前交叉韧带受伤的风险需要考虑到多方面的因素，集中注意力在使膝关节稳定的肌肉上，让它能合理地发力，并且力量训练动作需要在多个运动平面进行，训练不同的肌肉群。

2. 前交叉韧带损伤的康复

（1）离心单腿硬拉训练

离心单腿硬拉训练可以很好地保护前交叉韧带。这项练习可以训练离心控制能力，并且可以训练踝关节的稳定性，同时还可以帮助运动员更好利用臀大肌的力量。离心控制对于训练肌肉在运动场控制的能力非常关键，尤其是对于减速运动和变向来说，这些情况通常是需要肌肉进行离心收缩的。在力量房训练肌肉离心控制能力时，患者也要训练肌肉抗疲劳的能力，使它在动作过程中不那么容易疲劳。

（2）侧向箭步蹲

如果不训练侧向移动能力的话，那么就忽略了预防前交叉韧带损伤中很重要的一个环节。侧向箭步蹲训练使运动员离开矢状面，并且可以在另一个平面内训练他们的灵活性以及力量，这些能力在运动中是非常需要的。如果运动员没有进行冠状面内训练，他们就无法掌握在比赛中控制减速及变向的能力，会增加非接触性受伤的风险。侧向箭步蹲也是非常具有针对性的训练，可以有效训练到臀大肌，臀大肌对于改善膝关节外翻、内扣的作用是非常关键的，对于预防前交叉韧带损伤也很重要。

（3）侧步跳

侧步跳是侧向箭步蹲的进阶练习，不仅可以提高爆发力，还利于训练平衡和落地能力。这项练习是非常有效果的，可以在运动员集中加强身体后侧铰链的同时强化正确的落地技术。这项练习的关键就是注意落地时要轻微屈髋屈膝。一旦掌握了这项练习，就可以通过加速或者负重练习来增大训练负荷，这样可以进一步提高侧向离心控制能力。另外，训练之前进行一些髋关节和臀肌激活的练习，在比赛中可以很好地降低前交叉韧带受伤的风险。前交叉韧带损伤的预防是不容忽视的，无论是训练还是比赛之前，都需要优先考虑到这一点。

参 考 文 献

［1］朱文明．小学田径训练教学策略［J］．田径，2022（04）：25-27.

［2］周学希．高校田径教学训练中体能训练的要点分析［J］．田径，2022（02）：83+66.

［3］金雪莲．运动训练学知识在高中田径教学中的运用［J］．田径，2022（01）：15-17.

［4］喻新凯．浅谈如何做好中职学校田径教学训练［J］．田径，2021（11）：23-25.

［5］陈刚．高校体育田径教学训练量与训练强度分析［J］．运动，2016，143（15）：82-83.

［6］李元博．浅谈学校体育教学中田径训练强度与训练量［J］．当代体育科技，2021，11（15）：82-84.

［7］姚锦平，安光亮．高校田径教学训练中体能训练的要点［J］．开封文化艺术职业学院学报，2020，40（08）：95-96.

［8］陆建国．小学田径教学训练的现实困境与理性反思［J］．田径，2020（03）：70-71.

［9］管伟．田径训练特点及教学模式优化［J］．当代体育科技，2022，12（12）：50-52.

［10］刘雷．中学田径训练教学的探索与思考［J］．田径，2022（01）：64-65.

［11］王强，常伟芹．高中体育田径教学中的训练强度及训练量分析［J］．新课程教学（电子版），2021，126（18）：47-48.

［12］毕冠．探讨高校田径教学训练量与训练强度［J］．当代体育科技，2020，10（08）：117-118.

［13］胡顺风．浅谈初中体育教学中田径训练强度及训练量的有效策略［J］．田径，2019（05）：9-10.

［14］刘庆．高校田径教学体能训练方法优化提升创新研究［J］．青少年体育，2018，64（08）：103-104.

［15］李佳静．简析高校田径教学训练中体能训练的要点［J］．田径，2018（07）：26-27.

［16］薛婧．身体运动功能训练在高中田径教学中的应用研究［D］．山西师范大学，2018.

［17］张燕波．高校田径教学训练中体能训练的要点分析［J］．运动，2015，125（21）：95-96.

［18］李勇，王立平．高校体育田径教学训练量与训练强度分析［J］．内蒙古师范大学学报（教育科学版），2015，28（05）：166-168.
［19］周兰．田径教学中的核心力量训练研究［J］．当代体育科技，2022，12（12）：47-49.
［20］汤治容．小学田径教学中核心力量训练措施研究［J］．田径，2021（08）：40-41.
［21］薛良峰．新课改要求下中小学快乐田径教学训练模式初探［J］．田径，2021（01）：25-26.
［22］史强．试论田径教学训练中体能的关键技巧［J］．当代体育科技，2020，10（30）：95-97.
［23］冯乐．高校田径教学训练中体能训练的要点分析［J］．当代体育科技，2020，10（05）：25+27.
［24］向青松．高职院校田径教学训练中体能训练的关键技巧［J］．开封教育学院学报，2019，39（12）：146-147.
［25］许翔．大学田径教学训练中体能训练的要点分析［J］．当代体育科技，2019，9（31）：36+38.
［26］吴捷．初中体育教学中田径训练强度及训练量的有效策略［J］．当代体育科技，2017，7（16）：41-42.
［27］黄庆忠．浅谈多媒体技术在田径教学训练中的应用［J］．运动精品，2018，37（06）：14-15.
［28］朱婉宁，杨雨轩．田径教学训练中防治运动损伤的方法研究［J］．科技视界，2018，233（11）：153-154.
［29］代宝奇．刍议高校田径教学训练中体能训练的要点［J］．田径，2018（02）：39-40.
［30］拱梅宝．试论田径教学训练中体能训练的关键技巧［J］．当代体育科技，2018，8（02）：37+43.